Das Apple-Imperium 2.0

Nils Jacobsen

# Das Apple-Imperium 2.0

Die neuen Herausforderungen des wertvollsten Konzerns der Welt

2., überarbeitete Auflage

Nils Jacobsen
Hamburg
Deutschland

ISBN 978-3-658-09547-5          ISBN 978-3-658-09548-2 (eBook)
DOI 10.1007/978-3-658-09548-2

Die Deutsche Nationalbibliothek verzeichnet diese Publikation in der Deutschen Nationalbibliografie; detaillierte bibliografische Daten sind im Internet über http://dnb.d-nb.de abrufbar.

Springer
© Springer Fachmedien Wiesbaden 2014, 2016
Das Werk einschließlich aller seiner Teile ist urheberrechtlich geschützt. Jede Verwertung, die nicht ausdrücklich vom Urheberrechtsgesetz zugelassen ist, bedarf der vorherigen Zustimmung des Verlags. Das gilt insbesondere für Vervielfältigungen, Bearbeitungen, Übersetzungen, Mikroverfilmungen und die Einspeicherung und Verarbeitung in elektronischen Systemen.
Die Wiedergabe von Gebrauchsnamen, Handelsnamen, Warenbezeichnungen usw. in diesem Werk berechtigt auch ohne besondere Kennzeichnung nicht zu der Annahme, dass solche Namen im Sinne der Warenzeichen- und Markenschutz-Gesetzgebung als frei zu betrachten wären und daher von jedermann benutzt werden dürften.
Der Verlag, die Autoren und die Herausgeber gehen davon aus, dass die Angaben und Informationen in diesem Werk zum Zeitpunkt der Veröffentlichung vollständig und korrekt sind. Weder der Verlag noch die Autoren oder die Herausgeber übernehmen, ausdrücklich oder implizit, Gewähr für den Inhalt des Werkes, etwaige Fehler oder Äußerungen.

*Lektorat:* Juliane Wagner

Gedruckt auf säurefreiem und chlorfrei gebleichtem Papier

Springer ist Teil von Springer Nature
Die eingetragene Gesellschaft ist Springer Fachmedien Wiesbaden

„*Die Geschichte wiederholt sich nicht, aber sie reimt sich.*"

Mark Twain

*Für Armela und meine Eltern*

# Vorwort

Als mir die Idee zur ersten Auflage von *Das Apple-Imperium* kam, waren die Vorzeichen ähnlich. Apple war gerade das wertvollste Unternehmen aller Zeiten geworden, die Aktie notierte seinerzeit bei 700 $, die heute nach dem Aktiensplit 100 $ entsprechen, und schien auf dem besten Weg, zum ersten Konzern aufzusteigen, der eine Billion Dollar wert wäre – ein weiter Weg für den Technikpionier, der 15 Jahre zuvor nur 90 Tage von der Pleite entfernt war.

Das war im Spätsommer 2012. Ich saß im Flugzeug in den Süden, las *Inside Apple* von Adam Lashinsky auf meinem iPad und fand, eigentlich wäre es an der Zeit, die Apple-Story in der Post-Steve-Jobs-Ära weiterzuschreiben. Genau das tat ich schließlich Tag für Tag in meinen unzähligen Artikeln und Blog-Beiträgen, die am Ende aber doch schnell in den Untiefen des Internet versandeten. Es war Zeit für mich, die Apple-Story zu bündeln, zumal längst eine neue Epoche angebrochen war.

Als ich wenige Wochen später mit dem Manuskript begann, war allerdings nichts mehr wie zuvor. Zur iPhone-5-Einführung wurden die ersten raren Fehltritte sichtbar, die man jahrelang nicht von Apple gesehen hatte – kurz darauf brach an der Börse das Beben los. Wenig später war in den Quartalsbilanzen nachzulesen, warum: Das Apple des Jahres 2013 war ein anderes Unternehmen. Der iPhone-Hersteller wuchs plötzlich nicht mehr und war vielmehr erstmals seit der Rückkehr von Steve Jobs zu einer Turnaroundstorys geworden, in der der neue CEO Tim Cook nicht immer souverän und unumstritten agierte. Apple war plötzlich angeschlagen – welch ein Unterschied in nur wenige Monaten.

Genau in diese Zeit fiel die Niederschrift der ersten Auflage des *Apple-Imperium*s, die ich im Sommer 2013 nach einem Kurssturz an der Börse just zu Tiefstkursen von gerade mal noch 55 $ beendete. Das, was ich zunächst als vages Niedergangsszenario theoretisch erörtern wollte, drohte plötzlich Realität zu werden – Apples Wachstum schien ausgereizt. Entsprechend der Tenor des Buches, das ich in Anspielung auf das Imperium Romanum mit „Aufstieg und Fall" betitelte – nicht jeder hat die Metapher verstanden. Dabei war ich nicht allein mit meiner Einschätzung. Die frühere *Wall-Street-Journal-*

Reporterin Yukari Kane veröffentlichte ein paar Monate nach mir ein noch kritischeres Werk mit fast gleichlautendem Titel: *Haunted Empire* – das heimgesuchte Imperium.

Der Kultkonzern aus Cupertino beschäftigte mich natürlich schon länger. Tatsächlich ist Apple mein Lebensthema. Seit Mitte der 90er Jahre bin ich Apple-Nutzer. Meine erste Begegnung mit einem Macintosh-Computer hatte ich 1995 im muffigen CIP-Pool der Uni Hamburg. Ich studierte Germanistik und musste in einem Linguistik-Seminar einen Teil einer Gemeinschaftshausarbeit abgeben, die von der Arbeitsgruppe der Einfachheit halber auf diesen grauen Rechnern verfasst wurde, die niemand außerhalb der Uni benutzte – es sei denn, man war ein Grafiker, Werber oder schlicht in den 80er Jahren hängen geblieben.

Ein Macintosh-Computer war das, ein Performa, selbst nach damaligem Maßstab eine klobige graue Kiste, die langsamer war als mein 486er zu Hause. Und doch besaß der Mac einen gewissen Charme: Ein Würfel lächelte mich an, als ich das Betriebssystem MacOS 7.5 hochfuhr. Auf dem Schreibtisch fand ich klickbare Ordner und eine voluminösere Schriftart vor, die mich an Bubblegum-Sprechblasen erinnerte. Es sind manchmal die kleinen Dinge, die in Erinnerung bleiben.

Es dauerte zwei Jahre und einen erfolglosen Start-up-Versuch, bis ich mir im Juni 1997 meinen ersten Mac anschaffte – einen Power-Macintosh der 7300er Serie für seinerzeit 5000 Deutsche Mark. Sogar einen Drucker konnte man von Apple kaufen, doch der Händler machte mir hinter vorgehaltener Hand deutlich: Das war ein mutiger Kauf. Apple ging es nicht gut, und keiner wisse, wie es in Cupertino weitergehe.

Wenige Wochen später ging es weiter, der legendäre Gründer Steve Jobs kehrte zurück und feuerte in seiner ersten Amtshandlung den Aufsichtsrat. Bis heute freue ich mich über die Kuriosität, dass meine Apple-Verbundenheit fast exakt mit der Rückkehr von Jobs zusammenfällt. Um genau zu sein, ich hatte meinen ersten Mac sogar noch vorher gekauft.

Die folgenden 18 Jahre sollte mich Apple jeden Tag begleiten. In einer Kolumne bei *WELT Online* hatte ich angesichts dieser Konstanz einmal erklärt, dass es wohl die nachhaltigste Begegnung in meinem Erwachsenenleben war – es sollte ein Scherz sein. Doch wie sooft bei Witzen steckte doch ein Fünkchen Wahrheit darin. Apple ist tatsächlich für mich zu einer Obsession geworden: Nicht nur als Nutzer, sondern sehr schnell auch als Journalist. Es war unmöglich, als leidenschaftlicher Macianer nicht von Steve Jobs fasziniert zu sein – und noch unmöglicher, von den erstaunlichen Umwälzungen, die sich vor unseren Augen abspielten, nicht in den Bann gezogen zu werden.

Als Wirtschafts- und Technologiejournalist habe ich Apples Entwicklungen seit den späten 90er Jahren begleitet. In der Online-Redaktion der Verlagsgruppe Milchstraße für *max.de*, in der Tomorrow Focus AG für *US Finance*, einem ambitionierten, aber längst wieder eingestellten Portal über die amerikanischen Aktienmärkte, mehr als drei Jahre als Chefredakteur für das Anlegerportal *YEALD.de* der gleichnamigen Asset-Management-Gesellschaft und zuletzt als Gründungschefredakteur des Tech-Portals *CURVED*. Vor allem aber berichtete ich über Apple seit 2008 in täglichen Artikeln für Deutschlands führendes Medienportal *MEEDIA*. Dazu kommen im vergangenen Jahrzehnt unzählige Beiträge für *manager-magazin online, Spiegel Online, Welt Online, Mac Life* oder *Yahoo Finance*. Ich kann sagen, ich lebe Apple.

WELT Online: Wie die Mac-Begegnung mein Leben veränderte
http://www.welt.de/wirtschaft/webwelt/article13905935/Wie-die-Mac-Begegnung-mein-Leben-veraenderte.html

Tatsächlich ist es bemerkenswert, wie selbstverständlich Apple heute unseren Alltag bestimmt: Ich wache mit der Apple Watch auf, schaue auf die Temperatur und greife mit dem nächsten Handgriff zum iPhone, mit dem ich vor dem Aufstehen die Aktien- und Devisenkurse, meine E-Mails, Instagram, Facebook und Twitter checke. Eine Zeitung kaufe ich seit Jahren nicht mehr – ich lese, was mir wichtig ist, auf meinem iPad und MacBook. Auch den Kauf von CDs habe ich vor Jahren eingestellt, was bei einem Nostalgiker wie mir schon einiges heißt. Lediglich das neue Album von Lana Del Rey bestelle ich aus sentimentalen Gründen noch als CD, obwohl ich das neue Material sofort nach Mitternacht auf Apple Music hören kann und längst nicht mehr bis zum nächsten Morgen auf das Album im Briefkasten warten müsste.

Selbst neue Romane oder Sachbücher lade ich inzwischen auf mein iPad – und lese, dank der großzügigen Vorschaufunktion, so viele neue Veröffentlichungen an wie seit Jahren nicht mehr. Und sogar meine halbwegs sportlichen Freizeitaktivitäten haben sich verändert, seit ich die Apple Watch trage. Wie ein kleiner Junge beobachte ich, wie sich die Ringe des Aktivitäts-Tracker mit Rot, Grün und Blau füllen. „Müssen wir denn schon wieder einen Ausflug mit einem Gewaltmarsch über 20 km machen?" fragte mich meine Frau an manchem Frühlingswochenende, als ich mir nichts Großartigeres vorstellen konnte, als die Wochenenden mit Spaziergängen zwischen Altona und Rissen, Travemünde und dem Timmendorfer Strand oder Malente und Plön zu verbringen, bei denen die Apple Watch seismografisch genau die zurückgelegten Schritte, die verbrannten Kalorien und trainierten Minuten dokumentierte. Keine Frage: Wir leben in der iWelt.

Der *Fortune-Magazine*-Journalist Jason Schneider schrieb nach dem Rücktritt von Steve Jobs im August 2011 eine Laudatio auf den visionären Apple-CEO, die mit den Worten begann: „Danke, Steve. Wir alle können uns sehr glücklich schätzen, in einer Welt zu leben, in der es einen Menschen mit so viel Fantasie gab." Gleichzeitig schätze ich mich als Wirtschaftsjournalist sehr glücklich, Zeuge einer der größten Turnaroundstorys der Geschichte geworden zu sein: Was sich in Cupertino zwischen 1997 und 2011 abgespielt hatte, hat es noch nicht gegeben. Steve Jobs machte aus einem fast sicheren Pleitekandidaten den wertvollsten Konzern der Welt. Kein Wunder, dass Hollywood die schier unglaubliche Erfolgsgeschichte von Steve Jobs gleich mehrfach verfilmte.

MEEDIA: Steve Jobs-Film: Hollywood steht Schlange
http://meedia.de/internet/steve-jobs-film-hollywood-steht-schlange/2011/11/24.html

Es kommt mir manchmal unwirklich vor, aber mich hat der Tod keines anderen Menschen aus der Zeitgeschichte so berührt wie Jobs' viel zu frühes Ableben auf dem Zenit seines Schaffens, in der Mitte seines Lebens – mehr Tragik geht nicht. In der Rückschau muss ich aber zugeben, dass meine Berichterstattung über Apple manches Mal auch von jener ehrwürdigen Verehrung gefärbt war, die Fans so eigen ist; ich stehe sicher nicht alleine da mit einer unreflektierten Verklärung der späten Steve-Jobs-Ära, die vom Schatten des nahenden Todes überlagert wurde.

Gleichzeitig hat sich mein Verhältnis zu Apple im Laufe der vergangenen Jahre gewandelt – als Nutzer wie als Journalist. Es gab eine Zeit in meinem Leben, da fieberte ich neuen Apple-Produkten entgegen wie ein Kleinkind

Weihnachten – *Thank God it's iDay*. Der letzte Freitag im vergangenen September, als das iPhone 6s auf den Markt kam, gehörte nicht dazu. Ich habe mir kein neues iPhone bestellt und werde mir auch keines in den kommenden Monaten kaufen – es ist das erste Mal seit der Einführung in 2007, dass ich bei einem Modell aussetze. Ich weiß tatsächlich nicht mal, um ob ich das iPhone 7 möchte – Apple wird um mich als Kunden kämpfen müssen wie seit Steve Jobs' Rückkehr nicht mehr.

An dieser Stelle meldet sich der Kritiker zu Wort, der ich in den vergangenen Jahren durchaus geworden bin. Es war kein singuläres Erlebnis: Nicht allein das zersprungene iPhone-Display, weil es mal eben zu Hause vom Schreibtisch auf den Parkettfußboden gefallen war (und nicht auf den steinigen Bürgersteig), nicht allein im Zuge von iCloud-Synchronisationen verlorenen Fotos, nicht allein im Zuge von zahllosen Server-Ausfällen verschluckten E-Mails, und nicht allein die Nervereien mit Apple Music, das ein Navigieren zwischen alter (iTunes) und vermeintlich neuer Musik aus der Cloud, die dann aber doch wieder auf diversen anderen Apple-Geräten nicht verfügbar ist, unmöglich macht – es war die Summe aus vielen kleinen Unzulänglichkeiten, die ich in der Form in der Vergangenheit nicht kannte, die mich als Nutzer frustriert zurückgelassen haben.

Das ist die eine Seite, die des enttäuschten Fans, die aufblitzt, wenn es um Produktbesprechungen geht. Die andere Seite indes ist viel gravierender. Es ist die Seite des (Wirtschafts-)Journalisten, der beim Blick auf die Unternehmensentwicklung ohnehin jeden Anflug von Produkt-Vorlieben beiseite lassen muss – es ist der Blick auf das Apple der Tim-Cook-Ära.

Die Faszination der Apple-Story unter Tim Cook besteht nun in der großen Frage, ob sich der eineinhalb Jahrzehnte währende iZyklus, der sich unter Jobs vom ersten iMac bis zum iPad zog, unter dem weniger charismatischen Nachfolger 1:1 fortschreiben lässt. Auch im fünften Jahr nach Übernahme der Amtsgeschäfte steht das Urteil weiter aus. Unter Tim Cook fuhr Apple Achterbahn. Nach einem ersten Jahr der Verwaltung des Erfolges mit ruhiger Hand, schlitterte Apple unter dem Jobs-Nachfolger mit seinen zu kleinen iPhone-Modellen in die erste echte Identitätskrise seit zwei Jahrzehnten. Die Gewinne brachen zweistellig ein, neue Produkte schienen nicht in Sicht, die Aktie halbierte sich – die erste Auflage von *Das Apple-Imperium* behandelt über weite Strecken diese düstere Periode des Jahres 2013.

In *Das Apple-Imperium 2.0*, bei dem es sich um eine komplett überarbeitete und fast um die Hälfte ergänzte Neuauflage handelt, nehme ich den Handlungsstrang beim iPhone 6 auf, mit dem sich Apple 2014 krachend zurückmeldete und erneut den Börsenthron erklomm – nie war der Tech-Pionier aus Kalifornien wertvoller als kurz vor seinem 40. Geburtstag. Doch im Goldenen Zeitalter liegt bekanntlich oft der Keim des Niedergangs. Apple wirkt zum vierten Todestag von Steve Jobs wie ein Unternehmen, das weiter zum überwältigenden Teil von seiner äußerst glorreichen Vergangenheit lebt. Was ist dem Apple unter Tim Cook in den vergangenen Jahren so Großartiges gelungen, außer das Wachstum eines Produkts immer weiter auszureizen, das bereits 2007 auf den Markt kam und nach neun Jahren nun rückläufige Absätze verzeichnet?

Die Apple Watch, das erste eigene Produkt der neuen Ära, startete ungewöhnlich verhalten – noch immer ist nicht klar, ob die Smartwatch aus Cupertino mehr sein kann als ein Accessoire zum iPhone. Das iPad ist geschrumpft (iPad mini, 2012), nun wächst es wieder (iPad Pro, 2015). Und wie lange kann Apples Smartphone-Bestseller eigentlich noch sein phänomenales Wachstum fortsetzen? Es gibt nicht wenige Experten, die den iPhone-Zyklus nach der Einführung der jüngsten Generation und der Erschließung des letzten neuen Vertriebskanals in Form von China Mobile allmählich auslaufen sehen.

Was ich durch die Brille des Wirtschaftsjournalisten bei Beendigung des Manuskripts im Sommer 2016 sehe, ist ein Unternehmen, das auf seinem Zenit angekommen ist – ein Blickwinkel, den die Wall Street offenbar teilt, die Apple bei einem Kurs-Gewinn-Verhältnis von 11 mit einem so krassen Bewertungsabschlag versieht wie einen trägen Old-Economy-Konzern. Anleger haben offenbar begonnen einzupreisen, dass Apples Erfolgsserie schon bald auslaufen könnte. Gleichzeitig sehe ich ein Unternehmen, das verbissen darum kämpft, oben zu bleiben, ein Unternehmen, das sich immer öfter der Kunstgriffe des *financial engineering* bedient, um mit den größten Barreserven der Wirtschaftsgeschichte seine Vormachtstellung zu verteidigen. Ein Unternehmen, das angefangen hat, ziemlich ungeniert bei vermeintlichen Jubelmeldungen zu tricksen. Welch spannende Zeit auf dem Zenit der Macht!

*Das Apple-Imperium 2.0* will nicht das 100. Buch über das Technologie-Unternehmen Apple sein, das akribisch genau nachzeichnet, wie sich ein Macintosh-Modell vom Vorgänger unterscheidet und mit welchen neuen Features die nächste iOS-Generation aufwartet – dafür gibt es bereits genügend Nachschlagewerke und Apple-Kompendien. Ebenfalls möchte ich nicht zum x-ten Mal die phänomenale Erfolgsstory der Steve-Jobs-Ära wiederkäuen – niemand könnte sie besser erzählen als Jobs selbst in der sehr lesenswerten Biografie von Walter Isaacson, auf die ich mich an manchen Stellen berufe.[1]

---

[1] Walter Isaacson: Steve Jobs. Die autorisierte Biografie des Apple-Gründers. C. Bertelsmann, München 2011.

*Das Apple-Imperium 2.0* ist vielmehr ein Buch über Apple als Wirtschaftskonzern – und das vor allem in der Ära des neuen Regenten Tim Cook. Besichtigen Sie mit mir das wertvollste Unternehmen der Welt, das sein Königreich mit aller Macht verteidigen will und sich dafür doch ein weiteres Mal neu erfinden muss. Willkommen im Apple-Imperium!

Hamburg                                                                 Nils Jacobsen
Im Sommer 2016

MEEDIA: Vom Apple-Fanboy zum Kritiker: Warum ich kein iPhone 6s haben will
http://meedia.de/2015/09/24/vom-apple-fanboy-zum-kritiker-warum-ich-kein-iphone-6s-haben-will/

# Prolog: Das Imperium schlägt zurück

„Niemand erinnert sich an den Mann, der nach Thomas Edison kam." So begann NBC Ende 2012 das erste Interview, das Apple-Chef Tim Cook seinerzeit einem TV-Sender gewährte. Ob sich in einigen Jahrzehnten auch niemand mehr an den Apple-CEO erinnern wird, der dem visionären Gründer Steve Jobs folgte, ist heute noch völlig offen. Für Cook wäre es wahrscheinlich nicht mal der schlechteste Ausgang: das unaufgeregt fortgeführt zu haben, was sein überlebensgroßer Vorgänger geschaffen hatte – das größte Imperium, das die Technologie-Industrie jemals gesehen hatte.

Es hatte so hoffnungsvoll begonnen: Bereits im ersten Jahr nach Übernahme der Amtsgeschäfte schien der Himmel die Grenze zu sein. Als das iPhone 5, Cooks erster großer Produktlaunch in Eigenregie, im September 2012 in neun Ländern der wichtigsten Absatzmärkte debütierte, schoss die Apple-Aktie auf den bis dato höchsten Stand ihrer mehr als drei Jahrzehnte währenden Börsenhistorie.

Der Computerpionier, der am 1.4.1976 wie so viele Silicon-Valley-Pioniere in einer Garage gegründet wurde, war passenderweise am Tag seines bis dahin größten Verkaufsstarts auf dem höchsten Gipfel seiner 37-jährigen Unternehmenshistorie angelangt: AAPL, wie das Tickersymbol der Aktie lautet, notierte bei über 100 $ auf Allzeithochs – symbolischer ging es kaum.

Doch das war noch nicht alles. Nie zuvor war ein Technologieunternehmen wertvoller: 660 Mrd. $ betrug Apples sogenannte Marktkapitalisierung an der Wall Street. Tatsächlich war es bis dato der höchste Börsenwert, den je ein Konzern in der Wirtschaftsgeschichte erzielt hatte. In anderen Worten: Apple war wertvoller als alles, was Anleger bis dato gesehen hatten.

XVIII  Das Apple-Imperium 2.0

MEEDIA: iPhone 5-Boom: Apple-Aktie bei 700 $
http://meedia.de/2012/09/18/iphone-5-boom-apple-aktie-bei-700-dollar/

Und dort würde es scheinbar nicht enden: Apple, das schien eine sichere Wette zu sein, würde das erste Unternehmen in der Geschichte der Menschheit werden, das einmal mehr als eine Billion Dollar wert wäre – die Frage schien lediglich, ob erst 2014 oder schon 2013. „Die Aktie sollte längst dort sein", befeuerte etwa der Vermögensverwalter James Altucher bereits im Frühjahr letzten Jahres diese Debatte.

Schon vier Monate später sprach keiner mehr von diesen geschichtsträchtigen Marken. Vielmehr schien Apple selbst zur Geschichte zu werden. Die Zeitenwende von Cupertino fiel mit dem Weihnachtsquartal zusammen, in dem Apple nur noch das Vorjahresergebnis bestätigen konnte und Anleger durch Margenerosion verunsicherte. Die Folge: Insgesamt 250 Mrd. $ Börsenwert schwanden in vier Monaten. Nach einem historischen Kurssturz an der Börse war Apple plötzlich nicht mehr das wertvollste Unternehmen der Welt, sondern wurde wieder vom Erdölgiganten ExxonMobil überholt, an dem der iKonzern ein Jahr zuvor noch vorbeigezogen war – der Kreis hatte sich geschlossen.

Nach einem bemerkenswerten Start war Apple unter Cook plötzlich schneller in die Krise gekommen, als es noch vor einem Jahr absehbar schien. Die Zeitenwende beim Tech-Pionier setzte dann jedoch umso schlagartiger ein: Apples Gewinne gaben überraschend stark nach, die Profitmargen erodierten, der schärfste Rivale Samsung verkaufte mit immer neueren Modellen plötzlich doppelt so viele Smartphones. Der Kultkonzern aus Cupertino wirkte zu Beginn der Tim-Cook-Ära seltsam in der glanzvollen Vergangenheit erstarrt: unfähig zu kontern, unwillig, neue Wagnisse einzugehen.

Das Königreich epochalen Ausmaßes, das Steve Jobs an seinem Todestag hinterließ, schien gefährdet. Die billigere Konkurrenz aus Asien ritt harte Attacken, fiel nach Belieben ins Apfel-Land ein, die Marktanteile schrumpften von Quartal zu Quartal. Apple war verwundbar wie lange nicht mehr. Wie Cäsar oder Napoleon wurde Apple auf dem Höhepunkt seiner Macht in zu viele Verteidigungskriege verwickelt, die der Tech-Veteran nicht gewinnen konnte. Drei Jahre nach dem Ende der Ära von Steve Jobs stand für Apple schon wieder viel auf dem Spiel – und Nachfolger Tim Cook mit dem Rücken zur Wand: Würde er das Erbe seines Vorgängers in Rekordzeit verspielen?

Dabei konnte man dem zurückhaltenden 54-jährigen Vorstandschef Hybris gewiss nicht vorwerfen: Apple führt keinen napoleonischen Krieg – tatsächlich führt CEO Cook überhaupt keinen Krieg. In den schwierigen Monaten, als Führungsstärke gefragt war, hielt sich Cook wortkarg zurück, während Spekulanten die Aktie mit immer neuen Gerüchten sturmreif schossen, weil das Management an seiner Doktrin des Schweigens festhielt. Dogmenartig wiederholte der frühere IBM-Manager höchstens, er wäre „laserscharf fokussiert", für die treuen Kunden an „den besten Produkten der Welt" zu arbeiten.

Für gebeutelte Aktionäre klang das lange Zeit nach leeren PR-Phrasen, die wenig halfen, das Imperium auf dem Kurszettel der Aktienmärkte zu verteidigen. Hedgefonds wetteten unterdessen mit gigantischen Summen gegen das iPhone-Unternehmen, weil sie wussten, wie viel Anleger nach den großen Gewinnen der vergangenen 15 Jahre zu verlieren hatten und panisch die Reißleine ziehen könnten. Die Apple-Aktie brach binnen gerade mal einem halben Jahr um fast die Hälfte ihres Wertes ein – und das komplett gegen den Markttrend der Wall Street, die von einem Allzeithoch zum nächsten kletterte.

Zu diesen Tiefstkursen endete vor zwei Jahren die erste Auflage dieses Buches auf dem Höhepunkt der Vertrauenskrise. Drei Szenarien skizzierte ich seinerzeit im Epilog: Die totale (aber gleichzeitig sehr unwahrscheinliche) Implosion nach dem Vorbild Nokias und Blackberrys, eine Stagnation mit Jahren des marginalen Gewinnrückgangs und dann wieder Gewinnwachstum und ein furioses Comeback nach einem Jahr des Luftholens.

„Mehr denn je braucht Apple ein neues Hit-Produkt, um sich neu zu erfinden", schrieb ich damals. Die Wahrheit war: Ein altes tat es auch. Alles, was Tim Cook benötigte, um Apple wieder auf Kurs zu bekommen und für Aufbruchstimmung zu sorgen, war eine neue Generation seines Smartphone-Bestsellers, die das iPhone in zwei großen Modellen endlich wachsen ließ. Das iPhone 6 und 6 Plus veränderten buchstäblich alles. Das dritte Szenario hatte sich durchgesetzt: Apple kehrte zum Gewinnwachstum zurück und sollte so viel verdienen wie nie. 18 Mrd. $ sollten es im Weihnachtsquartal 2014/15 werden – das Imperium hatte eindrucksvoll zurückgeschlagen.

Es schien, als hätte jene dunkle Epoche des Jahres 2013 nie existiert. 53 Mrd. $ hat Apple im Fiskaljahr 2015 verdient, 234 Mrd. $ umgesetzt und 231 Mio. iPhones verkauft – fürwahr historische Bestmarken. Ende gut, alles gut? Nicht so schnell. In keiner Branche der Welt ist der gegenwärtige Erfolg schließlich so flüchtig wie in der Hightech-Industrie. „Es ist meine Überzeugung, dass dieses Apples letzter substanzieller Upgrade-Zyklus ist", blieb beispielsweise Wall-Street-Veteran Doug Kass, der bereits treffend den Einbruch nach dem iPhone-5-Launch vorausgesagt hatte, für die Zeit nach dem iPhone 6 skeptisch. Kass sollte recht behalten: Tatsächlich holten Cook die dunklen Schatten von 2013 wieder ein. Der iPhone-Zyklus brach im neunten Jahr nach dem Launch ab, die Verkäufe gingen 2016 zweistellig zurück, und auch die 2015 mit hohen Erwartungen gelaunchte Apple Watch konnte sich bislang nicht durchsetzen. Die Frage, die sich mittlerweile im fünften Jahr der Tim-Cook-Ära stellt, ist so aktuell wie zur Amtsübernahme: Wie lange kann das Königreich von Cupertino in seinen Grundfesten überdauern?

Begleiten Sie mich auf der Reise durch das Apple-Imperium, auf der ich untersuchen möchte, ob nach jedem Aufstieg zwangsläufig der Fall folgen muss, wie es Jahrhundert für Jahrhundert den größten Imperien der Welt widerfahren ist – von Cäsars Römischem Reich bis Napoleons Frankreich, vom Unterhaltungsgiganten der 20er Jahre, RCA Corp., bis zum Niedergang des Apple-Vorbilds Sony.

„Sie versuchen ein Unternehmen zu sein, das uns immer wieder aufs Neue begeistert, ein Unternehmen ohne Haltbarkeitsdatum", hielt der NBC-Anchorman Brian Williams Tim Cook vor. „Wenn Sie das schaffen, wären Sie das erste Unternehmen in der Geschichte, dem das gelingt. Aber es gibt einen Zyklus, einen Kreislauf von Leben und Tod. Und Sie versuchen, dem Trend zu entkommen ...", lockte der Nachrichtenmann.

„Wetten Sie nicht gegen uns", gab Apple-CEO Tim Cook Brian Williams Ende 2012 mit auf den Weg und wiederholte noch einmal mit Pathos: „Wetten Sie nicht gegen uns." Am Ende des Tages ist es eine Wette für oder gegen das einst größte Wirtschaftsimperium – eine Wette, bei der es um nicht weniger als um die Zukunft des einst wertvollsten Konzerns der Welt geht. Der Einsatz könnte höher nicht sein.

# Inhalt

Vorwort .................................................... IX

Prolog: Das Imperium schlägt zurück ........................ XVII

Über den Autor ............................................ XXV

## Teil I
Das größte Comeback aller Zeiten ........................... 1

Apple: Ein Mythos wird besichtigt .......................... 3

Think different: das ewige Kultunternehmen ................. 7

Apple 2.0: die Wiederauferstehung eines Tech-Pioniers ...... 11

## Teil II
Der iZyklus – Apples Königreich entsteht ................... 15

Hello, again: die Wiedergeburt des Mac ..................... 17

iTunes: ein trojanisches Pferd, das Musik macht ............ 21

iPod: der Walkman für das 21. Jahrhundert .................. 25

Das iPhone: ein Perpetuum mobile für die Moderne ........... 29

Das iPad: Steve Jobs' letzter Geniestreich ................. 35

## Teil III
Epische Schlachten auf dem Olymp ........................... 43

Steve Jobs' letztes Jahr: eine holprige Übergangszeit ...... 45

Tim Cook übernimmt: die Verwaltung des Erfolgs ............. 49

iPhone 4S: ein gigantischer, aber trügerischer Erfolg ...... 51

Sommer 2012: erste Risse nach dem iPhone-Einbruch .................. 55

Auf dem Gipfel zum iPhone-5-Launch ............................... 59

# Teil IV
Der unerwartete Abstieg vom Gipfel ............................... 63

Plötzliche Krise im Königreich: das Maps-Debakel .................. 65

Palastrevolte verhindert, Börsenabsturz forciert .................. 69

Fehlstart in 2013: die Zeitenwende von Cupertino .................. 73

Apple auf dem Tiefpunkt: die schlechteste Aktie der Welt .......... 79

Luxusprobleme: der Kampf um den Schatz von Cupertino .............. 83

# Teil V
Apples neue Kriegsschauplätze ..................................... 87

Der neue Apple-Hass: ein anderes „Reality Distortion Field" ....... 89

Die falschen Anleger und der Schwarze Schwan ...................... 93

Opfer des eigenen Erfolgs: Gut ist nicht gut genug ................ 97

Das Ende einer Ära: Apples Gewinne schrumpfen ..................... 99

Aktienrückkäufe und iBonds: mit 100 Milliarden Dollar
gegen den Absturz ................................................. 103

# Teil VI
Leise Comeback-Signale ............................................ 107

Comeback Kid oder die nächste Nokia? .............................. 109

WWDC 2013: Zurück in die Zukunft mit iOS 7 ........................ 113

iPhone 5s und 5c: Zeit gewinnen mit zwei Lückenfüllern ............ 117

Carl Icahn: ein unbequemer Finanzcoach betritt das Spielfeld ...... 121

# Teil VII
Zurück in die Zukunft ............................................. 125

Endlich: Der China Mobile Deal ist perfekt . . . . . . . . . . . . . . . . . . . . . . . . . . 127

Ein Aktien-Split für die Wall Street . . . . . . . . . . . . . . . . . . . . . . . . . . . . . . . 131

Drei Milliarden Dollar für Beats: Tim Cook wagt die Großübernahme . . 135

# Teil VIII
## Die Rückkehr der Rekorde . . . . . . . . . . . . . . . . . . . . . . . . . . . . . . . . . . . . . . . 139

iPhone-6-Mania: „Diesmal ist alles anders" . . . . . . . . . . . . . . . . . . . . . . . . 141

Die Apple Watch: Das erste neue Produkt in fünf Jahren . . . . . . . . . . . . . 147

Ein glanzvoller Jahresendspurt auf neue Allzeithochs . . . . . . . . . . . . . . . 153

# Teil IX
## Aufbruch ins Apple-Watch-Zeitalter . . . . . . . . . . . . . . . . . . . . . . . . . . . . . 157

Quartalsweltrekord: der höchste Gewinn der Wirtschaftsgeschichte . . . 159

Apple Watch: das „persönlichste" Gadget aller Zeiten . . . . . . . . . . . . . . . 163

Ein endloser Launch . . . . . . . . . . . . . . . . . . . . . . . . . . . . . . . . . . . . . . . . . . . . . 165

# Teil X
## Gefechte um die Zukunft . . . . . . . . . . . . . . . . . . . . . . . . . . . . . . . . . . . . . . . . 169

WWDC 2015: Apple entdeckt das Streaming mit Apple Music . . . . . . . . 171

iPhone 6s und 6s: Wie lang läuft die Lebensversicherung noch? . . . . . . . 175

Hoffnungsträger iPad Pro: Wer will einen Pencil? . . . . . . . . . . . . . . . . . . . 183

Goodbye, iTV: Der ausgeträumte Traum vom Apple-Fernseher . . . . . . . 187

Apple 2020: Mit dem iCar in die neue Dekade? . . . . . . . . . . . . . . . . . . . . . 193

# Teil XI
## Apples alte und neue Gegner . . . . . . . . . . . . . . . . . . . . . . . . . . . . . . . . . . . . 199

Neue Märkte, neue Rivalen . . . . . . . . . . . . . . . . . . . . . . . . . . . . . . . . . . . . . . 201

Samsung: Frontalangriff aus Fernost . . . . . . . . . . . . . . . . . . . . . . . . . . . . . . 205

Xiaomi: das neue Apple aus dem Reich der Mitte . . . . . . . . . . . . . . . . . . . 213

Google: die Supermacht des Internet . . . . . . . . . . . . . . . . . . . . . . . . . . . . . 217

Amazon: das Anti-Apple ........................................... 225

Facebook, Netflix, Spotify & Co: Internet-Emporkömmlinge
und Wall-Street-Lieblinge ........................................... 231

# Teil XII
Der Lebenszyklus von Imperien ............................. 241
Der Mythos von Aufstieg und Fall ............................ 243

Mahnende Beispiele: HP und Sony ........................... 247

Die Macht der kreativen Zerstörung .......................... 251

# Teil XIII
Segen und Fluch der Apple-Aktie ............................ 253
10.000 % Plus: eines bisher der größten Investments ............ 255

Ein Sturz ins Bodenlose: vom Saulus zum Paulus der Wall
Street – und zurück ............................................ 259

Das große Missverständnis: Apples problematische Beziehung
zur Wall Street ............................................... 263

Neues Dow-Jones-Mitglied, neue Langeweile? ................. 267

# Teil XIV
Alte und neue Regenten ..................................... 271
Der lange Schatten von Steve Jobs ............................ 273

Tim Cook: ein CEO für Friedenszeiten ........................ 279

Jony Ive: der Zauberer der Einfachheit ....................... 287

„Old, white men": auf der Suche nach dem nächsten Apple-CEO ...... 293

Epilog: Krieg und Frieden .................................... 301

Sachverzeichnis .............................................. 307

# Über den Autor

Nils Jacobsen, Jahrgang 1974, ist ausgewiesener Apple-Experte und Wirtschaftsjournalist mit knapp 20-jähriger redaktioneller Erfahrung. Der gebürtige Hanseat verfolgt seit Mitte der 90er Jahre in unzähligen Artikeln Apples erstaunlichen Aufstieg und die darauf folgenden Turbulenzen der Tim-Cook-Ära. Nils Jacobsen berichtet über Apple täglich im Medienportal *MEEDIA*, in einer wöchentlichen Kolumne bei *Yahoo Finance*, regelmäßig bei *managermagazin online*, *absatzwirtschaft* und *t3n* sowie zuvor in zahlreichen Artikeln für *SPIEGEL Online*, *WELT Online*, das Hamburger *Abendblatt*, *Mac Life* und anderen bekannten Medien und Apple- Magazinen.

Die journalistische Karriere begann Nils Jacobsen 1998 nach dem Studium der Germanistik und Medienwissenschaften in der zentralen Online-Redaktion der Verlagsgruppe Milchstraße, die sich dann zur Tomorrow Internet AG formierte, 1999 an die Börse ging und wenig später mit Focus Digital zur Tomorrow Focus AG fusionierte. Zwischen 2000 und 2002 war er Chefredakteur für Tomorrow Focus von US Finance, einem Börsenportal für die amerikanischen Aktienmärkte. Danach machte er sich selbstständig und begann für Kunden wie das Bertelsmann-Portal *wissen.de*, *manager magazin online*, die *Financial Times Deutschland* oder *Bellevue* zu arbeiten.

Von 2005 bis 2008 verantwortete er als Chefredakteur für die Asset-Managementgesellschaft Yeald das Investorenportal *Yeald.de*, das später zur *Vermögenszeitung* umgewandelt wurde. Zudem leitete der Hamburger Journalist als Chefredakteur die Portale *clickfish.com* und *CURVED.de*. Für das Medienportal *MEEDIA* berichtet er seit 2008 praktisch täglich über die Entwicklung des Kultkonzerns aus Cupertino.

Seit 1997 ist Nils Jacobsen leidenschaftlicher Apple-Nutzer. Sein erster Mac war ein Power Macintosh der 7300er Serie, erworben wenige Wochen vor der Rückkehr von Steve Jobs. In den vergangenen 19 Jahren hat er auf fünf Macs, vier MacBooks, drei iPads und sieben iPhones gearbeitet. Der Apple Watch steht er nach anfänglicher Neugierde allerdings ziemlich skeptisch gegenüber und würde sich nicht wundern, wenn sie als neuer Newton in die Apple-Historie eingehen würde.

Besuchen Sie die Facebook-Seite zum Buch für Updates und Kommentare des Autors zu den neuesten Entwicklungen bei Apple:
http://www.facebook.com/DasAppleImperium
Nils Jacobsens persönliche Journalisten-Seite auf Facebook finden Sie unter:
http://www.facebook.com/nilsjacobsen.journalist
Und folgen Sie dem Autor für neue Artikel über Apple auf Twitter @crackr:
http://twitter.com/crackr

# Teil I

**Das größte Comeback aller Zeiten**

# Apple: Ein Mythos wird besichtigt

Mitten in der Nacht leuchtet in der Mitte des Hamburger Jungfernstiegs ein weißer Apfel vor silbernem Hintergrund. Seit über einem Jahrhundert reihen sich an der weltbekannten Shoppingmeile die Institutionen der hanseatischen Kaufmannsstadt aneinander, doch sie verblassen gegen den glühenden Apfel, der überlebensgroß strahlt wie ein Fixstern.

Ein Passant bleibt stehen und betrachtet das Leuchten. Magisch zieht es ihn an wie ein Kraftfeld. Die Lebensenergie fließt in diesem Apfel zusammen, zumindest ist es das, was der Passant in diesem Moment denkt. Die Verheißung der ganzen Welt scheint in diesem Apfel zu liegen, das gute, das bessere Leben, ein Gefühl von Aufbruchsstimmung – sein Lebensgefühl. Er ist glücklich. Er möchte diesen Augenblick festhalten und mit seinen Freunden teilen, so wie er das schon oft getan hat, aber dies ist ein besonderer Augenblick. Also zückt er schließlich sein iPhone und drückt ab, ein weiteres Mal.

Ein Bild von dem edlen Technikkaufhaus, in dem er das Smartphone gekauft hat? Ein iPhone-Foto von jenem Ort, an dem man sich gerne immer wieder trifft, und sei es nur als Anker im Alltag. Apple, das ist ein Gefühl von Heimat.

So geht das überall auf der Welt. Von Amsterdam bis Zürich, von Honolulu über Shenzhen bis Perth. 14 Apple Stores gibt es mittlerweile in Deutschland, über 100 in Europa, 38 in China, über 250 in den USA – insgesamt sind es über 480 in 16 Ländern der Welt. Nirgendwo auf diesem Planeten wird mehr pro Quadratmeter umgesetzt, nicht mal bei Prada, Gucci, Louis Vuitton oder Cartier: 180.000 € jährlich pro Quadratmeter Verkaufsfläche. Der Hightech-Tempel ist gleichzeitig der Umschlagplatz des Hochkapitalismus.

Am 19. Mai 2001 wurde der erste Apple Store im schmucklosen Tysons Corner Center in Virginia eröffnet. Steve Jobs, der 2011 an Krebs verstorbene Unternehmensgründer, erklärte seinerzeit zur Einrichtung der Genius Bar: „Die Leute wollen nicht nur einfach Computer kaufen, sie wollen wissen, was man mit ihnen machen kann."

Diese scheinbar banale Feststellung sagt viel über Apples Selbstverständnis und den phänomenalen Erfolg des Tech-Pioniers aus. Apple war nie nur ein

Computerhersteller, sondern ein Hersteller von Computern, die zum selbstverständlichen Teil des täglichen Lebens werden sollten.

Das war das „mission statement" seit Tag eins. „Den Computer den Menschen nahezubringen, ihm ein freundliches Antlitz zu verleihen. Als etwas, das nützlich ist, das man gern auch im Haus hat, eben ein Heimcomputer", erklärte Mitbegründer Steve Wozniak in der *Wirtschaftswoche* einst die Firmenphilosophie der ersten Stunde.

„Damals verbanden die Leute Computer mit Fabriken, mit Großunternehmen oder dem Militär. Ich war von Anfang an überzeugt, dass die Menschen einen Computer auch für den häuslichen Gebrauch mögen würden."

So begann die unglaublichste Erfolgsgeschichte der Technologiebranche. Am 1. April 1976 gründeten die beiden Freunde Jobs und Wozniak gemeinsam mit Ronald Wayne Apple Computer. Wayne stieg nach einer Woche wieder aus, doch der erste Großauftrag war in der Tasche: Binnen 30 Tagen galt es, 50 Apple I Computer für den Byte Shop zu fertigen – ohne finanzielle Rücklagen ein Harakiri-Unterfangen für die beiden Anfang Zwanzigjährigen. Doch Apple meisterte seinen ersten Auftrag und war nach Zahlung der 25.000 $ im Geschäft.

Mit Wagniskapital des Investors Mike Markkula ausgestattet, fanden Jobs und Wozniak ein Jahr später mit dem Apple II schnell den Weg in die Wohnzimmer. „Zum ersten Mal kam ein Computer nicht als Bausatz daher. Er war bereits komplett montiert, hatte sein eigenes Gehäuse, eine Tastatur, man konnte sich einfach davorsetzen, und los ging's", erklärte Jobs später im Interview mit dem *Play*boy das Erfolgsgeheimnis (1985).

„Einfachheit ist die ultimative Perfektion", lautete bereits im Jahr zwei des Firmenbestehens das Motto von Apple, das die erste Werbekampagne zierte, die den Apple als „den Personal Computer" positionierte. Tatsächlich wurde der Apple II zu einem der erfolgreichsten Personal Computer seiner Zeit, der sich insgesamt über zwei Millionen Mal verkaufte.

Der Rest ist moderne Computergeschichte. Apple lieferte fast im Jahresrhythmus neue Meilensteine: Der Apple IIer-Serie folgte nach langen Jahren der Entwicklung 1983 mit Lisa der erste Personal Computer mit grafischer Oberfläche, einem eigenen Betriebssystem und einer Maus – allerdings für kaum bezahlbare 9995 $. Lisa floppte schwer, war aber tatsächlich nur der Vorläufer zum kommenden Produkthit, der Apple in ganz andere Dimensionen der Computerindustrie befördern sollte: Der erste Macintosh, der am 24. Januar 1984 vorgestellt und in einer ikonischen Kampagne mit einem TV-Spot von Ridley Scott beworben wurde („And you'll see why 1984 won't be like 1984.").

Der geniale Verkäufer Jobs hatte den Nerv der Zeit getroffen und Apple in die Champions League der Computerindustrie befördert – und sich selbst an die Spitze der Popkultur. Dank des schnellen Börsengangs 1980 waren Jobs, Wozniak und Investor Markkula zu dreistelligen Millionären aufgestiegen.

Wie kein zweiter aufstrebender Unternehmer des Silicon Valley verkörperte Jobs den amerikanischen Traum des großen Erfolgs in jungen Jahren, der ihn sogar ins Weiße Haus zu Ronald Reagan führte. Der junge Steve Jobs der frühen 80er Jahre wurde drei Jahrzehnte später zur veritablen Projektionsoberfläche des Facebook-Gründers Mark Zuckerberg, in dem Tech-Journalisten in den letzten Jahren den Geist des Apple-Gründers zu sehen glaubten.

Mit nicht einmal 30 Jahren hatte Jobs seinen Platz in der Geschichte der Technologiewelt bereits sicher. Doch wie so oft bei jungen Helden, die zu schnell aufgestiegen sind, folgte der Absturz, der den Mythos um Steve Jobs am Ende erst entstehen lassen sollte, schließlich liegt im Scheitern die eigentliche Tragik und im Comeback die wohl größte Sehnsucht des amerikanischen Traums.

Während Apple ab Mitte der 80er Jahre unter dem Pepsi-Manager John Sculley seinen Erfolg verwaltete und in den frühen 90er Jahren den Anschluss der sich emanzipierenden Windows-Welt verpasste, brach bei Steve Jobs eine bemerkenswerte Dekade voller Umbrüche, Neuanfänge, aber auch einer Selbstfindung an. Als „the wilderness years" bezeichnete das Branchenblatt *Fast Compa*ny die zwölf Jahre zwischen seiner ersten und zweiten Amtszeit bei Apple, in der Jobs nicht nur mit dem Animationsstudio Pixar ein phänomenales Comeback als Unternehmer landen, sondern auch mit NeXT ein Softwareunternehmen gründen sollte, das später von Apple aufgekauft wurde und den Kern der nächsten Betriebssystemgeneration MacOS X bilden würde. Der Tech-Journalist Brent Schlendern sollte jener Dekade des Suchens und Findens in der neuen Biografie „Becoming Steve Jobs" ein Denkmal setzen.

MEEDIA: „Sensationelle" Steve Jobs-Biografie erscheint in drei Wochen: http://meedia.de/2015/03/04/sensationelle-steve-jobs-biografie-erscheint-in-drei-wochen/

Bestärkt durch seine Erfahrungen und dekoriert mit seinen Erfolgen bei Pixar gelang dem zwölf Jahre zuvor Vertriebenen 1997 schließlich wie Napoleon nach seiner Verbannung auf Elba ein triumphales Comeback – nur dass Jobs' Wirken nicht nur 100 Tage, sondern 14 Jahre dauern sollte, an dessen erzwungenem Ende er nicht nur das Unternehmen Apple, sondern praktisch die gesamte Branche von Grund auf revolutioniert hatte.

Der Anspruch und das Selbstverständnis, was den Mythos Apple ausmacht, sind indes bis zum letzten Tag seines Wirkens immer dasselbe geblieben. „Es liegt in Apples DNA, dass uns Technologie allein nicht reicht. Wir glauben, dass uns Technologie nur in inniger Verbindung mit den Geisteswissenschaften ein Ergebnis liefert, das unsere Herzen höher schlagen lässt", formulierte Jobs in seiner vorletzten Keynote bei der Präsentation des zweiten iPads im März 2011 ein veritables Vermächtnis. Apple war immer mehr als nur Technologiekonzern – es ist seit den ersten Tagen ein Kultunternehmen, das seinen Mythos streng bewacht und mit Kunden und Journalisten mitunter spielt wie mit Fans eines Fußballvereins.

MEEDIA: iPad 2: Steve Jobs' Überraschungscoup
http://meedia.de/2011/08/28/ipad-2-steve-jobs-uberraschungscoup/

# Think different: das ewige Kultunternehmen

Ein Apfel hat die Welt verändert. Die Geburt des Apple-Kults hängt am Ende auch maßgeblich mit der Namensgebung zusammen: Microsoft, Cisco, Exxon- Mobil, General Electric – wie emotional besetzt sind die Firmennamen der einst wertvollsten Konzerne der Welt am Ende? So gut wie gar nicht.

Ganz anders Apple, das das Prinzip der Einfachheit im Firmennamen kultivierte und doch symbolisch aufgeladen war: „Ich praktizierte mal wieder eine meiner Obstdiäten. Ich war gerade von der Apfelplantage zurückgekehrt", erklärte der Frutarier Steve Jobs seinem Biografen Walter Isaacson später den Ursprung. „Der Name klang freundlich, schwungvoll und nicht einschüchternd. Apple nahm dem Begriff Computer die Schärfe. Zudem würden wir künftig vor Atari im Telefonbuch stehen", so Jobs in der Rückschau.

Wie so oft in seiner späteren Karriere ließ sich der Perfektionist Jobs bis zuletzt eine Option offen. „Wir waren damals mit der Anmeldung unseres Firmennamens drei Monate im Verzug, und ich drohte, das Unternehmen ‚Apple Computer' zu nennen, falls bis fünf Uhr niemandem ein interessanterer Name einfällt. Ich hoffte, so die Kreativität anzuheizen. Aber der Name blieb. Und deshalb heißen wir heute ‚Apple'."

Apple erinnerte nicht nur an die Frucht, sondern auch an das Label der Beatles, Steve Jobs' Idole. Um dem Unternehmen noch mehr Einzigartigkeit und Sex-Appeal zu geben, beauftragte Apple die Werbeagentur Regis McKenna mit einer Überarbeitung des ersten Logos, das ein Jahr zuvor eine Zeichnung von Isaac Newton zeigte – gelehnt an einen Apfelbaum. Das Ergebnis war ein regenbogenfarbener angebissener Apfel, der die Kampagne zum Apple II mit dem Slogan „*Byte into an Apple*" verzierte.

Apple hatte die perfekte Projektionsoberfläche gefunden: Ein angebissener, sündiger Apfel, bestechend in seinem Wiedererkennungswert und ideal zur weiteren Verbreitung – dieser Apfel war ein Statement. Schnell fand Apple seinen Weg in die Popkultur. Das lag nicht zuletzt an seinem smarten Gründer Steve Jobs, der mit seinem jugendlichen Elan und seinem selbstbewussten Auftreten Apple in der öffentlichen Wahrnehmung eine Tür nach der nächsten öffnete.

Obwohl nicht CEO des Computer-Start-ups, war Jobs zweifellos das Gesicht von Apple: ein gut aussehender Mittzwanziger, der zum Börsengang 1980 auf den Schlag 256 Mio. $ schwer war. Im Folgejahr schaffte es Jobs auf das Cover des damals einflussreichen *Inc. Magazine*, das den Aufsteiger bereits fünf Jahre nach der Gründung mit den Worten feierte: „Dieser Mann hat die Geschäftswelt für immer verändert."

Die prophetische Einschätzung sollte erst zwei Jahrzehnte später wahr werden, doch bereits wenige Jahre später war Jobs der Posterboy der boomenden Computerszene des Silicon Valley. „Wir sind ein Flüchtlingslager für kreative Eliten, die woanders als Querulanten gelten", verkündete Jobs 1985 im *Playboy*-Interview den Paradigmenwechsel in der Firmenkultur. „Es ist besser, Pirat als in der Navy zu sein", hatte der junge Steve Jobs schon in den frühen 80er Jahren das rebellische Firmenmotto von Apple kultiviert.

Auch die zwölf schwarzen Jahre unter John Sculley, Michael Spindler und Gil Amelio konnten die Kraft der Marke, die längst in der Popkultur in Filmen wie *Forrest Gump* verankert war, nicht ruinieren. Als Steve Jobs 1997 zu Apple zurückkehrte, bestanden seine ersten Amtshandlungen in einer radikalen Zusammenstreichung der Produktlinie und einer Fokussierung auf das Wesentliche, was Apple einst groß gemacht und ausgezeichnet hatte: das Besondere, das Einzigartige, das Symbol der Andersartigkeit.

Steve Jobs wusste, dass – wenn er Apple retten wollte – er diese fast verloren gegangenen Unternehmenswerte wieder zum Leben erwecken musste: Einerseits, um innerhalb der Belegschaft wieder den Korpsgeist zu schärfen, andererseits, um der Welt zu zeigen, dass sie diesen Apfel noch brauchte. Jobs gelang die Wiederbelebung mit einem seiner größten Meisterstücke, das es verdient hat, in einem Atemzug mit den ikonischen Produktvorstellungen der kommenden Jahre genannt zu werden: die Werbekampagne *Think different*, die das Comeback einleiten sollte. Die 99 Worte, die schließlich Geschichte schreiben sollten, lauteten:

> An alle, die anders denken: Die Rebellen,
> die Idealisten,
> die Visionäre,
> die Querdenker,
> die, die sich in kein Schema pressen lassen,
> die, die Dinge anders sehen.
> Sie beugen sich keinen Regeln,

und sie haben keinen Respekt vor dem Status quo.
Wir können sie zitieren, ihnen widersprechen, sie bewundern oder ablehnen.
Das einzige, was wir nicht können, ist sie zu ignorieren,
weil sie Dinge verändern, weil sie die Menschheit weiterbringen.
Und während einige sie für verrückt halten, sehen wir in ihnen Genies.
Denn die, die verrückt genug sind zu denken, sie könnten die Welt verändern,
sind die, die es tun.

Dabei wusste Steve Jobs selbst lange Zeit nicht, ob er verrückt genug war, um noch einmal mit Apple die Welt zu verändern. „Wir waren damals gerade mit Pixar an die Börse gegangen, und ich war glücklich und zufrieden damit, dort CEO zu sein. Ich habe noch nie gehört, dass irgendjemand als CEO von zwei an der Börse geführten Unternehmen tätig sei, noch nicht mal zeitweise, und ich war mir auch nicht sicher, ob das überhaupt legal ist. Ich hatte keine Ahnung, was ich tun sollte oder wollte."

Seine Entscheidung führte Jobs gegenüber Walter Isaacson u. a. auf ein Gespräch mit dem *Intel*-Gründer Andy Grove zurück: „Ich schilderte ihm das Pro und Contra, und mittendrin stoppte er mich und sagte: ‚Steve, Apple ist mir so was von egal.' Ich war wie vom Donner gerührt. Plötzlich erkannte ich, dass mir Apple absolut nicht egal war – ich hatte es gegründet, und es hatte einen berechtigten Platz in der Welt."

Tatsächlich blieben dem früheren Gründer, der damals zunächst nur als Berater zurückgekommen war und offiziell einen CEO suchen wollte, gerade mal drei Monate, um das zu retten, woran ihm in seiner damaligen Karriere am meisten gelegen hatte.

# Apple 2.0: die Wiederauferstehung eines Tech-Pioniers

Apple ist fast 40 Jahre alt und hat doch nur wenig mit dem Unternehmen zu tun, das 1976 in der Garage gegründet wurde. Das heutige Apple hat zwar seine Wurzeln, den Namen und das Logo aus den späten 70er Jahren, und Macs werden auch noch hergestellt – doch wie die Umfirmierung von Apple Computer zu Apple Inc. unterstreicht, ist der Kultkonzern aus Cupertino heute ein gänzlich anderes Unternehmen. So ist Apples seit über einer Dekade währende unglaubliche Erfolgsstory vor allem die Geschichte einer Wiedergeburt, für deren Neubeginn es ein klar definiertes Datum gibt: Die Rückkehr von Steve Jobs im Sommer 1997, die den schier mirakulösen Turnaround der vergangenen 18 Jahre einleitete und aus heutiger Sicht wie eine Neugründung anmutet.

Was Apple 1997 buchstäblich vor dem Untergang bewahrte, war Jobs' persönlicher Einsatz für das, wofür Apple einmal gestanden hatte. Es war sein Napoleon-Moment, als jener aus Elba zurückkehrte und zum Marsch auf Paris ansetzte, mit leeren Händen, mit nichts bewaffnet außer seinem Charisma und der sentimentalen Beschwörung der Vergangenheit.

„Apple war damals 90 Tage von der Pleite entfernt. Die Lage war viel schlimmer, als ich dachte", erklärte der bereits sichtlich angeschlagene Apple-Gründer im Juni 2010 auf der D8-Konferenz des *Wall Street Journals*. „Ich hatte erwartet, dass alle guten Leute längst weg waren. Und dann fand ich diese großartigen Leute und fragte sie: Wieso seid Ihr eigentlich noch hier? Und die Antwort lautete: Weil wir an sechs Farben glauben", so die Anspielung an das regenbogenfarbene Apple-Logo von 1977. „Das war der Code, wofür Apple einmal stand. Und das hat uns alle so viel härter ans Überleben Apples glauben und daran arbeiten lassen, dass wir die Werte wieder zurückbringen können."

Jobs scharte seine alten Krieger um sich und impfte ihnen erneut das Apple-Gen ein: Es war die Geburtsstunde eines neuen Unternehmens, das sich aus nichts als der Nostalgie der früheren Tage speiste. Apples Comeback-Story war erneut die eines Außenseiters. Dabei schien das Todesurteil längst gesprochen, während der Patient noch auf der Intensivstation lag. Michael Dell schickte sich an, die unangenehme Mitteilung auszusprechen: „Was ich tun würde? Ich würde das Unternehmen schließen und das Geld an die Aktionäre zurückzahlen", erklärte der Gründer und Vorstand des seinerzeit weltgrößten Computerherstellers.

Das war am 7. Oktober 1997, wenige Wochen, nachdem Steve Jobs als „iCEO" wieder die Amtsgeschäfte übernommen hatte. Man kann es sich heute kaum vorstellen, doch die Apple-Aktie notierte seinerzeit splitbereinigt bei nicht mal 0,73 $ – am Tag vor Jobs' Rückkehr zu Apple wurde der Pionier des Silicon Valley gar zu Kursen um 0,46 $ gehandelt. Das waren gerade mal rund 10 % mehr als zum Börsengang 1980.

Wenn es ein Barometer für das phänomenale Wirken Steve Jobs' gibt, dann ist es die Börse, obgleich er der Wall Street demonstrativ nie viel Beachtung schenkte. Mit 23 Jahren hatte Jobs ein Vermögen von einer Million Dollar, mit 24 von zehn Millionen, mit 25 zum IPO von 250 Mio., wenig später von einer halben Milliarde Dollar. Dann kam Apple in den frühen 80er Jahren nicht zuletzt wegen des Flops des überteuerten Personal Computers Lisa an der Börse hart unter die Räder – und Jobs verlor virtuell eine Viertelmilliarde Dollar. „Ich bin der einzige Mensch, von dem ich weiß, dass er innerhalb von einem Jahr eine Viertelmilliarde Dollar verloren hat. Es ist ziemlich charakterbildend", sollte Jobs später einmal über die ersten Jahre an der Wall Street sagen.

Auch der zweite Amtsantritt sollte zunächst zur Achterbahnfahrt werden. Nachdem Apple, befeuert durch das Comeback von Steve Jobs und durch den Sog des „New Economy Hype", bis zur Jahrtausendwende auf neue Allzeithochs geschossen war, geriet das Papier bis 2003 erneut sehr heftig unter Druck und stürzte von zeitweise 5 $ wieder bis auf 1 $ ab. Das Ausgangsniveau von Jobs' zweiter Amtszeit sechs Jahre zuvor war fast wieder hergestellt worden. Doch tatsächlich war das erst der Anfang der größten Schaffensperiode der Wirtschaftsgeschichte, an deren vorläufigem Ende an der Börse später zwei Nullen im Aktienkurs dazugekommen waren. Diese exzeptionelle Wertsteigerung von 10.000 % wäre für Anleger sogar binnen des vergangenen Jahrzehnts drin gewesen – und das in einem Zeitraum, in dem Vergleichsindizes wie der marktbreite S&P-500-Index oder der deutsche Dax 30 praktisch stagnierten.

# Apple 2.0: die Wiederauferstehung eines Tech-Pioniers 13

MEEDIA: Visionär Jobs: „einer wie Mozart und Picasso"
http://meedia.de/2011/10/09/visionar-jobs-einer-wie-mozart-und-picasso/

Man muss lange in der Börsenhistorie nach vergleichbaren Erfolgsgeschichten suchen. Oracle, Cisco, Dell und auch Microsoft hätten Anlegern, die seit dem ersten Tag an der Börse engagiert waren, prozentual ähnlich üppige Kurszuwächse beschert, doch die Vergleiche hinken. Einerseits debütierte Apple vor drei Jahrzehnten bereits wie ein hoch gewetteter Superstar, in der medialen Wahrnehmung und für seinerzeitige Verhältnisse durchaus vergleichbar mit Facebook IPO 2012. Tatsächlich legte Apple im Dezember 1980 nach dem Emissionsvolumen den größten Börsengang seit Ford im Jahr 1956 hin.

Andererseits liegen die allerbesten Börsenzeiten der vier Zugpferde der US-Technologiebörse Nasdaq, wie Microsoft, Dell, Cisco und Oracle in den späten 90er Jahren genannt wurden, offenbar hinter den Tech-Dinosauriern: Den Allzeithochs des Frühjahrs 2000 laufen alle Aktien bis heute hinterher – Dell zog sich gar Ende 2013 von der Technologiebörse zurück. Ganz im Gegensatz dazu steht die Entwicklung von Apple. Der Traumlauf an der Börse begann und nahm richtig Fahrt auf, als die Wall Street begriff, dass Steve Jobs dabei war, Apple nicht nur wieder als Computerhersteller auf Spur zu bringen, sondern als modernsten Konzern der Unterhaltungselektronik komplett neu zu erfinden. Am Ende der 14-jährigen Regentschaft stand die unvergleichliche Leistung eines Mannes, der binnen eineinhalb Jahrzehnten gleich mehrere Industrien revolutionierte – und sein Königreich nach und nach um vier Einheiten ausbaute.

# Teil II

## Der iZyklus – Apples Königreich entsteht

# Hello, again: die Wiedergeburt des Mac

Als Steve Jobs 1997 zu Apple zurückkehrte, nahm sein Schock zunächst kein Ende: Der angeschlagene Computerhersteller musste von Grund auf erneuert werden. John Sculley und seine glücklosen Nachfolger hatten sich in endlosen Produktlinien verzettelt. Gil Amelio, der 1996 vom Halbleiterhersteller National Semiconductor gekommen war, versuchte Apple mit einem höchst umstrittenen Kunstgriff nach dem Vorbild Microsofts zu retten, das durch den Verkauf seiner Windows-Software zum wertvollsten Technologiekonzern der Welt aufgestiegen war. Drittanbieter wie die Motorola Computer Group erhielten eine Lizenz, selbst günstigere Macintosh-Computer zu produzieren, die auf Apples Betriebssystem basierten – Mac-Klone überschwemmten den Markt.

Steve Jobs war von der Verwässerung der Marke entsetzt und kassierte die Lizenzierungspolitik als eine der ersten Amtshandlungen als Interims-CEO wieder ein. Apple konnte nur als eigenständige, leuchtende Marke bestehen, wusste Jobs. Doch dem Computerpionier war eindeutig die Strahlkraft abhanden gekommen. Was Apple unbedingt für ein Comeback brauchte, war ein Bestseller und eine drastisch verschlankte Produktlinie. Jobs zeichnete im Meeting mit seinem Führungsteam ein Kreuz auf seine Präsentationstafel. Nur noch vier Felder sollte Apples Produktangebot umfassen: Einen Desktop-Mac für Einsteiger und einen für Profis sowie ein Laptop für Einsteiger und Profis – der Minimalist Jobs hatte für klare Verhältnisse gesorgt.

Doch wie sollte der erste Macintosh aussehen, den Jobs seit der bahnbrechenden Markteinführung des Original-Macintosh von 1984 auf die Computerwelt loslassen würde? „Ein Computer ist für mich das bemerkenswerteste Werkzeug, das wir jemals erfunden haben. Er entspricht einem Fahrrad für unser Bewusstsein", hatte Jobs Anfang der 90er Jahre einst über die Kreation des ersten Mac gesagt. Für Jobs wie für Apple stand alles auf dem Spiel: Hatte der Gründer noch die alte Magie, konnte er sich und damit Apple noch einmal neu erfinden?

Aus heutiger Sicht, wenn viel über die Vorlaufzeit diskutiert wird, mit der Apple auf neue Trends reagiert – wie etwa beim äußerst spät auf den Markt gebrachten Phablet in Form des iPhone 6 und der neuen Apple Watch, an der das Produktionsteam um Jony Ive über drei Jahre entwickelt hat –, erscheint es sensationell, was seinerzeit in wenigen Monaten gelang. Im Juli 1997 war Jobs zu Apple zurückgekehrt, im September wurde er Interims-CEO und rettete durch den Schulterschluss mit Microsoft Apples Geschäftigkeit, revitalisierte wenige Wochen später mit dem Start der *Think-different*-Kampagne Apples Image, um in den folgenden Monaten in engster Zusammenarbeit mit Chefdesigner Jony Ive produktseitig am großen Comeback Coup zu feilen – der Kreation des iMac.

Schon im Mai nächsten Jahres war es so weit: In der historischen Kulisse des Flint-Center-Auditoriums, in dem im Januar 1984 der Macintosh enthüllt wurde, nahm Jobs nun einen neuen Anlauf, um Geschichte zu schreiben. „Hello (again)", begrüßte der neue Mac mit Reminiszenz an den alten Mac das Publikum in Anspielung auf die Schreibschrift, mit der der Kult-Macintosh sich 1984 der Welt präsentiert hatte. Doch er trug einen Kleinbuchstaben voran: ein „i", das für *individual, instruct, inform, inspire* stand – vor allem jedoch auf ein aufkommendes, neues Medium – das Internet. „Heute stellen wir den iMac vor, der die Begeisterung des Internet mit der Einfachheit des Macintosh verbindet", umriss Steve Jobs den USP des neuen Mac. „Auch wenn das ein vollwertiger Macintosh ist, zielen wir damit auf die Nutzung Nummer eins ab, die sich unsere Verbraucher wünschen: ins Internet zu gehen – einfach und schnell."

Und das mit einem echten Hingucker. Der iMac verblüffte nicht nur in seinem Ansatz, sondern vor allem in seinem Design. Die jahrzehntelange Trennung zwischen Monitor und Desktop wurde aufgehoben: Der iMac kam als ein einziges Gerät daher. Und als was für eins! „Es sieht aus, als wäre es von einem anderen Planeten", warb Jobs bei der Präsentation für seinen neuen großen Wurf.

Tatsächlich wirkte der iMac 1998 wie der Anbruch eines neuen Zeitalters. Der Rechner *war* der Monitor, in den die Hardware hineingebaut wurde. Doch im Gegensatz zu den unpersönlichen, bestenfalls neutral anmutenden Computern der Konkurrenz war der iMac einnehmend vom ersten Moment an. Die alte Apple-Maxime der unüberschätzbaren Bedeutung von Design entfaltete ihre ganze Wirkung.

„Im Wortschatz der meisten Menschen steht Design für das Äußerliche", erklärte Jobs drei Jahre später gegenüber dem *Fortune Magazine*. „Es ist eine Inneneinrichtung. Es ist das Material der Vorhänge oder des Sofas. Aber für mich könnte nichts weiter entfernt von der Bedeutung von Design sein. Design ist die grundlegende Seele einer von Menschen gemachten Kreation, die am Ende in den äußeren Ebenen des Produktes oder Dienstes selbst zum Ausdruck kommt."

Und wie sie im iMac zum Ausdruck kam: Apples aufstrebender Chefdesigner Jony Ive, der vor Jobs' Rückkehr 1997 schon fast frustriert gekündigt hatte, entwarf den iMac in halb durchsichtigem Gehäuse mit blauer Beschichtung – in *Bondi Blue*, wie Steve Jobs spezifizierte. Im Folgejahr sollten Modelle in fünf weiteren Farben – *Strawberry* (Rosa), *Blueberry* (Blau), *Lime* (Tiefgrün), *Grape* (Violett) und *Tangerine* (Orange) – dazukommen. Auch die Peripheriegeräte Maus und Tastatur erhielten einen transluzenten Look, den Ive aus der Zusammenarbeit mit Süßwarenherstellern entwickelt hatte.

Doch da gab es noch mehr Originalitäten: Der iMac kam ungewöhnlicherweise ohne Diskettenlaufwerk, dafür aber sichtbar mit einem Tragegriff am oberen Ende des quaderförmigen Gehäuses daher. Die Botschaft war klar: Dieser Mac sollte mobil und damit überall einsetzbar sein. „Seine primäre Funktion ist offensichtlich: Das Produkt leicht bewegen zu können", erklärte Design-Chef Ive, „aber gleichzeitig stellt der Griff zu dem Nutzer eine unmittelbare Verbindung her." Der an sich bestenfalls als neutral empfundene Computer wurde emotional aufgeladen und so zum Teil der eigenen Lebenswelt.

„Er ist so cool", begeisterte sich Steve Jobs während der Keynote. Verbraucher teilten Jobs' Enthusiasmus: Der iMac, der zu einem für Apple ungewöhnlichen Preis von nur 1299 $ im August auf den Massenmarkt losgelassen wurde, entwickelte sich umgehend zum Verkaufsschlager. Binnen der ersten sechs Wochen gingen 278.000 iMacs über die Ladentische – bis Ende des Jahres waren es sogar mehr als 800.000 Stück. Apple kehrte in die Gewinnzone zurück. Binnen gerade mal einem Jahr hatte Jobs den Kultkonzern nicht nur gerettet – er hatte ihm eine *„raison d'etre"* zurückgegeben.

# iTunes: ein trojanisches Pferd, das Musik macht

Apples Turnaround binnen gerade mal einem Jahr war gelungen – und wie furios! Ab sofort ritt Apple auf der Welle der Internet-Euphorie mit. In den kommenden Jahren präsentierte Jobs den iMac, der schnell zum bestverkauften Mac der bald 25-jährigen Firmengeschichte avancierte, in immer neuen Farben sowie 1999 ebenfalls in einer bunten Laptop-Variante, das iBook. 2000 leistete sich Apple in der Pro-Serie mit dem G4 Cube einen raren Flop, der zeitgleich mit dem Platzen der Internet-Blase zusammenfiel und eine temporäre Rückkehr in die Verlustzone bedeutete, aber das waren für Steve Jobs nur Nebengeräusche.

„Wir haben viele bemerkenswerte Produkte und neue Programme in der Pipeline – einschließlich Mac OS X – und blicken sehr optimistisch in die Zukunft", erklärte der Apple-Vorstandschef, der seit Anfang 2000 seinen Interimstitel, das „i" im CEO, abgelegt hatte: Jobs war gekommen, um zu bleiben. Nach Jahren der schnellen Mac-Erfolge erinnerte Jobs daran, dass Apples eigentliches Erfolgsgeheimnis der frühen 80er Jahre in einem lange Zeit als überkommen betrachteten Ansatz lag, an dem er auch nach seiner Rückkehr festgehalten hatte: dem Zusammenspiel von Hard- und Software in einem integrierten Modell. „Als Adobe uns 1999 hängen ließ, habe ich begriffen, dass wir uns auf kein Geschäft einlassen sollten, bei dem wir nicht sowohl Hardware als auch Software kontrollieren. Anderenfalls würden wir gewaltig auf die Nase fallen", gab Jobs gegenüber Walter Isaacson seine Unternehmensphilosophie zu Protokoll. Was zur Generalüberholung noch fehlte, war die Software.

Nach Jahren der Entwicklungsarbeit wurde Anfang 2001 endlich das neue bahnbrechende Betriebssystem Mac OS X vorgestellt, das in Grundzügen auf der NeXT-Step-Technologie von Jobs' früherem Unternehmen NeXT basierte, das Apple 1996 übernommen hatte. Es war ein Quantensprung zum in die Jahre gekommenen Vorgänger Mac OS 9: Das neue Betriebssystem nahm den transparenten Look des iMac nun auch softwareseitig auf. „Aqua" nannte Apple seine von klaren Wasserformen inspirierte neue Oberfläche, die den Mac nun ebenfalls auf dem Desktop ins neue Jahrtausend katapultierte. „Design ist nicht nur, wie es aussieht und sich anfühlt. Design ist, wie etwas funktioniert", hatte Steve Jobs schon Mitte der 90er Jahre sein Verständnis der Wechselbeziehung von Ästhetik und Funktionalität beschrieben.

Unter der Oberfläche hatte sich der Mac dank OS X komplett den Bedürfnissen der Internet-Ära verschrieben, die weitaus mehr verlangte als nur klassische Desktop-Anwendungen der Office-Ära. Apple begann selbst, Software-Lösungen zur Foto-, Film- und Videobearbeitung zu schreiben, wie man sie sonst nur von Drittanbietern kannte. Steve Jobs träumte den Traum des digitalen Lifestyle, der den Mac als Knotenpunkt für das moderne Leben begriff und mit Endgeräten wie einer Foto- oder Videokamera verband.

Doch dabei blieb es nicht. Junge Entwickler träumten unterdessen andere Träume und nutzten die Freiheiten, die ihnen das Aufkommen des Internet als anarchisches Netzwerk bot – Angebote am Rande der Legalität wie unzählige Tauschbörsen für digitale Inhalte entstanden. Vor allem Musik war durch den neuen Komprimierungsstandard MP3 plötzlich zum extrem beliebten Tauschgut geworden: Ein Song, der einmal als MP3-File auf der Festplatte gespeichert wurde, konnte in den explodierenden Tauschbörsen wie *Napster* unbegrenzte Verbreitung finden – die Musikindustrie stand vor einer Zerreißprobe.

Der begeisterte Musikfan Steve Jobs erkannte früh das Potenzial, das der Konfliktherd ihm bot: Das Problem der Musikindustrie konnte sein Gewinn werden. Die Integration eines seit Jahrzehnten so wesentlichen Alltagsinhalts wie Musik schien auf dem modernen Computer ein schier unerschöpfliches Reservoir zu bieten, an das sich bisher nur Internet-Musikanbieter wie *Real Networks* gewagt hatten.

Apple war spät dran. Das Brennen von CDs auf dem eigenen Computer und das Tauschen der Sound-Dateien war einer der größten Internet-Hypes um die Jahrtausendwende. Die an sich illegale MP3-Tauschbörse *Napster* boomte so sehr, dass sich der deutsche Medienriese Bertelsmann im Frühjahr 2000 beteiligte. „Ich dachte, diese Sache war uns durch die Lappen gegangen", sollte Steve Jobs später dem *Fortune Magazine* mit Blick auf den MP3-Boom erklären. „Wir mussten uns mächtig ins Zeug legen, um das wiedergutzumachen."

Jobs und sein Entwicklerteam rüsteten den iMac mit einen CD-Brenner auf und erwarben im Sommer 2000 das Start-up *SoundJam*, das sich unter Mac-Kunden als Anbieter eines MP3-Musikverwaltungsprogramms bereits einiger Beliebtheit erfreute.

Im Januar 2001 konnte Apple auf seiner turnusmäßigen MacWorld-Expo-Konferenz, die einen Vorgeschmack auf das kommende Produktjahr geben sollte, eine eigene Lösung anbieten, die auf *Soundjam* basierte, aber doch gänzlich anders aussah: die Musikverwaltungssoftware iTunes. „Rip. Mix. Burn", pries Jobs in seiner bekannten, eingängigen Weise das neue Programm an:

„Aufreißen. Mischen. Brennen." Es klang ein bisschen nach der euphorischen Verspieltheit eines Teenagers, der seiner Jugendliebe ein Mixtape zusammenstellte. Wer hätte seinerzeit auch nur im Ansatz daran gedacht, dass iTunes zum trojanischen Pferd werden sollte, mit dem die größte Revolution in der Geschichte der Musikindustrie gestartet werden würde – eine Plattform, die allein im ersten Quartal 2015 fünf Milliarden Dollar umsetzen sollte?

maclife.de: Die unterschätzte Cash Cow: Der heimliche Boom der iTunes-Division
http://www.maclife.de/panorama/leute/kolumnen/die-unterschaetzte-cashcow-der-heimliche-boom-der-itunes-division

# iPod: der Walkman für das 21. Jahrhundert

An den unglaublichen Erfolg, den Apple in den kommenden Jahren abseits des klassischen Computergeschäfts erringen sollte, war auch zehn Monate später nicht im Entferntesten zu denken, als Steve Jobs zu einer kleinen Medienveranstaltung auf den Firmencampus in Cupertino lud, um ein bahnbrechendes digitales Gerät vorzustellen. „Es ist kein Mac", erhöhte Jobs die Spannung, um dann noch einmal Apples Digitalstrategie zu beschwören, in dessen Zentrum iTunes stand.

„Wir haben iTunes erschaffen, weil wir alle Musik lieben. Wir haben es gemacht, weil wir glauben, dass es die beste Jukebox ist. Und dann wollten wir alle mit unserer Musiksammlung herumlaufen", sollte Jobs später im Interview mit *Fortune* erklären. Jobs wollte nicht weniger als einen Walkman für das 21. Jahrhundert erschaffen, aber er war spät dran. Bereits 1998 kamen die ersten MP3-Player auf den Markt, die Jobs und dem damaligen Chef der Hardware-Abteilung Jon Rubinstein jedoch überhaupt nicht gefielen.

Wie so oft in der Geschichte von Apple war der Mangel des aktuellen Angebots die Motivation, ein eigenes Produkt auf den Markt zu bringen. „Eigentlich wollten wir die bereits erhältlichen MP3-Player irgendwie mit iTunes kompatibel machen", erklärte Rubinstein später im Gespräch mit Walter Isaacson. „Aber sie waren Schrott. Daher sind wir zu dem Entschluss gekommen, selbst einen zu bauen."

Als Rubinstein Anfang 2001 bei einem Zulieferertreffen mit Toshiba auf eine fünf Gigabyte große Minifestplatte stieß, war das technologische Basismaterial endlich für den Bau eines eigenen MP3-Player vorhanden, der Jobs' Ansprüchen genügen würde. 1000 Songs passten auf diese Weise in den Zigarettenschachtel großen MP3-Player, an dem sich Apples Design-Team nun in unvergleichlicher Weise verwirklicht hatte. Ganz in Weiß, ohne separaten An-und-Aus-Schalter, dafür aber mit Scroll-Rad (*touch wheel*) kam dieser von Jon Rubinstein, Tony Fadell und Jony Ive entworfene MP3-Player von Apple daher.

Als iPod (*pod*, Englisch für Gehäuse, Kapsel) stellte Jobs die zweite große Errungenschaft seiner zweiten Amtszeit vor: einen digitalen Musikspieler für die Hosentasche. Die Reaktionen der Branchenpresse waren zunächst verhalten: Der moderne Walkman wirkte wie die Verspieltheit eines notorischen Musikfans, der Bob Dylan, die Beatles und die Rolling Stones immer bei sich haben und auf einem Apple-Gerät hören wollte, doch er kam mit den Apple typischen Premiumpreisen von 399 $ in den Handel. Der iPod sah eher nach einem Hobbyspielzeug als nach einem Kassenschlager aus. Es schien, als sollte er in der tiefen Rezession des Jahres 2002 zum zweiten Newton verkommen, jenem PDA-Gerät, das noch unter John Sculley entwickelt und 1999 höchst persönlich von Steve Jobs eingestellt worden war.

Tatsächlich dauerte es fast zwei Jahre bis zum September 2003, bis der einmillionste iPod über die Ladentische ging. Allmählich jedoch tauchte Apples neues Gadget in der öffentlichen Wahrnehmung auf. David Beckham joggte plötzlich mit einem iPod. Rapper 50 Cent machte ihn zum eigentlichen Star seines Videos *P.I.M.P*, in dem der HipHop-Superstar und seine Gespielinnen stilecht in Weiß gekleidet waren, und immer öfter tauchte der iPod auch in Hollywood-Filmen auf.

Plötzlich war der iPod ein unverzichtbares Alltagsaccessoire – Steve Jobs hatte es wieder einmal geschafft und den Zeitgeist geprägt. Endlich konnte sich der Computerpionier aus der langjährigen Nische befreien und ganz in der modernen Popkultur mitmischen, deren Teil er als Marke über Jahrzehnte gewesen war. Jobs reizte sein Blatt voll aus und posierte mit Popstars wie Sheryl Crow auf dem Cover des *Fortune Magazine* und gab sich auf dem Titel von *Newsweek* als moderner Descartes: „iPod, therefore I am", gerierte sich Jobs als Pop-Philosoph.

2004 landete der inzwischen ikonisch verehrte Apple-Gründer dann einen genialen Marketingcoup, als er eine besondere iPod-Edition mit den irischen Rocksuperstars U2 auf den Markt brachte. „iPod und iTunes sehen für mich wie die Zukunft aus und sind gut für jeden, der mit Musik zu tun hat", gab Gitarrist The Edge zum Besten. Auch Leadsänger Bono, der mit Jobs seit Jahren eng befreundet war, ließ sich vom Apple-Gründer hofieren. Mit dem Statement „Wir als Band wollen mit unseren Fans eine viel vertrautere Beziehung auch über das Internet aufbauen, und hierbei kann uns Apple helfen", wurde die Pop-Ikone zum Sprachrohr Jobs'.

Die Hilfe, wie Bono es nannte – tatsächlich ging die Initiative von U2 aus –, kam in einem speziell für U2 designten schwarzen iPod in Sonderedition und in der Bündelung des gesamten Werkkatalogs der Rocklegende daher: 400 Songs waren in einer Digitalbox für iTunes-Kunden für 150 € erhältlich. Vertrieben wurde das Paket wie das neue Album *„How to dismantle an atomic bomb"* über Apples iTunes Store, der seit 2003 seine Pforten öffnete und schnell zum durchschlagenden Erfolg wurde. Jobs setzte bei seinem kostenpflichtigen Musikangebot ganz bewusst auf das Download-Modell: „Die Leute wollen, dass ihnen die Musik gehört", erteilte der passionierte Bob-

Dylan-Fan Ausleih-Abonnements, wie sie später von Streaming-Diensten wie *Spotify* angeboten wurden, Zeit seines Lebens eine Absage.

Mit dem iTunes Store hatte Jobs die Musikrevolution, die er mit der unscheinbaren Musikverwaltungssoftware zwei Jahre zuvor begonnen hatte, in einem Geniestreich auf die nächste Ebene gehoben: Er reichte der darbenden Plattenindustrie mit einem revolutionären Download-Angebot die Hand. Für die angeschlagene Branche war es eine verlockende Offerte wie ein Pakt mit dem Teufel zugleich: 99 Cent pro Song, von denen Apple als Betreiber des iTunes Stores 30 % einbehalten würde, bot der Apple-CEO den Labels der notorisch schwindsüchtigen Musikbranche – ein Angebot, das deutlich unter den gewöhnlichen Marktpreisen einer CD lag, die es in der bisherigen Form so nicht mehr bei Apple geben würde.

Vor allem nämlich die neue Entscheidungsfreiheit, die der Freigeist Jobs den Kunden des iTunes Stores als revolutionäres Alleinstellungsmerkmal gewährte, konnte Umsatz kosten. Nutzer würden künftig einzelne Songs wählen können und müssten nicht mehr die vollen 15 $ für ein Album berappen – wer etwa nur drei der 13 Songs aus dem neuen John-Mayer-Album wollte, bekam sie für 2,97 $ bzw. €. Für den Verbraucher war der neue digitale Musikladen, in dem man herumstöbern, Songs für 30 s Probe hören und sich nur für das entscheiden konnte, was einem wirklich gefiel, eine großartige Idee. Für die darbende Musikindustrie, die am immer größeren Boom der Tauschbörsen und Raubkopien zu knabbern hatte, war der neue Vertriebskanal dagegen eine durchaus bittere Medizin.

Doch großen Plattenfirmen blieb nichts anderes übrig, als sich dem iTunes Store, der 2003 in den USA und 2004 in Deutschland den Betrieb aufnahm, zu öffnen. Tatsächlich gelang Jobs das Kunststück, alle damals fünf großen Labels Universal, Warner Music, Sony, BMG und EMI von den Vorzügen von iTunes zu überzeugen und das Angebot für Windows PCs auszuweiten. Über Nacht war der Online-Musikvertrieb über iTunes zum Quasi-Monopol geworden. „Das wird als Wendepunkt für die Musikbranche in die Geschichte eingehen", war Jobs siegesgewiss.

Und der Apple-Gründer sollte recht behalten. Jobs war es gelungen, den damaligen Zeitgeist haargenau zu treffen. Tatsächlich hatte für Apple ein goldenes Zeitalter begonnen. Das trojanische Pferd iTunes begann sich zu entfalten und dem eigentlichen Nutznießer iPod den Weg zu ebnen. Ab 2004 erlebte der iPod einen regelrechten Boom. Jobs diversifizierte das Angebot in der Folge: Der klassische iPod erhielt eine immer größere Festplatte und ab 2004 einen Farbbildschirm, um auch Fotos ansehen zu können – der iPod photo war geboren.

Doch dabei blieb es nicht. Um den Markt der MP3-Player auch in der Breite zu besetzen, schickte Jobs auch kleinere, günstigere Varianten ins

Rennen: Erst 2004 den iPod mini, der später durch den iPod nano ersetzt wurde, dann ein Jahr später eine stark abgespeckte Billigvariante, die so groß war wie eine Kaugummischachtel – den iPod Shuffle. „Es gibt Turnschuhe, die mehr kosten als ein iPod", scherzte Jobs.

Die Strategie zahlte sich aus: Apple besetzte den Markt der MP3-Player in fast monopolartiger Weise bald mit Marktanteilen von über 75 %. Der iPod wurde zum Welthit, zum bis dato mit Abstand erfolgreichsten Produkt der Konzerngeschichte. Zwei Mio. Stück verkaufte Apple noch 2003, fast zehn Mio. Stück schon im Folgejahr. 2005 explodierte der Absatz, bedingt durch die günstigeren Einstiegsmodelle, auf insgesamt über 30 Mio. Stück. 2006 gingen 46 Mio. Apple- MP3-Player über die Ladentische, im Folgejahr wurde der 100-millionste iPod verkauft – gerade mal ein halbes Jahrzehnt nach Markteinführung.

„Wenn es je ein Produkt gegeben hat, das Apples Daseinsberechtigung katalysiert hat, dann ist es der iPod", sollte Jobs später selbst über den Wendepunkt in Apples Erfolgsgeschichte sagen. „Er kombiniert Apples unglaubliche Technologie mit Apples legendärer Benutzerfreundlichkeit mit Apples unglaublichem Design. Es ist das, was wir können. Wenn sich jemals jemand gefragt hat, warum wir auf der Erde sind, dann ist das ein gutes Beispiel dafür", schwärmte Jobs noch Jahre später.

Mit dem Erfolg des iPods im Rücken hob Apple an der Börse ab. Die Aktie zog von einen $ Anfang 2003 auf über zehn $ Ende 2005 an. Apple war längst ein anderer Konzern als der Computerhersteller, den Jobs einst in der Garage gegründet und zwanzig Jahre später gerettet hatte – und Jobs ein anderer Lenker. Der inzwischen 50-Jährige hatte sich erst vom hippen Start-up-Gründer zum Sanierer gewandelt und war nun endgültig zum Visionär aufgestiegen, zum größten Popstar des Silicon Valley. Biografien mussten neu geschrieben werden: Als *iCon* wurde Jobs Mitte der Nullerjahre gefeiert, der das größte Comeback in der Wirtschaftsgeschichte hingelegt hatte, wie die unautorisierte Biografie des langjährigen *Forbes*-Journalisten Jeffrey Young hieß: „*The Greatest Second Act In The History Of Business*". Der Mann, der Apple erfunden und gerettet hatte, hatte es nun wiedererfunden. Doch tatsächlich sollte das wichtigste Kapitel der einzigartigen Comeback-Story noch geschrieben werden: Jobs hatte sich gerade erst warm gelaufen ….

# Das iPhone: ein Perpetuum mobile für die Moderne

Die unglaubliche Geschichte eines unglaublichen Unternehmens erreichte zum dreißigjährigen Firmenbestehen 2006 ihren vorläufigen Höhepunkt: Nie war Apple angesehener, erfolgreicher und wertvoller. Nach furiosen Jahren an der Wall Street schien es nur eine Frage der Zeit, bis Apple die Marke von 100 Mrd. $ beim Börsenwert knacken würde – das Kultunternehmen aus Cupertino war dank des enormen Erfolgs des iPod, der inzwischen mehr als die Hälfte der Umsätze und Gewinne generierte, auf dem vorläufigen Zenit angekommen.

Doch der Perfektionist Jobs dachte längst an die Zukunft, schließlich konnte der enorme Erfolg des iPod auch zurückschlagen, wenn er wieder aus der Mode kam. „Es gibt dieses alte Wayne-Gretzky-Zitat", sollte Jobs immer wieder gerne in Anlehnung an den vielleicht größten Eishockeyspieler aller Zeiten sagen: „Ich skate dahin, wo der Puck hinkommen wird, nicht wo er war."

Was würde nun nach dem iPod kommen, der 2006 mehr als 46 Mio. Mal verkauft wurde, aber bereits seinen fünften Geburtstag feierte? „Wenn es jemanden gibt, der unsere Produkte überflüssig macht, dann möchte ich, dass wir das sind", hatte Jobs dem Fachblatt *Wired* einst mit auf den Weg gegeben. Dieser Zeitpunkt schien Mitte der Nullerjahre längst überfällig. Die offenkundige Weiterentwicklung des iPod würde Apple auf den Mobilfunkmarkt führen, prophezeiten Branchenexperten seit Jahren: Was lag schließlich näher, als den handlichen iPod, der immer mehr zum multimedialen Alleskönner mutierte, um die Telefonierfunktion zu erweitern?

Um ein Gefühl für den Markt zu bekommen, willigte Steve Jobs zu einer höchst seltenen Maßnahme ein: Einer Kooperation mit dem Mobilfunkgerätehersteller Motorola, aus der ein Handy hervorgehen sollte, das sich Apples iTunes-Software bediente – der Motorola Rokr. Steve Jobs stellte es auf der iPod-Keynote im September 2005 folgerichtig als „iTunes Phone" vor.

Es war der Versuch, Motorolas Erfolgs-Handy Razr um die Funktion des iPod zu erweitern: „Es ist ein iPod Shuffle auf dem Handy", versuchte der Apple-CEO der Fangemeinde das Gemeinschaftsprodukt schmackhaft zu machen, doch der Versuch floppte kolossal. Der Rokr umfasste gerade mal die

Speicherkapazität von 100 Songs und konnte es optisch nicht im Geringsten mit Apples Designmeisterwerken aufnehmen.

Steve Jobs hatte schnell nur noch die Verachtung für das Ergebnis übrig. „Ich habe diese Idiotenfirmen wie Motorola wirklich satt", wird Jobs bei Walter Isaacson zitiert. „Wir machen es jetzt selbst." Wie beim iPod griff das Apple-Prinzip, das sich bis heute wie ein roter Faden durch die Firmenphilosophie zieht: Nämlich eine Branche von Grund auf aufzumischen, wenn man ein revolutionäres Produkt entwickeln konnte. „Wir hassten unsere Handys", sollte Jobs 2008 dem *Fortune Magazine* mit auf den Weg geben, „sie waren schrecklich in der Benutzung. Die Software war grausam. Und die Hardware war auch nicht gut."

Das Potenzial des seit einem Jahrzehnt boomenden Sektors war fraglos vorhanden. „Eine Milliarde Handys werden jedes Jahr verkauft, das ist viermal so groß wie der PC-Markt", rechnete Jobs vor. Einen Marktanteil von nur einem Prozent sollte Jobs später als erste Zielmarke ausgeben – das entsprach 10 Mio. abgesetzten Geräten. Aber wie sollte ein Apple-Handy eigentlich aussehen? Es würde die Funktion des iPod besitzen und auf den aufkommenden Smartphone-Markt abzielen, der vom Blackberry beherrscht wurde, so viel schien klar.

Doch Jobs sah sich gegenüber den Kanadiern eindeutig im Vorteil: „Wir haben die Miniatur-Vorlage des iPod. Wir haben ein ausgefeiltes Betriebssystem vom Macintosh. Niemand dachte, dass man ein so ausgefeiltes Betriebssystem wie OS X einfach in ein Handy stecken konnte", reflektiert Jobs gegenüber *Fortune* über die internen Bedenken. „Aber ich war derjenige, der sagte: Lasst es uns versuchen."

Nach lang anhaltenden Spekulationen war das Ergebnis am 9. Januar 2007 schließlich zu besichtigen. Die turnusmäßige Apple-Messe MacWorld Expo eröffnete Steve Jobs in staatstragendem Ton. „Dies ist ein Tag, auf den ich mich seit zweieinhalb Jahren freue", begann Jobs, der wie immer bei Keynotes in seinem traditionellen Outfit mit schwarzem Rollkragenpullover und Bluejeans mit gesenktem Blick auf der Bühne des Moscone Centers auf und ab ging. Doch am Nachdruck von Jobs' Stimme und an seiner entschlossenen Körpersprache wurde sofort deutlich, dass etwas ganz Besonderes in der Luft lag.

„Immer einmal wieder kommt ein revolutionäres Produkt daher, das alles verändert", hob Jobs an. „Es ist ein ziemliches Glück, wenn jemand in seiner Karriere an nur einem dieser Produkte arbeiten kann. Apple kann sich sehr glücklich schätzen, gleich ein paar solcher Produkte eingeführt zu haben", erklärte er mit Blick auf den ersten Macintosh und den iPod. Doch das, was er den 5000 Besuchern präsentieren würde, sollte der größte Coup seiner Karriere werden. „Heute stellen wir gleich drei revolutionäre Produkte dieser

Güteklasse vor", verblüffte er die Zuhörer. „Das erste ist ein Breitbild-iPod mit Touchscreen. Das zweite ist ein revolutionäres Handy", worauf im Moscone Center ein Riesenjubel losbrach, „und das dritte ein bahnbrechendes Internet-Kommunikationsgerät."

Drei Produkte auf einmal? „Ein iPod. Ein Handy. Ein Internet-Gerät." Jobs spielte mit der begeisterten Menge und wiederholte die Schlagworte immer wieder. „Versteht Ihr? Das sind nicht drei unterschiedliche Geräte. Es ist nur ein einziges. Und wir nennen es iPhone!" Ein tosender Jubel brach los. Das Apple-Smartphone, über das seit Jahren – und zwar genau in dieser Namensgebung – spekuliert wurde, war tatsächlich Wirklichkeit geworden. „Heute erfindet Apple das Telefon neu", verkündete Jobs stolz.

Worin unterschied sich das iPhone nun in seiner Handhabe von den vorherrschenden Smartphones – den üblichen Verdächtigen von Motorola, Nokia, Palm und Blackberry –, die Jobs schnell als „nicht so smart" hinstellte? Es begann mit der Tatstatur und den Knöpfen, die Jobs als höchst störend empfand. Stattdessen präsentierte der Apple-Gründer der verblüfften Menge ein Handy mit berührungssensitivem Bildschirm in der vollen Größe des Handys, dem sogenannten Touchscreen.

Apple hatte ihn nach langem Experimentieren mit unterschiedlichen Materialen speziell aus besonders festem Glas vom Zulieferer Corning anfertigen lassen, der eine solche Produktion noch nie gemacht hatte. Das Verfahren zur Herstellung des kratz- und bruchfesten Glases, das Jobs haben wollte, hatte Corning bereits in den 60er Jahren entwickelt, aber mangels Interesse nicht weiter verfolgt. Jetzt kam Jobs und wollte etwas auf den Weg bringen, was so noch nicht produziert worden war, in gleich mehrfacher Hinsicht. Wie es seiner Natur entsprach, war Jobs bereit, volles Risiko zu gehen.

Doch das iPhone, das wieder von Jony Ive designt worden war, sah nicht nur bestechend aus – die wahre Magie erschloss sich unter der Oberfläche. Apples neues Kulthandy wurde mit iOS ausgeliefert: einem eigenständigen mobilen Betriebssystem, das auf OS X basierte. Als Killerfeature stach die mobile Web-Nutzung hervor, denn das iPhone brachte das echte Internet – nicht die verkrüppelte WAP-Variante – buchstäblich in die Westentasche, wie Steve Jobs nicht müde wurde zu betonen. Auch andere, vom Mac bekannte Programme wie ein E-Mail-Client, ein Kalender oder eine Foto-Applikation waren auf dem iPhone zu finden – ebenso wie die Funktion des iPod und Zusatzprogramme wie Google Maps, YouTube oder eine Aktien- und Wetter-App, die ihre Daten von Yahoo bezog. „Unsere Software ist allen anderen um fünf Jahre voraus", verkündete Jobs voller Stolz über iOS.

Was das iPhone so bahnbrechend machte, ist aus heutiger Sicht nur noch schwer zu würdigen, weil die Handhabe längst in den Alltagsgebrauch übergegangen ist: Selbst dreijährige Kinder verstehen intuitiv durch Tippen auf den Bildschirm mit dem Gerät umzugehen. Anfang 2007 wirkte die gestische Multi-Touch-Bedienung dieses Kleinstcomputers für die Hosentasche indes wie pure Science Fiction: Mit einem Doppelklick wurden Objekte wie Fotos plötzlich drastisch vergrößert angezeigt, mit zwei Fingern konnten sie beliebig geschrumpft (*pinch*) und mit einem Fingerwischen (*swipe*) das nächste Bild angezeigt werden.

„Es funktioniert wie Magie", konnte Jobs kaum mehr an sich halten und vergoss am Ende seiner wohl besten Keynote auf der Bühne sogar noch ein paar Tränen. Nur in einer Einschätzung sollte sich Jobs gänzlich irren: „Und Junge, haben wir das patentieren lassen", bemerkte der Apple-CEO unter dem Gejohle von 5000 Kehlen im Moscone Center. Schon zwei Jahre später sollten, Patentierung hin oder her, jedoch Smartphones von der Konkurrenz mit Multi-Touch auf den Markt kommen.

Fürs Erste jedoch gehörte dem iPhone die Zukunft. Als „Jesus-Phone" wurde Apples Kulthandy schon gehandelt, als es am 29. Juni 2007 endlich in den USA auf den Markt kam. Das allerdings zu Apples üblichen Premiumpreisen. 599 $ kostete das erste iPhone mit 8 GB Speicher trotz zweijähriger Vertragsbindung. 270.000 Exemplare gingen immerhin am Startwochenende über die Ladentische, doch bis zum einmillionsten verkauften Gerät sollte es ganze 74 Tage dauern und Apple den Verkaufspreis in der Zwischenzeit auf 399 $ senken müssen.

Nicht zuletzt aufgrund der exklusiven Bindung an nur einen Provider und den langsamen weltweiten Rollout – erst im November kamen mit Deutschland, Frankreich und England weitere Märkte hinzu – dauerte es, bis das iPhone den Smartphone-Markt eroberte. Im Weihnachtsquartal gingen immerhin mehr als zwei Millionen Exemplare über die Ladentische, danach ebbte die Nachfrage zunächst wieder ab.

MEEDIA: Ein Jahr iPhone: Der digitale Alleskönner
http://meedia.de/2008/11/27/ein-jahr-iphone-der-digitale-alleskonner/

Den eigentlichen Durchbruch verdankte Apples Kultprodukt dem Wandel seiner Software-Strategie, die dem Kontroll-Freak Jobs kaum jemand zugetraut hatte. Im März 2008 verkündeten Jobs, Marketingleiter Phil Schiller und der aufstrebende iOS:Entwicklungschef Scott Forstall auf einer speziellen Keynote den Fahrplan der nächsten Generation des mobilen Betriebssystems, die sich überraschend öffnete. Drittanbieter konnten künftig selbst Kleinstprogramme – sogenannte Apps – entwickeln, die Apple dann über seinen App Store vertrieb. Das Erfolgsprinzip des iTunes Stores wurde höchst erfolgreich kopiert: Apple behielt wieder 30% vom Verkaufspreis ein, sofern die App kostenpflichtig war.

MEEDIA: Apple: Der unfassbare Erfolg des App Stores
http://meedia.de/2009/10/08/apple-der-unfassbare-erfolg-des-app-stores/

Ausgeliefert wurde iOS 2 mit der nächsten Generation von Apples Smartphone-Bestseller, die im Juli 2008 als iPhone 3G mit verbautem Plastikgehäuse in der 8-GB-Version schon für erschwingliche 199 $ auf den Markt kam – und das in 21 Ländern gleichzeitig. Das neue iPhone wurde zum Kassenschlager: Die Umsätze explodierten förmlich. Fast sieben Mio. Geräte wurden im September 2008 verkauft und Smartphone:Marktführer Blackberry kurzerhand für ein Quartal entthront – das iPhone war ein Welterfolg, der sich in der Konzernbilanz mit der enormen Gewinnspanne von mehr als 50% niederschlug.

MEEDIA: Welterfolg iPhone
http://meedia.de/2008/10/30/welterfolg-iphone/

Apples Gewinne in den Geschäftsjahren 2007 und 2008 schossen dank des iPhone-Boom um enorme 75 % auf 3,5 bzw. 6 Mrd. $ in die Höhe und sollten selbst ein Geschäftsjahr später unter dem nur um eine Videokamera erweiterten Nachfolgemodell iPhone 3GS in Zeiten der globalen Finanzmarktkrise um respektable 35 % auf 8,2 Mrd. $ zulegen.

2010 zündete Apple mit der runderneuerten Version in Form des iPhone 4, das mit einem Glasgehäuse und einer Edelstahlumrandung hochwertig verarbeitet war, dann erneut den Turbo: Die Absätze schossen nach der Einführung im Sommer auf über 14 Mio. verkaufte Einheiten empor, während die Gewinne im Geschäftsjahr 2010 um 70 % auf 14 Mrd. $ explodierten. Es schien, als hätte Apple mit dem iPhone das Perpetuum mobile erfunden: 2011 sollte das 100-millionste iPhone abgesetzt werden – im ersten Kalenderquartal 2014 ging sogar das 500-millionste Gerät über den Ladentisch. Im Juli 2016, rund neun Jahre nach der Markteinführung, sollte Apple schließlich den historischen Absatzrekord von einer Milliarde verkauften iPhones aufstellen. Doch auf dem Erfolg wollte sich Apple nicht ausruhen und brachte schneller als von vielen erwartet, das nächste „one more thing" auf den Weg...

# Das iPad: Steve Jobs' letzter Geniestreich

Das neue Jahrzehnt begann mit einem Knalleffekt: Steve Jobs hatte Ende Januar zu einer Keynote geladen, die außer der Reihe stattfand. Würde Apple nach einer Dekade der denkwürdigen Innovationen das nächste Ass aus dem Ärmel schütteln? Der letzte große Trumpf, das iPhone, war schließlich erst zweieinhalb Jahre auf dem Markt und war weit davon entfernt, an Wachstumsgrenzen zu stoßen.

Doch wie einige Jahre zuvor beim iPod entwickelte sich für Apple ein Luxusproblem: Die Abhängigkeit vom neuen Kassenschlager wuchs von Quartal zu Quartal – das iPhone nahm einen immer größeren Platz in der Konzernbilanz ein. Die Hälfte der Umsätze und Gewinne wurden bald vom neuen Kult-Smartphone bestritten. In einer Branche, die so schnelllebig war wie die Mobilfunkindustrie, drohte Apple seine Zukunft auf die nächsten Generationen seines Smartphone-Bestsellers zu verwetten.

Wieder einmal war eine Diversifizierung des Produktportfolios nötig. Doch tatsächlich musste Steve Jobs nicht lange nach einem ebenbürtigen Ersatz fahnden – das nächste große Ding war bemerkenswerterweise genauso lange in der Konstruktionspipeline wie das iPhone selbst. Seit 2005 lief die Maschinerie bei Apple in der Entwicklung des iPhones unter Volllast. Zurückgestellt wurde dafür ein anderes Projekt, das zeitgleich begonnen hatte – die Arbeit an einem Tablet, dem Jobs jahrelang öffentlich eine Absage erteilt hatte.

Dabei war die Idee nicht neu: Das neue Millennium wurde 2000 von Microsoft stilecht mit dem vermeintlichen Computer der Zukunft eingeläutet – dem sogenannten Tablet-PC, der auf dem Betriebssystem Windows XP basierte und mit einem Stift bedient werden musste; Lenovo und Fujitsu produzierten für Microsoft die ersten Versionen. Doch wie Apple es bereits mit der Einführung des Newtons erfahren hatte, war Timing alles. „Nichts ist mächtiger als eine Idee, deren Zeit gekommen ist", lautet ein viel zitiertes Bonmot des französischen Schriftstellers Victor Hugo, das wohl in keine Branche so gut passt wie in die Hightech-Industrie. Wie Apple mit seinem PDA in den frühen 90er Jahren kam auch Microsoft zu Beginn des neuen Jahrtausends mit seinem Tablet zu früh. „Unsere Tablets waren nicht dünn genug, sie waren einfach nicht so attraktiv", sollte Microsoft-Gründer Bill Gates später in der Rückschau zugeben.

Steve Jobs beobachtete die Entwicklung aus der Distanz, war Apple doch gerade selbst erst mit dem Ausbau des zweiten Standbeins, der immer stärker boomenden iPod-Sparte, beschäftigt. Intern jedoch probierten sich Apples Entwickler an immer neuen Projekten aus, von denen sich auf Sicht von Jahren allerdings immer nur eine Idee durchsetzen würde. Der Tablet-Bereich stach darunter fast folgerichtig hervor, weil er eine Alternative zu den hochpreisigen Macs darstellte und von Jobs als Markt der Zukunft angesehen wurde.

Doch der Apple-Chef hatte wieder einmal eine Vision, die sich von den Marktgepflogenheiten so fundamental unterschied. Der Minimalist Jobs hasste die Bedienung per physischer Tastatur, mit der die Tablet-PCs von Microsoft zu benutzen waren. Jobs schwebte eine Bedienung direkt am Bildschirm vor – per Touchscreen. Anfang 2005 erhielten Tablet-Pläne neue Nahrung, als mit dem Start-up *FingerWorks* in aller Heimlichkeit ein Anbieter von Multi-Touch-Trackpads übernommen wurde. Die gestische Bedienung am Display war plötzlich Realität.

Jobs erkannte das ungeheure Potenzial und gab zur Verwendung der Multi-Touch-Technologie doch einem anderen Team den Vorzug, das auf einen größeren Markt abzielte: die sagenumwobene Unit P2, die am Smartphone arbeitete. So wurde das iPhone dem iPad als strategisch wichtiger vorgezogen, obwohl an beiden Geräten in den Grundzügen etwa zum gleichen Zeitpunkt entwickelt wurde.

Der durchschlagende Erfolg des iPhone bereitete so maßgeblich den Weg für einen Tablet-Mac, der wie eine logische Ergänzung zu Apples knapp vier Zoll großem Kult-Smartphone aussah. Der äußere Unterschied zum iPhone schien lediglich in der Größe zu liegen: Das Tablet erschien vielen Beobachtern als großer iPod Touch bzw. großes iPhone ohne Telefonierfunktion, weshalb die Resonanz auf die Präsentation im Januar 2010 zunächst etwas verhalten ausfiel.

Dabei zählte die Veranstaltung, zu der Apple mit den Worten „Kommt und seht Euch unsere neueste Kreation an" eingeladen hatte, ebenfalls zu den denkwürdigsten der Firmenhistorie. „Das letzte Mal, als es so viel Aufregung um eine Tafel gab, standen darauf Gebote geschrieben", brachte das *Wall Street Journal* die überbordende Erwartungshaltung auf den Punkt.

Jobs eröffnete die Keynote mit diesem Zitat als Witz, doch er suchte tatsächlich nach einem historischen Vergleich, mit dem er für das „wirklich magische und revolutionäre Produkt" den Weg bereiten konnte. Und er läutete nicht weniger als die „Post-PC-Ära" ein: Dies war ein neues Jahrzehnt, PCs waren so Nullerjahre. Und Netbooks? Die waren erst recht nicht die Antwort auf die Nutzerbedürfnisse. „Die sind in nichts besser. Es sind einfach nur billige Laptops", zerlegte Jobs in einem seiner charakteristischen Trashtalk-Momente genüsslich die Hardware-Konkurrenz.

Doch die Frage stand immer noch im Raum: Wofür brauchte man nun wirklich ein Apple-Tablet, wenn es einerseits das iPhone und andererseits so fortschrittliche Laptops wie das ultradünne MacBook Air gab? „Gibt es Raum für eine dritte Kategorie zwischen Computer und Smartphone?" hob Jobs bedeutsam an, um sich selbst die Frage zu beantworten: „Wir glauben, wir haben eine Antwort gefunden. Wir nennen es iPad."

Die Daseinsberechtigung des iPad, das in der günstigsten Version mit 16 GB Speicher und WiFi-Verbindung schon für 499 $ zu haben war, definierte Jobs darüber, dass das Apple-Tablet einige Kernanwendungen besser ermöglichen konnte als ein Smartphone und Computer – Jobs zählte dazu das Browsen im Internet, E-Mails schreiben, Fotos und Videos ansehen, Musik hören, Spiele spielen oder E-Books lesen.

Das iPad musste in diesen Anwendungen besser sein als ein MacBook oder iPhone – es war letztlich ein eher passives Gerät, mehr für die Konsumierung von Inhalten als für die Kreation ausgerichtet. Man konnte mit dem iPad natürlich auch Texte schreiben und Dokumente bearbeiten, doch die eigentliche Magie erschloss sich in der Unmittelbarkeit. Das galt vor allem in der Nutzung des Internet: „Es ist, als würde man das Internet in seinen Händen halten. Es ist phänomenal, eine Internet-Seite direkt vor einem zu sehen und sie mit dem Finger beeinflussen zu können", erklärte Jobs in Anspielung auf die vom iPhone bekannte Multi-Touch-Technik: „Es ist eine wirklich erstaunliche Erfahrung."

MEEDIA: Apple: Aufbruch in die iPad-Ära
http://meedia.de/2010/01/27/apple-aufbruch-in-die-ipad-ara/

Als das iPad Anfang April vor dem Osterwochenende in den USA ausgeliefert wurde, war die öffentliche Stimmung wieder in den Begeisterungsmodus geschwenkt. Der britische Entertainment-Tausendsassa Stephen Fry huldigte im *Guardian*: „Man will es nie, nie, nie wieder weglegen, sich nicht mehr davon trennen wollen. Es wird zum Teil des eigenen Lebens. Das iPad wird alles verändern."

MEEDIA: Mein erstes iPad-Wochenende
http://meedia.de/2010/05/29/mein-erstes-ipad-wochenende/

Und das galt nicht zuletzt für die Branchen, auf die Apples Tablet abzielte. Natürlich war das iPad nicht nur ein schickes Multimedia-Gadget – *Der Spiegel* taufte es auf den Namen „Wunderflunder" –, sondern auch ein Lesegerät und griff damit den Jahre zuvor von Amazon vorgestellten E-Reader Kindle an. Auch Apple verkaufte über seinen neu gestarteten iBooks Store künftig Bücher wie der weltgrößte Online-Buchversender.

Die darbende Verlagsbranche, deren drastische Rückgänge im Print-Segment längst nicht durch das Online-Geschäft aufgefangen wurden, knüpfte unterdessen große Hoffnungen an Apples neues Wunder-Gadget. „Mit dem iPad beginnt eine neue Ära", gab sich etwa Axel Springers Konzernchef Mathias Döpfner extrem zuversichtlich. „Jeder Verleger sollte sich einmal am Tag hinsetzen, beten und Steve Jobs dafür danken, dass er mit diesem Gerät die Verlagsindustrie rettet", erklärte Döpfner allen Ernstes in der Talkshow von Charlie Rose im US-Fernsehen.

Doch wie schon beim Start des iPod und iTunes Music Store sollte der Gerätehersteller Apple weitaus mehr profitieren als die Inhalteanbieter, die über iTunes und iBooks neue Vertriebskanäle erhielten, über die sie ihre iPad-optimierten Magazine in multimedialer Hochglanzoptik feilboten. Medienmogul und Jobs-Freund Rupert Murdoch versuchte sich auf dem iPad etwa mit *The Daily* an der vermeintlichen Zeitung der Zukunft, stellte seine Bemühungen jedoch bereits nach rund einem Jahr wieder ein.

Das iPad indes entwickelte sich zum sofortigen Kassenschlager. 300.000 Stück gingen am ersten Verkaufstag über die Ladentische. Die Eine-Million-Marke fiel nach exakt einem Monat – und damit mehr als doppelt so schnell wie beim iPhone. Im ersten Verkaufsquartal setzte Apple gleich

3,27 Mio. Exemplare ab und sicherte sich sofort den Spitzenplatz im Tablet-Segment mit monopolartigen 95 % im dritten Kalenderquartal 2010.

Das Wachstum setzte sich schnurgerade bis Weihnachten fort. Binnen einem Jahr wurden 15 Mio. Exemplare der ersten iPad-Generation abgesetzt. Für diese Marke hatte das iPhone zuvor drei Quartale länger benötigt. Tatsächlich sollte das iPad die 100-Millionen-Grenze bereits im Oktober 2012 nach nur zehn Quartalen durchbrechen – schneller als jedes andere Gerät in der Geschichte der Verbraucherelektronik.

MEEDIA: Kann das iPad den iPhone-Erfolg wiederholen?
http://meedia.de/2010/04/03/kann-das-ipad-den-iphone-erfolg-wiederholen/

Mit dem neuen Wachstumstreiber iPad und dem Kassenschlager iPhone war Apple zu Beginn des zweiten Jahrzehnts des neuen Jahrtausends so in der mit Abstand besten Position seiner bald 35-jährigen Konzerngeschichte: Die Konkurrenz schien um Jahre abgehängt, die Gewinne explodierten für ein Unternehmen von dieser Größe in nie gesehenem Ausmaß, und im Mai 2010 zog Apple nach mehr als zwei Jahrzehnten wieder an Microsoft vorbei, um zum wertvollsten Technologieunternehmen der Welt aufzusteigen. Den Titel des „wertvollsten Unternehmens der Welt" sollte Apple dem Erdölriesen ExxonMobil gar ein Jahr später abjagen. Es schien, als stehe der Kultkonzern vor einem goldenen Jahrzehnt.

MEEDIA: Apple – wertvollstes Unternehmen der Welt
http://meedia.de/2011/08/26/apple-wertvollstes-unternehmen-der-welt/

Doch die Euphorie um die neue Vormachtstellung wurde von der immer größeren Sorge um den Mann überschattet, der Apple gegründet, gerettet und zum iKonzern umgebaut hatte: Steve Jobs war offenbar sehr krank. 2003 wurde Bauchspeicheldrüsenkrebs diagnostiziert, der zunächst gutartig schien, weshalb Jobs erst mit alternativen Mitteln eine Heilung anstrebte. Neun Monate später ließ Jobs sich jedoch an der Bauspeicheldrüse operieren und schien geheilt, doch die behandelnden Ärzte fanden wenig später Metastasen in der Leber.

In der Öffentlichkeit, wie etwa in seiner denkwürdigen Rede vor den Absolventen der Stanford University 2005 trat Jobs als geheilt auf und berichtete über seine Krankheit: „Es stellte sich nämlich heraus, dass es sich um eine sehr seltene Art von Krebs handelte, die operativ behandelt werden kann. Ich wurde operiert, und mir geht es heute gut. So direkt hatte ich dem Tod noch nie ins Gesicht gesehen, und ich hoffe, das war's jetzt auch für die nächsten paar Jahrzehnte."

Es sollte Wunschdenken bleiben. Die Folgen des schweren Eingriffs machten Jobs in der Folge zu schaffen. Er musste sich einer Chemotherapie unterziehen, litt unter ständigen Schmerzen und Ernährungsproblemen. Vor den Augen der Weltöffentlichkeit magerte Jobs unübersehbar dramatisch ab. Anfang 2008 war der Krebs zurückgekommen. Es begann ein Wettlauf mit Folgekomplikationen, den Jobs Ende des Jahres zu verlieren schien: Im Januar 2009 gab er nach mehreren irreführenden Erklärungen zu seinem angeschlagenen Gesundheitszustand, den er mit Stoffwechselstörungen infolge der Operation begründete, eine halbjährige Auszeit bekannt.

Nach einer überstandenen Lebertransplantation, die im letzten Augenblick im Frühjahr 2009 durchgeführt wurde, kehrte Jobs tatsächlich im Sommer wieder zu Apple zurück. Doch das Fortschreiten des Krankheitsverlaufs wurde nur aufgehalten. Ende 2010 verschlechterte sich die Lage erneut und Jobs musste sich damit arrangieren, das Erbe seines gigantischen Königreichs, das er vor 34 Jahren gegründet, aber tatsächlich erst in den letzten 14 Jahren erschaffen hatte, an seinen Nachfolger, den treuen COO Tim Cook, zu übergeben.

MEEDIA: Steve Jobs' Auszeit: Schock für Apple-Fans
http://meedia.de/2009/01/15/steve-jobs-auszeit-schock-fur-apple-fans/

Als wäre Jobs' unternehmerische Leistung nicht groß genug, erscheint sein Wirken in den letzten Jahren seiner schweren Krankheit von fast übermenschlicher Natur: iPhone und iPad, die beiden erfolgreichsten Produkte in der Geschichte der Technologiebranche, brachte Jobs in den schwierigsten Jahren seines Lebens auf den Weg. Jahre zuvor hatte Jobs den Antrieb in seiner Stanford-Rede bereits vorhergesehen: „Der Tod ist wohl die mit Abstand beste Erfindung des Lebens. Er ist der Katalysator des Wandels. Er räumt das Alte weg, damit Platz für Neues geschaffen wird." Das Wechselspiel der ewigen Erneuerung galt schließlich auch für Apple selbst.

MEEDIA: Steve Jobs' Auszeit: Was jetzt, Apple?
http://meedia.de/2011/08/28/steve-jobs-auszeit-was-jetzt-apple/

# Teil III

## Epische Schlachten auf dem Olymp

# Steve Jobs' letztes Jahr: eine holprige Übergangszeit

Wenn man in der Rückschau nach Hinweisen sucht, nach einem neuralgischen Punkt, an welcher Stelle Apples Königreich erste Risse zeigte, dann wird die Spur unweigerlich in jene Monate vor dem Ende von Steve Jobs fallen – in jenes verhängnisvolle 2011, als der Apple-Gründer den Kampf gegen den Krebs schließlich verlor.

„Ich habe bis zuletzt daran geglaubt, dass sich Steve erholen würde", erzählte sein Nachfolger Tim Cook als Apple-CEO, Ende 2012 im exklusiven Interview dem US-Sender NBC, „ganz einfach deshalb, weil Steve immer zurückkam. Aber irgendwann habe ich von einer intellektuellen Warte aus begriffen, dass es diesmal anders war."

Bereits im Januar 2011 hatte Jobs eine Auszeit wegen gesundheitlicher Probleme verkündet. Es war schon seine dritte Zwangspause, und diesmal bezweifelten mehr Anhänger des Kultkonzerns denn je, dass der sichtlich angeschlagene Visionär noch einmal zurückkehren würde. Jobs übergab das Tagesgeschäft an seinen designierten Stellvertreter Tim Cook, der bereits zweimal, 2004 und 2009, interimsmäßig die Geschäfte übernommen hatte. Und auch diesmal sollte Jobs' Auszeit eigentlich nur vorübergehend sein. „Ich liebe Apple so sehr und hoffe, so schnell wie ich kann zurückzukommen", schrieb der 56-Jährige in einer E-Mail an die Mitarbeiter. Jobs wollte sein Vermächtnis regeln und vor allem Apple in guten Händen wissen. So führte der schwer kranke Tech-Visionär den Löwenanteil der Interviews mit dem Biografen Walter Isaacson. Mit anderen Weggefährten begab sich Jobs auf eine regelrechte Abschiedstour – hier das Präsidentendinner von Barack Obama mit den Ikonen der Tech- und Internet-Branche, dort letzte persönliche Erinnerungen mit Bill Gates, Larry Ellison oder Larry Page.

Jobs schonte sich nicht: Noch einmal stieg er im März 2011 kurz entschlossen auf die Bühne des Yerba Buena Centers in San Francisco und enthüllte das iPad 2. Im Juni trat er bei der WWDC ein letztes Mal zur Präsentation des neuen mobilen Betriebssystems iOS 6 mit brüchiger Stimme auf, überließ dabei aber Interims-CEO Tim Cook, Marketingchef Phil Schiller und dem aufstrebenden iOS-Chef Scott Forstall erstaunlich viel Raum auf der Bühne. Nur allzu schmerzlich wurde den Besuchern der Entwicklermesse WWDC bewusst, dass soeben die Stabübergabe an die nächste Generation der Apple-Manager zelebriert wurde.

Nur einen Tag später, am 7. Juni 2011, ließ es sich Jobs nicht nehmen, für den Entwurf des neuen Apple Campus persönlich beim Stadtrat von Cupertino vorstellig zu werden. Man sieht den erschütternd abgemagerten Apple-Gründer, schwach und nach Luft schnappend, ein letztes Mal zur großen Show ausholend: Jobs, der den Geist des Silicon Valley beschwört und davon erzählt, wie er von HP-Gründer Bill Hewlett seinen ersten Sommerjob erhielt – und Ersatzteile für den Bau an einem Computer. Es sollte sein letzter öffentlicher Auftritt werden.

Ersatz anderer Art, das wurde im Sommer 2011 an der Infinite Loop 1 klar, würde nicht zu finden sein. Steve Jobs, so sehr sich der Aufsichtsrat seit Jahren auf den Tag vorbereitet hatte, war naturgemäß nicht zu ersetzen. Natürlich hatte Jobs und das Apple-Board einen Plan B in der Tasche, der vorsah, dass dem Interimschef Tim Cook offiziell das Amt übertragen werden sollte, das er operativ längst innehatte, doch der Schwebezustand lähmte den Tech-Giganten. Solange Jobs am Leben war, war er der uneingeschränkte Boss bei Apple. Dies war sein Unternehmen, er würde mitgestalten, solange es ging, buchstäblich bis zu seinem letzten Atemzug. Tim Cook beschreibt in einem Exklusivinterview mit der *Businessweek* Ende 2012, wie der Wechsel schließlich vollzogen wurde. „Steve rief mich am Wochenende an und sagte: ‚Ich würde gerne mit Dir reden'", erinnert sich Cook. Das war im Sommer 2011. Keine Frage, es würde um die Nachfolge als CEO von Apple gehen. „Wir hatten schon öfter darüber gesprochen, es war nicht das erste Mal, dass ich von dieser Möglichkeit gehört hatte. Im Sommer sprachen wir wieder darüber, allerdings zu einem Zeitpunkt, als ich den Eindruck hatte, dass es Steve besser ging, und ich denke, dass er auch diesen Eindruck hatte", erinnert sich Cook.

MEEDIA: Tim Cook: „Vermisse Steve Jobs jeden Tag"
http://meedia.de/2012/12/07/tim-cook-vermisse-steve-jobs-jeden-tag/

„Ich möchte, dass es einen professionellen Managementwechsel gibt", erklärte Jobs. „Das hat es bei Apple noch nie gegeben, der letzte Vorstandschef wurde immer gefeuert, und dann kommt der Nachfolger von außen. Ich werde dem Vorstand vorschlagen, dass Du CEO wirst und ich Aufsichtsratschef", formulierte Jobs die historischen Worte. Der langjährige Apple-Gründer wollte gestalten, solange es ging – nur eben in anderer Rolle. „Ich denke, dass Steve davon überzeugt war, noch eine lange, lange Zeit so zu arbeiten", erklärte Cook, der am 24. August 2011 offiziell die Geschäfte bei Apple als neuer Vorstandschef übernahm. „Ich glaube, dass Apples strahlendsten und innovativsten Tage noch vor uns liegen", gab sich Jobs in einem offenen Brief bei Bekanntgabe seines Rücktritts hoffnungsvoll. Doch dem ikonisch verehrten Apple-Gründer blieben nur noch ganze sechs Wochen in seiner neuen Rolle als Aufsichtsratschef. Steve Jobs starb am 5. Oktober 2011– einen Tag, nachdem Apple das Nachfolgemodell des Bestsellers iPhone 4 vorgestellt hatte.

# Tim Cook übernimmt: die Verwaltung des Erfolgs

Es spricht rückblickend einiges dafür, dass diese neunmonatige Übergangsphase, in der sich Jobs notgedrungen aus dem operativen Geschäft zurückzog, am Ende aber doch die finalen Entscheidungen traf, Apple entscheidend geschwächt und letztlich kurzzeitig sogar gelähmt hat.

Stellvertretend für Jobs' Wirken bis zum buchstäblich letzten Tag ist die Anekdote des Softbank-CEOs Masayoshi Son, der sich am Tag der iPhone-4S-Präsentation mit Tim Cook traf. Das Meeting wurde jedoch kurzerhand wieder abgesagt. Der seinerzeit als neuer CEO bereits uneingeschränkte Apple-Chef erklärte dem verdutzten japanischen Gast: „Sorry, mein Boss hat angerufen." Cooks Boss? Als Aufsichtsratschef war Jobs Cook gegenüber nach den Regularien im operativen Geschäft nicht mehr weisungsbefugt – war es in der Praxis aber eben doch. Das Ergebnis ist an den Verschiebungen des Produktjahres 2011 zu beobachten.

Bis heute ist es ungeklärt, warum der Tech-Pionier nach vier Jahren von seinem jährlichen Erneuerungszyklus des Bestsellers iPhone abwich, dessen neuste Generation seit 2007 immer im Juni vorgestellt wurde. 2011 jedoch dauerte es bis zum 4. Oktober – und damit mehr als vier Monate länger –, als endlich ein neues iPhone enthüllt wurde.

Die Enttäuschung der Apple-Anhänger als auch der Branchenpresse war jedoch auch angesichts des vorgestellten Modells gleichermaßen groß: Nach 16-monatigem Warten präsentierte Marketing-Chef Phil Schiller lediglich ein marginales Update in Form der Version 4S. Das neue iPhone sah haargenau aus wie das alte: Es verfügte lediglich über eine bessere Kamera und einen größeren Speicher, wenn man denn bereit war, die 100 € bzw. 100 $ mehr für die 64 GB auszugeben. Wie ein Fremdkörper wirkte das einzig wirklich neue Feature des neuen iPhones: Die digitale Sprachassistentin namens Siri, für die sich der aufstrebende Chef der iOS-Sparte Scott Forstall stark gemacht hatte. Die Kritiken indes waren bestenfalls gemischt.

Vielleicht lag das auch am neuen Apple-CEO, der bei seiner ersten Präsentation als nun vollwertiger Vorstandsvorsitzender hölzern und schmerzlich uninspiriert wirkte. „Guten Morgen", begann Cook die Keynote, die diesmal

MEEDIA: Apples iPhone-Event: Dominanz ohne Magie
http://meedia.de/2011/10/05/apples-iphone-event-dominanz-ohne-magie/

direkt auf dem Apple-Campus und nicht auf dem repräsentativeren Moscone Center stattfand, um dann noch mal gedehnt nachzuschieben: „Guten Morgen". Er klang wie ein Schulleiter, der auf der Bühne seine Ansprache halten muss und nicht so recht wusste, wie er anfangen soll.

Cook erklärte, dass es seine erste Produktvorstellung wäre, nachdem er zum Vollzeit-CEO ernannt worden ist: „Ich bin sicher, das wussten Sie nicht." Es sollte ein Witz sein, doch er verhallte im Nichts. „Es ist mir eine große Freude, heute Ihr Gastgeber zu sein", empfing Cook die nur wenigen Hundert Zuhörer, die auf dem Apple-Campus geladen waren. Alles war kleiner als sonst bei iPhone-Launches, reduzierter. War das das neue Apple? „Es ist eine außergewöhnliche Zeit, um bei Apple zu arbeiten", erklärte Cook stattdessen fast staatstragend, um sofort nachzuschieben: „Ich liebe Apple". Es klang wie ein Pflichtbekenntnis. „Ohne Steve nichts los", war umgehend in den sozialen Medien wie bei Twitter zu lesen. Branchenmedien wurden deutlicher: „Das ist alles? Das iPhone 4S? Wir haben all diese zusätzlichen Monate gewartet – für das?" fragte sich das Tech-Portal *CNET* entgeistert.

Es deutet tatsächlich einiges darauf hin, dass intern im Produktionsablauf etwas schiefgelaufen war. Warum schaffte es Apple diesmal nicht, ein bloßes Upgrade-Modell binnen zwölf Monaten zu präsentieren? Und warum kündete das mobile Betriebssystem iOS 5 bereits von der nächsten iPhone-Generation, wenn Apple doch nur die Speed-Version des erfolgreichen Vorgängers auf den Markt brachte? An dieser Stelle begann Apples einzigartige Erfolgsgeschichte des iPhones einen Riss zu bekommen, der jedoch erst neun Monate später, dann aber nur allzu deutlich, zutage treten sollte. War es die Ironie des Schicksals, dass Cook just an dieser Nahtstelle das Ruder übernahm?

Für Apple-Experten und Branchenbeobachter war klar: Der iPhone-4S-Launch – so voreilig die Schlussfolgerung ein paar Wochen nach Übernahme der Amtsgeschäfte auch schien – war der erste Fingerzeig der Ära Cook. Der Erfolg würde künftig nur noch akribisch verwaltet werden.

# iPhone 4S: ein gigantischer, aber trügerischer Erfolg

Doch zunächst schien die Rechnung aufzugehen: Das iPhone, seinerzeit schon das meistverkaufte Smartphone der Welt, war unter der Oberfläche noch ein ganzes Stück besser geworden. Ganz gleich, ob das Design dem beliebten Vorgänger glich, es gab viele Erstkunden, die darauf gewartet haben, endlich Apples Kulthandy in den Händen zu halten. Tim Cook hatte sich dafür entschieden, die Erfolgswelle schlicht weiter zu reiten und sich mit den zusätzlich vergünstigten Vorgängermodellen neue Käuferschichten zu erschließen.

Am 14. Oktober 2011, nicht einmal zwei Wochen nach der Keynote, kam das neue iPhone in den Handel. Der Hunger nach dem Kult-Smartphone vermengte sich mit der Nostalgie um den gerade verstorbenen Apple-Gründer, die rund um den Erdball enorme Wellen schlug. „Dieses iPhone ist für Steve", erklärte ein australischer Apple-Fan seine Kaufmotivation in Anspielung auf den Produktnamen „4S", das wohl eigentlich für „Speed" oder „Siri" stand – Apple löste das Phänomen wie immer nicht auf.

Wie ungleich attraktiv die schlichte Verwaltung des Erfolgs in nackten Zahlen aussehen konnte, war schon wenige Tage nach dem Verkaufsstart zu beobachten. Stolze vier Mio. iPhone 4S gingen am ersten Wochenende über die Ladentische – beim iPhone 4 waren es seinerzeit nur 1,7 Mio. Stück gewesen. Schnell war klar: Die fünfte iPhone-Generation würde ein Hit werden.

Die Ausmaße indes waren erst drei Monate später bei Bekanntgabe der nächsten Quartalszahlen zu besichtigen. Es war das erste Weihnachtsquartal, in dem eine neue iPhone-Generation vorgestellt wurde: Apples mit Abstand absatzstärkstes Produkt traf auf die traditionell stärkste Verkaufsperiode, in der mit *Verizon* auch der inzwischen größte Mobilfunker der USA erstmals das Kultprodukt vertrieb.

Das Ergebnis war explosiv. Bis heute gilt das am 24. Januar 2012 vorgestellte Weihnachtsquartal als das wohl beste in der 38-jährigen Konzerngeschichte, auch wenn der Gewinn ein Jahr später noch einmal marginal überboten werden konnte. In den 14 Wochen der Geschäftstätigkeit erzielte Apple ein Fabelergebnis, das die Technologiebranche so noch nie gesehen hatte: Die Umsätze schossen um in diesen Dimensionen absolut bemerkenswerte 73 % auf 46,33 Mrd. $ empor, während die Gewinne sogar um sensationelle 117 %

auf 13 Mrd. $ explodierten. Vor allem dank 37 Mio. verkaufter iPhones hatte Apple im Vergleich zum Vorjahreszeitraum mal eben sieben Mrd. $ mehr verdient als noch zwölf Monate zuvor.

Eine solche Quartalsbilanz mit lediglich einem eher unscheinbaren Produktupgrade – Apple schien nicht mehr von dieser Welt zu sein. Das drückten auch die zahlreichen Vergleiche aus, die anhand der Traumbilanz angestellt wurden: Apple hatte im Schlussquartal des Kalenderjahres 2011 tatsächlich das viertbeste Konzernergebnis der Wirtschaftsgeschichte eingefahren – nur die Ölmultis ExxonMobil, Royal Dutch und Gazprom erzielten zwischen 2008 und 2011 noch höhere Gewinne. Im Branchenvergleich strahlte das Zahlenwerk in noch hellerem Glanz. Nach mehr als zwei Jahrzehnten im Schatten hatte Apple Microsoft 2010 nach dem Börsenwert wieder überrundet – ein Jahr später verdiente der iPhone-Konzern in einem Quartal nun schon doppelt so viel wie der Redmonder Erzrivale.

Der wertvollste Internet-Konzern der Welt wurde unterdessen förmlich deklassiert. Apples Gewinne im Weihnachtsquartal fielen mit 13 Mrd. $ allein um 2,5 Mrd. $ höher aus als die Umsätze von Google. Am nächsten Handelstag legte die Aktie um sieben Prozent auf (später splitbereinigte) 64 $ zu – mit einem Börsenwert von 420 Mrd. $ war Apple wieder der wertvollste Konzern der Welt. Gleichzeitig war das Kultunternehmen aus Cupertino nun mehr wert als die größten Internet-Konzerne – Google, Amazon, Facebook und eBay – zusammen.

MEEDIA: iPhone-Boom: Apple mit Fabel-Quartal
http://meedia.de/2012/01/25/iphone-boom-apple-mit-fabel-quartal/

Um die Superlative zu komplettieren, wurden gar Vergleiche der Wirtschaftsentwicklung von Nationen angestellt. Nach der aktuellen Marktkapitalisierung an der Börse war Apple seinerzeit bereits wertvoller als die Volkswirtschaften von Griechenland, Dänemark, Österreich, Südafrika oder Thailand gemessen an ihrem Bruttosozialprodukt. Blogs überboten sich damit, Apples immer gigantischere Geschäftsentwicklung ins Verhältnis zu setzen.

# iPhone 4S: ein gigantischer, aber trügerischer Erfolg 53

MEEDIA: Apple mehr wert als Österreichs Wirtschaft
http://meedia.de/2012/01/25/apple-mehr-wert-als-osterreichs-wirtschaft/

„Things Apple is more worth" stellte im Jahresverlauf fest, dass der Kultkonzern nach der Marktkapitalisierung an der Börse mehr wert war als etwa der gesamte US-Aktienmarkt des Jahres 1977, die weltweite Kaffeeindustrie oder 1 Mrd. iPads – der Kultkonzern war auch wirtschaftlich auf dem besten Wege der größte aller Zeiten zu werden. An der Wall Street hob die Apple-Aktie getragen von dem Rekordquartal förmlich ab und legte in den folgenden zwei Monaten um fast 50 % zu – die Marken von 70, 80 und dann 85 $ fielen binnen einem Monat.

Auch bei Bekanntgabe der nächsten Geschäftsergebnisse gab sich Apple keine Blöße. Im Gegenteil: Im traditionell eigentlich deutlich schwächeren Dreimonatszeitraum des Geschäftsjahres zwischen Januar und März verblüffte Apple erneut mit Fabelwerten. Nach 37 Mio. verkauften iPhones im Weihnachtsquartal, die viele Marktbeobachter für eine Ausnahmeerscheinung hielten, erstaunte Apple die Analysten Ende April bei Vorlage der Geschäftsbilanz für das abgelaufene zweite Quartal des Geschäftsjahres 2012 nunmehr mit bemerkenswerten 35 Mio. abgesetzten iPhones. Apple konnte die Analystenschätzungen erneut scheinbar spielend pulverisieren und abermals einen spektakulären Gewinnzuwachs von 93 % auf nunmehr 11,6 Mrd. $ ausweisen; die Umsätze zogen um 59 % an. Am erstaunlichsten war jedoch die traumhafte Gewinnmarge von 47,3 %, die für einen Hardware-Konzern nahezu unheimlich erschien und bis heute ein Allzeithoch in der 40-jährigen Unternehmensgeschichte markierte – profitabler hatte Apple noch nie gearbeitet.

Der Schlüssel des Erfolgs im März-Quartal war dabei erstaunlicherweise ein anderer als noch drei Monate zuvor: Der Treiber war das boomende China-Geschäft. 7,9 Mrd. $ der 39,2 Mrd. $, die Apple zwischen Anfang Januar und Ende März umsetzte, stammten bereits aus dem Reich der Mitte – das entsprach einem enormen Zuwachs von 440 % gegenüber dem Vorjahresquartal. Der Grund für die Wachstumsexplosion: Erst im Januar 2012 debütierte das iPhone 4S in China. Wie auch in der westlichen Welt legte das Kult-Smartphone im asiatischen Riesenreich einen Traumstart hin: „20 %

Umsatz aus China sind ein fantastischer Anteil", lobte etwa Chefvolkswirt Jim O'Neill von Goldman Sachs, der Erfinder des BRIC-Konzepts, nach dem die Schwellenländer – Brasilien, Russland, Indien und China – die etablierten Industrienationen in ihrer wirtschaftlichen Bedeutung im Laufe dieses Jahrhunderts überholen würden.

Doch der BRIC-Boom wirkte eben auch anders herum, wenn Global Player auf dem asiatischen Markt Fuß fassten, wie es Apple nun vormachte. „Apples Bilanz unterstreicht, wie groß die Chance in China ist", befand O'Neill. „Wenn man sich Apple im Kontext des Goldman-Sachs-Szenarios für China im Jahre 2050 anschaut, sind die möglichen Absätze Multiplen von heute", skizzierte O'Neill einen Ausblick, bei dem der Himmel die Grenze zu sein schien.

WELT Online: Wall Street verkennt Apples großes China-Quartal
http://www.welt.de/wirtschaft/webwelt/article106271864/Wall:Street-verkennt-Apples-grosses-China-Quartal.html

Unter Führung von Tim Cook war Apple der Konkurrenz scheinbar um Lichtjahre enteilt, so einsam zog der Kultkonzern im ersten Halbjahr 2012 seine Kreise. Wie man es vom „operativen Genie" Cook gewohnt war, hielt er Ende März mit dem Launch der dritten Generation des iPad, das er schlicht „iPad" nannte und damit auf die Modellklassifizierung „3" verzichtete, Apple weiter auf Rekordkurs.

Der turnusmäßige Ausblick auf die nächste iOS-Generation folgte im Juni auf der Entwicklerkonferenz WWDC. Neben einer Verbesserung von Siri und einer tieferen Integration des weltgrößten Social Network Facebook überraschte iOS-Chef Scott-Forstall mit einer Ankündigung, die einer Kriegserklärung an Google gleichkam: Die beliebten Apps YouTube und Google Maps würden künftig vom Home-Screen verschwinden. Apple konnte sich scheinbar alles leisten und nichts falsch machen. Das Imperium stand auf dem absoluten Zenit und konnte sich scheinbar nur selbst schlagen – was es wenig später dann auch tun sollte…

# Sommer 2012: erste Risse nach dem iPhone-Einbruch

Kurz nach dem vorläufigen Zenit an der Wall Street, als die Apple-Aktie bei 92 $ am Ostermontag auf neuen Allzeithochs notierte, passierte etwas, womit das siegesgewisse Apple-Management um Tim Cook nach seinem Traumstart nicht gerechnet hatte: Die Nachfrage nach dem Kulthandy iPhone brach im Frühling plötzlich drastisch ein.

Das war eine handfeste Überraschung, zumal Apple mit dem Vorgängermodell iPhone 4 die Absatzraten auch nach dem saisonal starken Weihnachtsquartal im folgenden Halbjahr weiter steigern konnte, so groß war die Nachfrage. Im Frühjahr 2011, ein Jahr nach der Einführung, setzte Apple erstmals mehr als 20 Mio. Geräte ab – und markierte damit einen neuen Verkaufsrekord. Nach dem furiosen Weihnachts- und dem starken Anschlussquartal schien eine satte Steigerung der iPhone-4S-Absätze nur ein halbes Jahr nach dem Debüt damit ebenfalls ein Selbstläufer zu sein.

Doch stattdessen konnte Apple im dritten Fiskalquartal, dem zweiten des Kalenderjahres, nur mit Ach und Krach seine eigenen Schätzungen schlagen und verkaufte zwischen Anfang April und Ende Juni gerade mal 26 Mio. Geräte – erstaunliche neun Millionen Einheiten weniger als noch drei Monate zuvor. Der Einbruch kostete: Die Gewinne schrumpften im Vergleich zum Vorquartal um fast 3 Mrd. auf 8,8 Mrd. $. Apples bewunderte Wachstumsmaschine hatte plötzlich Sand im Getriebe: Die Zuwächse hatten sich mit „nur" noch 20 % gegenüber dem Vergleichszeitraum im Vorjahr zu den beiden Vorquartalen drastisch verlangsamt.

„Desaströs", nannte Henry Blodget vom Blog-Konglomerat *Business Insider* die Quartalsbilanz in der Minute nach der Veröffentlichung. Doch eine unerwartete Enttäuschung war Apples neues Zahlenwerk allemal: Alle befragten Analysten waren mit ihren Schätzungen auf dem falschen Fuß erwischt worden, selbst die zurückhaltendste Prognose wurde noch unterboten. Und das, obwohl sich der Hoffungsträger das neue iPad gut Brot verkaufte und die Tablet-Sparte 17 Mio. abgesetzte Einheiten vermelden konnte.

Das Problem lag eindeutig im wichtigsten Konzernbereich – der Cash Cow iPhone. Selbst wenn die Absätze zum Verkaufsstart im Weihnachtsquartal unnatürlich hoch ausgefallen waren: Wie war der Einbruch von happigen 9 Mio.

Einheiten gegenüber dem vorherigen Quartal zu erklären, wenn die Absätze beim Vorgängermodell noch von Quartal zu Quartal angezogen hatten?

Keine Frage: Den Einbruch hatte niemand im Apple-Management vorhergesehen. Tim Cook sprach im anschließenden Conference Call davon, dass sich ständige Gerüchte über ein baldiges Nachfolgemodell geschäftsschädigend auf die Verkaufsentwicklung ausgewirkt hatten – eine dürftige Entschuldigung, die Steve Jobs im Vorjahr nicht nötig gehabt hatte, obwohl das Vorgängermodell weitaus länger auf dem Markt gewesen war. Cook konnte den raren Fehltritt kaum beschönigen: Es war mehr als offensichtlich, dass sich in Cupertino erstmals seit Jahren Dinge anders entwickelt hatten als vom Apple-Management vorhergesehen. Und schnell würde dieser Missstand nicht zu korrigieren sein. Bis zu einem Verkaufsstart des Nachfolgemodells würden noch mindestens zwei, vielleicht sogar drei Monate vergehen, wenn Apple wie im Vorjahr an den Launch im Oktober anknüpfen wollte. Bis dahin aber würde das iPhone 4S wie Blei im Verkaufsregal liegen und Apple der Konkurrenz, die vor allem in Gestalt von Samsung mit dem neuen, äußerst beliebten Modell Galaxy S III immer stärker wurde, immer mehr Marktanteil überlassen müssen.

Erstaunlicherweise ignorierten die Aktienmärkte die absehbare Schwächephase der nächsten Monate geflissentlich. Die Apple-Aktie stürzte nach Bekanntgabe der Juni-Quartalszahlen am nächsten Handelstag zwar um knapp fünf Prozent oder 4$ ab, doch es dauerte gerade mal neun Handelstage, bis die 85-Dollarmarke wieder zurückerkämpft wurde.

MEEDIA: Apples riskante Weihnachtswette
http://meedia.de/2012/09/06/apples-riskante-weihnachtswette/

Vor allem die übereinstimmenden Medienberichte vom *Wall Street Journal* und *Bloomberg*, dass die Vorstellung der nächsten iPhone-Generation bereits auf den September vorgezogen werden würde, gaben der Apple-Aktie erneuten Auftrieb. Die Schwächephase wäre nur ein Luftholen vor dem größten

Verkaufsrekord, den ein Smartphone je gesehen hat, fabulierte die Branchenpresse. Apple war noch einmal davongekommen, so schien es zumindest.

MEEDIA: Warum Apple ein neues iPhone nötig hat
http://meedia.de/2012/09/06/warum-apple-ein-neues-iphone-notig-hat/

# Auf dem Gipfel zum iPhone-5-Launch

Tatsächlich geriet der Rest des Sommers 2012 für Apple zu einem einzigen Triumphzug an der Wall Street. Die inzwischen vier Monate alten Allzeithochs bei 92 $ wurden Ende August genommen. Die Zuversicht war schier grenzenlos: Mit dem iPhone 5 würde Apple im Weihnachtsquartal als erster Smartphone- Hersteller der Welt die Marke von 50 Mio. verkauften Geräten knacken, mutmaßten Analysten, die entsprechend ihre Kursziele immer weiter nach oben anpassten.

Auch auf einem Nebenschauplatz feierte Apple unterdessen Erfolge: Die als „Jahrhundertprozess" hochgeschriebene gerichtliche Auseinandersetzung mit Samsung endete im Spätsommer mit einer Milliardenentschädigung für Apple überraschend deutlich für den iPhone-Hersteller. „Der Gerechtigkeit wurde Genüge getan", feierte sich das Apple-Management selbst.

Je näher die Präsentation des neuen iPhone Mitte September rückte, desto höher preschte die Apple-Aktie an der Wall Street empor. Bis auf 96 $ ging es schließlich vor der Keynote am 12. September nach oben, als das Apple-Management um Tim Cook, Phil Schiller und Scott Forstall auf dem Gipfel des Erfolgs die Bühne des Yerba Buena Centers in San Francisco wie moderne Popstars betraten. Unter dem Motto „It's almost here" hatte Apple am 12. September nach San Francisco geladen – die Silhouette der „1" und „2" auf der Presseeinladung spiegelte sich zu einer „5". Es war klar, dass diese Keynote ganz im Zeichen des neuen iPhone stehen würde, dass die „5" von einer neuen Generation kündete.

manager magazin: Apples aggressivste Wette
http://www.manager-magazin.de/finanzen/artikel/a-853683.html

Die Apple Fan-Gemeinde wurden nicht enttäuscht: Mehr als ein halbes Jahrzehnt nach dem Debüt erhielt das Kult-Smartphone seine bislang größte Überholung. Das iPhone 5 wuchs und schrumpfte zugleich: Es wurde um einige Millimeter länger, was Nutzern eine weitere App-Reihe auf dem Display bescherte, kam mit einem superflachen 4-Zoll-Display daher, war um 26 Gramm leichter als sein Vorgänger und brachte so nur noch 114 Gramm auf die Waage. Das waren 29 Gramm weniger als das plastikartige Galaxy SIII von Samsung. Apples Konter konnte sich sehen lassen.

MEEDIA: iPhone 5-Boom: Apple-Aktie bei 700 $
http://meedia.de/2012/09/18/iphone-5-boom-apple-aktie-bei-700-dollar/

Es sah wie *business as usual* aus: Schneller als je zuvor würde der Rollout erfolgen – bis Weihnachten sollte das iPhone 5 in 100 Ländern der Welt verfügbar sein. Tim Cook, der Meister der Zuliefererkette, hatte sich wieder einmal selbst übertroffen. In den letzten Tagen vor Auslieferung der sechsten iPhone-Generation feierte die Börse Apple wie einen Heiligen Gral: „Natürlich kann die Aktie auf 1000 $ (split-bereinigt 142 $) steigen, und ich denke, das wird sie", befand etwa der Vermögensverwalter Jon Burnham bei CNBC. „Das Unternehmen wächst so unglaublich schnell, dass es bemerkenswert ist, zu welch günstigen Kursen die Apple-Aktie gehandelt wird."

Am 18. September durchbrachen die Anteilsscheine von Apple erstmals die 100-Dollarmarke, um am 21. September, dem Tag der Auslieferung des iPhone 5, schließlich symbolischerweise ihr Allzeithoch bei 100,75 $ zu markieren. Wer hätte an jenem Freitag, als das neue iPhone in den USA, Kanada, Deutschland, England, Frankreich, Spanien, Italien, Japan und Australien debütierte, im Traum damit gerechnet, dass es der höchste Aktienkurs sein könnte, den Apple für Jahre erreichen würde und von nun an ein epochaler Abstieg bevorstand? Hinter den Kulissen arbeitete das Apple-Management unterdessen bis an die Grenzen des Möglichen, um der Wall Street nicht das kleinste Zeichen der Schwäche zu erkennen zu geben. Es spricht einiges dafür, dass Cook im Juli angesichts der plötzlichen Absatzeinbrüche den Start des iPhone in einer Nacht- und Nebelaktion in den September vorverlegte, um so das Quartal zu retten.

Der Stunt gelang. Das iPhone 5 ging zum Verkaufsstart am ersten Wochenende mehr als fünf Millionen Mal über die Ladentische, immerhin eine Million Mal mehr als im Vorjahr, was dennoch unter einigen nur allzu optimistischen Analystenschätzungen lag. Mit welch einer Herkulesaktion Cook die Maschinerie zum Laufen brachte, ließ sich nur an den Nebengeräuschen erahnen, von denen der iPhone-5-Launch begleitet wurde.

Während Apple und seine treue Anhängerschaft die Markteinführung am 21. September frenetisch feierten und die Apple-Aktie wie bestellt auf neue Allzeithochs spurtete, brannten 12.000 km entfernt in Shenzhen in den Foxconn-Werken die Sicherungen durch. Tage später war von lauthalsigen Aufständen in den Fertigungsstätten zu hören, von Massenschlägereien und Arbeitsprotesten. Hatte Apple bei seinem perfekt orchestrierten Launch-Timing das Rad überdreht? Das waren wohl die Nebengeräusche, die dazugehörten. Es schien, als sei am Ende wieder alles gut gegangen. Tim Cook hatte geliefert und schien ein Jahr nach Übernahme der Amtsgeschäfte von Steve Jobs ganz als würdiger Nachfolger angekommen zu sein. Zum Handelsschluss des ersten iPhone-5-Verkaufstages war Apple an der Börse 662 Mrd. $ wert – mehr als bisher jedes andere Unternehmen. Man konnte in Cupertino hochzufrieden sein. Zumindest noch dieses eine Wochenende.

# Teil IV

## Der unerwartete Abstieg vom Gipfel

# Plötzliche Krise im Königreich: das Maps-Debakel

So wohlwollend die Kritiken zum leichten, vergrößerten iPhone 5 als Antwort auf Samsungs größere Smartphones waren – ein kleiner Fleck schien Apples weiße Weste zu beschmutzen. Maps, Apples eigene Antwort auf Googles Kartendienst gleichen Namens, den Apple mit der Verwendung auf dem ersten iPhone seit 2007 erst groß gemacht hatte, war nicht das, was sich Nutzer versprochen und vom Kultkonzern erwartet hatten. Das Credo „der besten Produkte der Welt", die Apples Manager bei jeder passenden und weniger passenden Gelegenheit wiederholten, flog Tim Cook nur wenige Tage nach dem Start von iOS 6 Ende September um die Ohren.

Wenn Apple Maps eines nicht war, dann der beste Kartendienst der Welt. Tatsächlich geriet die Karten-App zum größt möglichen Spott, der sich im Social Web trefflich verbreitete. Apples Kritiker fühlten sich bestätigt: Apple hatte den Mund zu voll genommen und sich mit seinem Schnellschuss-Kartendienst trefflich blamiert. Maps zeigte Bilder wie nach einer Zombie-Apokaplyse: Autobahnen brachen plötzlich buchstäblich erdrutschartig ab, Landebahnen von Flughäfen schmolzen wie Eis in der Sonne, die Manhattan Bridge glich einer Achterbahn, und der Kölner Dom verschwand ganz. Unter dem Hashtag #mapplegate machten die größten Pleiten und Pannen von Apple Maps bei Twitter schnell die Runde.

MEEDIA: Apple-Maps lässt Kölner Dom verschwinden
http://meedia.de/2012/09/21/apple-maps-lasst-kolner-dom-verschwinden/

„Der neue Kartendienst ist ein Downgrade", stellte der viel gelesene Apple-Blogger John Gruber (*Daring Fireball*) noch nüchtern fest. Googles Aufsichtsratschef Eric Schmidt feixte unterdessen vor Schadenfreude: „Nimm das, Apple", zog er nur halb als Witz verkleidet gegen den lange Zeit so scheinbar übermächtigen Rivalen vom Leder. Apples Plan, den Internet-Riesen durch die Verbannung der beliebten Google Maps App, die seit der ersten Version des iPhone installiert war, zu schwächen, erwies sich als gigantischer Bumerang. Apple hatte das erste Mal seit langer Zeit wieder vor den Augen der Weltöffentlichkeit gepatzt.

Keine Frage: Auch Apple war nicht perfekt – selbst unter dem ikonischen Gründer Steve Jobs nicht. 2008 etwa lieferte der Kultkonzern mit der Generalüberholung seines E-Mail-Dienstes MobileMe eine wenig glanzvolle Vorstellung. E-Mails verschwanden, der Dienst galt alles andere als zuverlässig. Steve Jobs zog intern den leitenden Manager der Unit zur Verantwortung – und feuerte ihn vor versammelter Belegschaft.

Auch in anderen Krisenzeiten bewies Jobs Härte und Standfestigkeit. Im Juli 2010, wenige Wochen nach der Auslieferung des iPhone 4 stellte sich der Apple-Gründer der aufkommenden Kritik, das neue iPhone hätte Empfangsprobleme. Jobs flog von seinem Feriendomizil in Hawaii ein und bestieg zu einer eilig einberufenen Pressekonferenz kurzerhand die Bühne auf dem Apple-Campus. Der 15-minütige Auftritt ist bis heute unter Apple-Anhängern Kult und ein Musterbeispiel gelungener Krisenkommunikation. Ein sichtlicher genervter Jobs entfaltete einmal mehr sein berüchtigtes „Reality Distortion Field": „Wir sind nicht perfekt. Telefone auch nicht", gab der Apple-Gründer zum Einwand, das iPhone 4 habe Empfangsprobleme, zum Besten. „Telefone haben Schwachstellen." In anderen Worten: Es gab keine Apple-Probleme. Aber: „Wir wollen alle unsere Nutzer glücklich machen." Und deswegen gab es für Käufer eine iPhone-Hülle. So einfach war das bei Steve Jobs. Problem gelöst.

Rund zwei Jahre später reagierte auch Tim Cook ähnlich schnell auf die aufkommende Kritik nach dem iPhone-Launch – allerdings in einer Weise, wie man sie von Apple nicht unbedingt gewohnt war. Am Freitag, dem 28. September, schickte der CEO des Tech-Pioniers einen offenen Brief über die Presseverteiler, wie man ihn wohl noch nie aus Cupertino zu lesen bekommen hatte:

> Apple hat es sich zum Ziel gesetzt, mit erstklassigen Produkten das bestmögliche Benutzererlebnis zu bieten. Mit unserer neuen Karten-App sind wir diesem Anspruch leider nicht gerecht geworden. Wir entschuldigen uns vielmals dafür, unsere Kunden enttäuscht zu haben, und werden alles dafür tun, um die App besser zu machen. (...)
> 
> Während wir daran arbeiten, die Karten-App zu verbessern, können im App Store alternative Kartenlösungen geladen werden. Auch Google Maps oder

Nokia-Karten können verwendet werden, indem man die jeweiligen Web-Seiten besucht und auf dem eigenen Homescreen ein Symbol erstellt, das direkt zur Web-App führt.
Alles, was wir bei Apple tun, hat zum Ziel, unsere Produkte zu den besten der Welt zu machen. Wir wissen, dass unsere Kunden das von uns erwarten – und wir werden ohne Unterlass daran arbeiten, bis die Karten-App diesem extrem hohen Standard gerecht wird.
Tim Cook CEO von Apple

Eine Entschuldigung aus der Position der Stärke: Die Tech-Presse huldigte Cook für seine schnelle Reaktion. Der mächtigste Konzernlenker der Welt trat als Gentlemen auf und verwies auf die Konkurrenz – Apple konnte sich die Geste der Größe offenbar leisten. Doch ein seltsamer Beigeschmack blieb. Wieso entschuldigte sich Apple plötzlich? Wieso sendet das wertvollste Unternehmen der Welt ohne Not plötzlich solche Signale der Schwäche und bot seinen Rivalen damit förmlich eine willkommene Angriffsfläche?

„Ich kann nicht ausdrücken, wie entgeistert ich gerade bin", fasste der Tech- Journalist Rocco Pendola bei *TheStreet.com* seine Verwunderung in Worte. „Wenn Steve Jobs noch am Leben und heute Aufsichtsratschef wäre, würde Tim Cook jetzt seine Abschiedsmail schreiben und nicht diese trottelige Entschuldigung." Doch das Thema Abschied passte durchaus: Cook sollte bald an einer ganz ähnlichen E-Mail schreiben, die noch mehr Sprengkraft besaß als das Maps-Debakel.

# Palastrevolte verhindert, Börsenabsturz forciert

Das Maps-Debakel markierte nach der Quartalsverfehlung an der Börse, die von vielen noch als folgenloser, weil korrigierbarer Fehltritt weggewischt wurde, nun auch öffentlich eine neue Seite des Konzerns: Apple machte doch noch Fehler und war plötzlich verwundbar.

Auch an anderer Stelle offenbarte der neue Apple-CEO plötzlich seltsame Führungsschwäche: Dass Scott Forstall als iOS-Chef nach dem Maps-Debakel einige unangenehme Wochen in Cupertino bevorstehen würden, war absehbar. Die brutalen Konsequenzen, die das *mapplegate* indes schon bald nach sich ziehen sollte, waren dann aber eine handfeste Überraschung: Am 29. Oktober, als die amerikanischen Börsen wegen des Tropensturms „Sandy" geschlossen blieben, flatterte eine sehr ungewöhnliche Pressemeldung aus Cupertino über die Nachrichtenticker. „Apple hat heute Veränderungen in der Unternehmensleitung bekannt gegeben, die die Zusammenarbeit der auf Weltklasseniveau agierenden Hardware-, Software- und Service-Teams des Konzerns noch mehr stärken werden", hieß es in der bemerkenswerten Pressemeldung. So weit, so unspektakulär. Doch dabei blieb es nicht: „Im Zuge dieser Umstrukturierungen werden Jony Ive, Bob Mansfield, Eddy Cue und Craig Federighi zusätzliche Verantwortlichkeiten in ihren Rollen übertragen."

Die bewährten Apple-All-Stars in zusätzlichen Rollen – spätestens an dieser Stelle mussten Leser stutzen: „Zusätzliche Verantwortlichkeiten" erforderten schließlich gleichzeitig, dass zunächst eine Lücke entstand. Wer diese reißen würde, wurde schmucklos im nächsten Absatz verkündet: „Apple hat zudem erklärt, dass Scott Forstall Apple im kommenden Jahr verlassen und in der Zwischenzeit als Berater von CEO Tim Cook fungieren wird."

MEEDIA: Apple feuert iOS-Chef Scott Forstall
http://meedia.de/2012/11/02/apple-feuert-ios-chef-scott-forstall/

Scott Forstall, dem iOS-Chef, der schon im Vorjahr mit Siri mehr versprochen als gehalten hatte, war das Debakel um Apples neuen Kartendienst zum Verhängnis geworden. „Das Maps-Desaster ist eine ganz schlechte Nachricht für Forstall", unkte das Branchenportal *Business Insider* bereits Wochen vor dessen Demission. „Wir haben es versaut", sollte Tim Cook sechs Wochen später im Interview mit der *Businessweek* deutlicher werden. „Wissen Sie was? Ich möchte nicht mit Leuten arbeiten, die ich nicht mag. Dafür ist das Leben zu kurz. Wir brauchen eine 1A-Zusammenarbeit bei Apple." Entschlüsselt: Forstall war kein Teamplayer.

Besiegelt hatte Forstall sein Schicksal schließlich mit der Ablehnung, die öffentliche Entschuldigung von Tim Cook mitzuunterzeichnen, offenbar selbst, hieß es später in den einschlägigen Branchenmedien. Die Tragweite von Cooks Entscheidung konnte größer kaum sein, galt der 43-Jährige, der bereits bei NeXT gearbeitet und mit Steve Jobs 1996 im Zuge der Übernahme gemeinsam zu Apple gewechselt war, als „CEO-in-waiting", wie es das *Fortune Magazine* einst formulierte, als CEO in Wartestellung, der möglicherweise einmal Jobs oder eben den neun Jahre älteren Cook beerben könnte.

MEEDIA: Tim Cook: „Vermisse Steve Jobs jeden Tag"
http://meedia.de/2012/12/07/tim-cook-vermisse-steve-jobs-jeden-tag/

Genau diese Ambitionen wurden Forstall nun zum Verhängnis: Der als schwierig beschriebene Software-Ingenieur stieg bei Apple mit der Entwicklung des mobilen Betriebssystems iOS zum Software-Chef auf – parallel dazu entwickelte Forstall auch entsprechendes Selbstbewusstsein. Immer wieder soll es zu Zusammenstößen mit anderen Apple-Managern, allen voran dem Design-Mastermind Jony Ive und Bob Mansfield gekommen sein, die Gerüchten zufolge nicht mehr mit Forstall in einem Raum sein konnten. „Er hat nie in die Apple-Kultur gepasst", wird ein ungenannter Mitarbeiter beim *Wall Street Journal* zitiert. Der als extrem ehrgeizig geltende iOS-Chef, der von Steve Jobs stets protegiert wurde, machte aus seinen Ambitionen intern kaum einen Hehl: Forstall fühlte sich als Programmierer der ersten Güteklasse dem früheren IBM-Manager und MBA-Mann Cook überlegen und sah sich schon im Geiste mit dem verstorbenen Apple-Gründer offenkundig für die CEO-Rolle prädestiniert.

Wie das *Wall Street Journal* und die *New York Times* berichteten, soll Forstall kurz vor seinem Rauswurf Machtkämpfe angezettelt und intern kommuniziert haben, bei Apple gebe es aktuell keinen „Entscheider". Cook hatte so öffentlichkeitswirksam durchgegriffen und die Palastrevolte verhindert. Tatsächlich feuerte der neue Apple-CEO mit Forstall auch John Browett, den er nur acht Monate zuvor persönlich als Chef der Apple Stores engagiert hatte. Nur ein Jahr nach Übernahme der Amtsgeschäfte offenbarte der neue König von Cupertino nun zwar seine Entschlossenheit, aber auch, welche Mühe es ihm doch offenbar bereitete, das Imperium zusammenzuhalten und seine Truppen auf Spur zu bringen.

An der Börse, die seismografisch die kleinsten Misstöne wahrnimmt, kippte die Stimmung binnen Wochen komplett. Notierte die Apple-Aktie noch Ende September zum Verkaufsstart des neuen iPhone bei 100 $, stürzten die Anteilsscheine des seinerzeit noch mit Abstand wertvollsten Konzerns innerhalb von nur vier Wochen um 15 $ ab. Die keinesfalls glanzvollen Quartalszahlen für das September-Quartal, die abermals, wenn auch nur knapp, die Erwartungen der Wall Street verfehlten, machten es nicht besser.

manager magazin: Geht die Apple-Blütezeit zu Ende?
http://www.manager-magazin.de/politik/artikel/a-864367.html

Als wenige Tage später die Meldung des Managementwechsels Ende Oktober über die Nachrichtenticker lief, stürzte Apple erstmals binnen drei Monaten wieder unter die Marke von 85 $. Plötzlich befand sich Apple im Abwärtsmodus, der sich durch aufkommende Sorgen um iPhone-5-Absätze, Gewinnmitnahmen bei Aktionären und plötzlichen Sorgen um ein finanzpolitisches Gespenst namens „Fiscal Cliff" fast täglich verstärkte.

Mal schienen die exorbitant hohen Erwartungen von 50 Mio. verkauften iPhones im Weihnachtsquartal zu ambitioniert, mal schienen Anleger nach drei starken Jahren an der Börse einfach Kasse machen zu wollen, mal schien die Wiederwahl von Barack Obama vor allem die Apple-Aktie durch steuerlich bedingte Verkäufe bis zum Jahresende wegen der dann drohenden Fiskalklippe unter Druck zu setzen – irgendwas war immer.

AAPL fuhr Achterbahn: Bis Mitte November sackte das Papier bis auf 72 $ durch, um sich in den folgenden neun Handelstagen schier mirakulös wieder auf 85 $ zu erholen. Doch der Kursanstieg war ein Strohfeuer – der im September eingeschlagene Abwärtstrend hatte zu stark an Dynamik gewonnen. Bis zum Jahresende wurde ein imposantes Börsenjahr weitgehend wieder hergeschenkt. Bei nur 76 $ ging die Apple-Aktie nach schweren Verlusten im vierten Quartal aus dem Handel. Das Kursplus, das im September noch 75 % seit Jahresbeginn betragen hatte, war am Ende auf nur noch 32 % zusammengeschmolzen. War es eine normale, technische Korrektur oder hatte der Wind der Zeit wirklich gedreht?

# Fehlstart in 2013: die Zeitenwende von Cupertino

Das neue Jahr begann, wie das alte endete: Apple wurde an der Börse gemieden, Analysten gingen auf Distanz, alles stieg, nur Apple nicht. „Der Markt hat sich von einem NBA- (*nothing but Apple* – nichts außer Apple) zu einem ABA-Markt (*anything but Apple* – alles außer Apple) verändert", brachte der prominente Hedgefonds-Manager Doug Kass die Stimmung an der Wall Street auf den Punkt. Binnen eines Quartals war Apple zur gemiedenen Frucht verkommen.

Auch die Konkurrenz aus Asien ließ immer mehr aufhorchen: Es schien plötzlich, als könnte Samsung zum neuen Apple werden. Mit dem Ausblick auf das abgelaufene Weihnachtsquartal stahlen die Koreaner dem iPhone-Hersteller gleich zu Jahresbeginn und damit Wochen vor Vorlage der Apple-Bilanz vollends die Show. Die Gewinne explodierten um 89 % auf 8,3 Mrd. $ – das waren Dimensionen, wie man sie bislang nur von Apple kannte. Mit 63 Mio. abgesetzten Galaxy- und Note-Smartphones konnte Samsung sogar deutlich mehr Geräte als Apple mit seinem iPhone im gleichen Quartal verkaufen, das war jetzt schon klar.

Auf der anderen Seite des Erdballs missriet der sechste Geburtstag des iPhone am 8. Januar komplett: In der Nacht zuvor kursierten beim *Wall Street Journal* und Bloomberg Gerüchte über eine Billigvariante des Kult-Smartphone für die Schwellenländer – was von einigen Marktbeobachtern schon als Verzweiflungstat gesehen wurde. Apple, der Innovator, verteidigte sein Territorium, indem er seinen Schatz zu Ramschpreisen feilbieten würde? Es war ein trauriger Jahrestag für die größte Erfindung im Apple-Reich.

Fast folgerichtig brach die Apple-Aktie weiter gegen den Markttrend ein und schloss auf dem tiefsten Stand der letzten zehn Monate, während sich Anleger um die Hoffnungsträger aus dem Internet-Sektor rissen und für Facebook und Amazon immer gewaltigere Aufschläge zu zahlen bereit waren. Die Apple-Aktie hatte mit einem Minus von inzwischen über 25 % hingegen die schlechteste 3-Monats-Performance unter den hoch kapitalisierten Werten und schien selbst an der 70-Dollar-Marke keinen Boden zu finden. Immer mehr wirkte Apple mit seinen 480 Mrd. $ wie ein müder Kaiser, dessen Zeit plötzlich gekommen schien, der jedoch nicht wusste, wie ihm geschah. Wie also das Riesenreich, das an allen Fronten attackiert wurde, beschützen?

Tatsächlich wurde die Aktie fast täglich von Marktgerüchten sturmreif geschossen. Immer wieder kursierten Spekulationen über Kürzungen bei Zulieferfirmen in Asien, die vermeintlich auf nachlassende Nachfrage nach iPhone und iPad hindeuteten. Selbst das renommierte *Wall Street Journal* spielte das Spiel aus unbestätigten Gerüchten mit, die der Redakteur eines Artikels im Interview wenig später selbst relativierte: „Apple hat seine Bestellungen für Bauteile des iPhone 5 wegen einer unerwartet schwachen Nachfrage zurückgefahren", schockierte die meistrespektierte Wirtschaftszeitung der Welt seine Leser und Apple-Aktionäre. Quelle? „Das berichten Personen, die mit der Angelegenheit vertraut sind."

Apple war zum Punchingball geworden: Jeder durfte mal reinschlagen, fast je- des Online-Medium erlag der Versuchung der schnellen Klicks und griff begierig Sensationsschlagzeilen vom nahenden Untergang auf, die die Aktie gegen den seit Jahresbeginn positiven Markttrend immer weiter nach unten drückte. Es war schnell gegangen, unerwartet schnell: Binnen eines Quartals war Apple dramatisch in die Defensive gerutscht – Ende September 2012 noch auf dem Olymp, schien der Abstieg Anfang 2013 fast unaufhaltsam, so die Kommentare von Analysten und Tech-Medien.

MEEDIA: Apples Albtraum: Wird 2013 Samsungs Jahr?
http://meedia.de/2013/01/08/apples-albtraum-wird-2013-samsungs-jahr/

„Apple ist aktuell verflucht", brachte Wall Street-Ikone James Cramer die Marktstimmung gegenüber Apple Anfang 2013 auf den Punkt. „Sie könnten ihre Dividende verdoppeln, einen großen Aktienrückkauf ankündigen und ihre Aktie im Verhältnis 1:10 splitten", erklärte der frühere Hedgefonds-Manager und heutige CNBC-Starkommentator mit einem Anflug von Ironie. „Es ist im Moment egal, was Apple macht, Anleger mögen die Aktie einfach nicht mehr."

Entsprechend sorgenvoll blickten Aktionäre nach drei Monaten der schwersten Verluste Ende Januar den Geschäftszahlen für das abgelaufene Weihnachtsquartal entgegen, das endlich die Wende an der Börse bringen sollte. Wie selten zuvor in der Unternehmensgeschichte stand der Tech-Pionier bei Verkündung der Quartalsbilanz Ende Januar unter Druck – erst recht, nachdem Apple im Vorjahr Fabelzahlen vorgelegt hatte, die es wohl diesmal nicht schlagen würde, wie die zurückhaltenden Konsensschätzungen der Analysten nahelegten.

manager magazin: Alles oder Nichts – Schicksalszahlen für Apple
http://www.manager-magazin.de/unternehmen/it/0,2828,878940,00.html

Erstmals seit neun Jahren würde es bei den Unternehmensgewinnen wohl unter dem Vorjahr bleiben, heizte *Forbes* die Stimmung an, nachdem Apples eigener Ausblick notorisch konservativ ausgefallen war. Als schließlich der Tag X kam, regierte zunächst noch einmal verhaltener Optimismus: Was, wenn all die Skepsis der vergangenen Monate nicht gerechtfertigt war, wenn all die Gerüchte aus zweiter und dritter Hand, die in Finanzmedien und Blogs kursierten, sich am Ende als genau das erweisen – als nicht haltbare Spekulationen?

Und für einen Moment sah es aus, als würde doch noch alles gut werden in Cupertino. Um 22.30 Uhr deutscher Zeit wurden schließlich die Zahlen für Apples abgelaufenes Weihnachtsquartal, das erste des neuen Fiskaljahres 2013, veröffentlicht – und der hungrige Markt drückte reflexartig auf den Kaufknopf: Bei 74 $ leuchtete die Aktie auf, bei 75 $ der nächste Tick, 76 $. Alles also wie immer? Doch es kam anders. Mit dem nächsten Tick folgte der Absturz. 72 $, 70 $, 69 $ – binnen Sekunden war das Schicksal besiegelt. Apple hatte erneut enttäuscht.

Nun ist es mit Enttäuschungen an der Börse so eine Sache. Man muss über die Mechanismen der Aktienmärkte genau Bescheid wissen, andernfalls ist der vermeintliche Zynismus der Wall Street kaum nachzuvollziehen. Gehandelt werden in allererster Linie Erwartungen, die Analysten im Vorfeld der Geschäftsergebnisse auf zwei Nachkommastellen beim sogenannten Gewinn je Aktie (*earnings per share*) abgeben. Werden diese Erwartungen – die sogenannten Konsensschätzungen der Wall Street – nicht getroffen, droht Ungemach. So zu besichtigen am 23. Januar nach Handelsschluss. Exakt 13,078 Mrd. $ oder 1,98 $ je Aktie hatte der Kultkonzern aus Cupertino vor allem dank der 47,8 Mio. verkauften iPhones in nur 92 Tagen verdient. Es war das viertbeste Ergebnis, das in der Wirtschaftsgeschichte jemals erzielt wurde, das beste in der Geschichte der Technologiebranche.

Entgeistert fragten dieselben Tech-Medien, die Apple noch im Herbst 2012 eine unangefochtene Regentschaft auf Jahre beschieden hatten, wie sich das Schicksal so wenden konnte. „Monströse Quartalszahlen sind für die Wall Street immer noch zu wenig", brachte das Branchenportal *CNET* das Paradoxon auf den Punkt. „Zu sagen, dass Anleger Idioten wären, ist eine Beleidigung für die Idioten", ereiferte sich unterdessen der Web: Unternehmer Mark Sigal.

Doch so laut der Aufschrei im Silicon Valley auch war – vielen aufgebrachten Anlegern entging das Entscheidende: Apple hatte im Weihnachtsquartal 8 Mrd. $ mehr Umsatz aufwenden müssen, um noch einmal praktisch das identische Ergebnis des Vorjahres zu erzielen (tatsächlich waren es 12 Mio. $ mehr als im Vorjahreszeitraum). Die an der Börse so viel beachtete Gewinnmarge brach krachend um mehr als 600 Basispunkte von 44,8 auf 38,7 % ein.

MEEDIA: 48 Mio. reichen der Wall Street nicht
http://meedia.de/2013/01/24/48-millionen-iphones-reichen-wall-street-nicht/

Die eigentliche Schreckensmeldung vermochte Apple gar nicht selbst zu formulieren: Der routinemäßige Ausblick auf das nächste Quartal wurde einfach kassiert. Apple wollte schlicht keinen Gewinnausblick mehr abgeben. Stattdessen konnten sich Aktionäre aus den Angaben einer erwarteten Umsatzspanne, der Gewinnmarge und der Höhe des Steuersatzes selbst ausrechnen, was sie im laufenden Quartal erwartete – und zwar nicht weniger als der erste Gewinneinbruch seit mehr als neun Jahren und dann noch gleich einer im zweistelligen Prozentbereich. Nach 1,75 $ je Aktie im Vorjahreszeitraum würde Apple im März-Quartal kaum mehr als 1,40 $ je Anteilsschein verdienen.

Und das war noch nicht alles. Das Apple-Management redete sich in einem unterirdischen Conference Call um Kopf und Kragen. Man konnte Tim Cook die Frustration über die nimmersatte Wall Street förmlich anhören, während die Aktie minütlich im nachbörslich Handel weiter Dollar um Dollar verlor. Hatte er nicht eben das viertbeste Quartal in der Wirtschaftsgeschichte vermeldet, überboten nur noch von den Ölmultis Gazprom, Royal Dutch und ExxonMobil? Hatte er nicht alles richtig gemacht und unter dem maximalen Aufgebot aller strategischen Kunstgriffe ein weiteres Mal Rekordgewinne präsentiert, die größer waren als alles, was die anderen Schwergewichte der Branche zusammen verdienten, Microsoft, IBM, Google und Dell? Konnte Cook mit einem Quartalsgewinn von 13 Mrd. $ nicht das Fabelergebnis eines Rekordgewinns von mehr als 1 Mrd. $ pro Woche vorweisen?

Und trotzdem konfrontierten ihn die Wall-Street-Analysten mit Fragen zum Rückgang der Gewinnmarge, der nicht mehr so rasant wachsenden Erlöse in China und den Verzögerungen bei der Auslieferung des neuen iMac? So kann man sich die Gemütslage des 52-jährigen Apple-CEO in den Minuten nach der Bekanntgabe der Quartalsergebnisse vorstellen. „Sie machen sehr deutlich, wie ungern sie sich mit einer seltsamen Spezies, genannt Wall-Street-Analysten, abgeben", kritisierte *CNBC*-Moderator James Cramer das Apple-Management nach der Telefonkonferenz.

Das galt auch für Finanzchef Peter Oppenheimer, der seinerseits noch eine besondere Überraschung parat hatte. Die Wall Street staunte nicht schlecht, als der langjährige CFO fast beiläufig erklärte, der Ausblick werde künftig „realistischer" ausfallen. Realistischer? In der Vergangenheit war Apple immer wieder durch schier unglaubliche Quartalsergebnisse aufgefallen, die die Konsensschätzungen der Analysten nur so pulverisierten. „uPoding" nannte die Wall Street das Phänomen: *under promise and over deliver* – wenig versprechen, aber sehr viel liefern.

MEEDIA: Tim Cook verspielt das Anlegervertrauen
http://meedia.de/2013/01/24/tim-cook-verspielt-das-anlegervertrauen/

Doch damit sollte es nun vorbei sein. Lässt man die verklausulierten Phrasen und Kunstgriffe der Finanzbranche einmal beiseite, war damit zwischen den Zeilen zu lesen, dass über Nacht ein neues Zeitalter in Cupertino angebrochen war. Apple war plötzlich zu einem „normalsterblichen" Unternehmen geworden – der Nimbus der Unbesiegbarkeit war gebrochen. Die Fantasie schien gänzlich aus der Aktie zu entweichen: Allein in den zwei, drei Minuten, in denen Oppenheimer über die Ausblickspolitik referierte, sackte die Apple-Aktie um mehr als 2 $ nach unten durch. Die Börse hatte ihr Urteil schnell und emotionsfrei gefällt.

Am nächsten Handelstag verlor die Apple-Aktie mehr als 9 $ oder 12 % an Wert, es war prozentual einer der zehn größten Kursverluste in der 33-jährigen Börsenhistorie des Tech-Pioniers. Nominell war es der größte: 60 Mrd. $ Börsenwert wurden binnen sechseinhalb Stunden vernichtet. Apples phänomenale 15-jährige Erfolgsstory an der Börse löste sich in Rekordgeschwindigkeit auf. Fast folgerichtig verlor Apple nach einem Absturz auf nur noch 64 $ am darauffolgenden Handelstag nach exakt einjähriger Regentschaft auch wieder den Titel des „wertvollsten Unternehmens der Welt" an ExxonMobil. Über Nacht war Apple vom Olymp gestürzt. Gerade mal ein Jahr nach dem Tod von Steve Jobs hatte sich eine Zeitenwende in Cupertino vollzogen. Apple, so schien es, kämpfte von nun an gegen den Abstieg.

# Apple auf dem Tiefpunkt: die schlechteste Aktie der Welt

Die Analysten beerdigten Apples Erfolgsstory auf ihre ganz eigene Weise und passten ihre Kursziele drastisch an, was den Abwärtstrend nur noch weiter verstärkte. Apples Abstieg war zur selbsterfüllenden Prophezeiung geworden: Die Wall Street kürzte ihre Ergebnisschätzungen und das Kursziel drastisch zusammen – im Schnitt um atemberaubende 20 $ – und setzte die angeschlagene Apple-Aktie damit weiter unter Druck. Binnen eines halben Jahres war Apple in der Gegenwelt angekommen: Der Konzern, der als sichere Wette auf das erste Billionen Dollar-Unternehmen der Welt galt, war binnen von nur fünf Monaten zum vergammelten Apfel verkommen, der vom Kern her stank. „Der König ist tot", hielt der renommierte Hedgefonds-Manager Doug Kass, der Apples Fall erstaunlich korrekt am Tag nach den Allzeithochs bei 100 $ im vergangenen September prognostiziert hatte, auf *CNBC* einen Nekrolog auf den Kultkonzern.

    Erschütterndeweise hatte Apple den Abgesängen nichts entgegenzusetzen. Tim Cook hatte seine Munition komplett im Produktfeuerwerk des vierten Quartals verschossen und stand jetzt mit leeren Händen da. Stattdessen flatterten seltsame Pressemeldungen in die Mailboxen der Journalisten. „iTunes Store setzt neuen Rekord mit 25 Mrd. verkauften Songs", war da zu lesen. Oder: „Apple aktualisiert iOS auf 6.1". Es war das erste Mal seit 2010, dass dem iPhone-Hersteller ein kleines Update seines mobilen Betriebssystems eine Pressemeldung wert war.

    Apple hatte einfach nichts Neues zu bieten – ein März-Event, wie in den Jahren zuvor, als stets ein neues iPad präsentiert wurde, würde es nicht geben. In die Lücke stieß lediglich die Meldung einer Business-Variante der aktuellen vierten Generation des Tablet-Mac: „Apple erweitert iPad mit Retina Display auf 128 GB." So klangen die traurigen Versuche jenes Erfolgskonzerns, der es über Jahrzehnte wie kein zweiter verstanden hatte, die Medienmaschinerie immer wieder neu zu verblüffen und für sich einzunehmen. Was für einen Unterschied ein Jahr machen konnte…

    Das galt auch in anderer Hinsicht: Zwölf Monate war es schließlich her, als Apples schier mirakulöser Gipfelsturm an der Börse von 60 auf über 90 $ in nicht mal zehn Wochen begonnen hatte. Nun erlebten Aktionäre die Kehrseite der Medaille – und einen Apple-Chef, der weiter tatenlos zusah, wie die Apple-Aktie an der Wall Street immer tiefer sank.

Auf der turnusmäßigen „Technology and Internet Conference" von Goldman Sachs im Februar kam Cook mit leeren Taschen. Für seine Aktionäre hatte er nur die üblichen Warmhalte-Phrasen parat. Man habe die „besten Produkte der Welt" anzubieten und man arbeite „wirklich hart" daran, künftig noch bessere auf den Markt zu bringen, erklärte der Apple-Chef dem Goldman-Analysten Bill Shope. Es sei jeden Tag eine solche Freude, mit den überaus motivierten Apple-Mitarbeitern zu arbeiten. Und wenn Cook mal einen schlechten Tag habe, besuche er einfach einen Apple Store und schon verbessere sich seine Laune schlagartig. „Das ist so, als würde ich Prozac nehmen", erklärte Cook scherzend. Doch Aktionären blieb das Lachen im Halse stecken. Die Apple-Aktie beflügelte der Wohlfühlauftritt nicht. Im Gegenteil: Anteilsscheine von Apple setzten zu einem beispiellosen Sinkflug von sieben verlustreichen Tagen in Folge an. Das Papier hatte sich vollends vom seit Jahresbeginn vorherrschenden Aufwärtstrend abgekoppelt.

Cook war die Personifizierung des Niedergangs: Immer wenn der Apple-Chef sprach, ging es deutlich herunter: „Ist Tim Cook inzwischen zur Belastung geworden?" sprach der renommierte Wirtschaftsjournalist Rocco Pendola vom Finanzportal *TheStreet.com* das aus, was viele Anleger bereits in Börsenforen oder in den sozialen Medien bei Twitter und Facebook formuliert hatten.

maclife.de: Die Kommunikationsprobleme des Tim Cook
http://www.maclife.de/panorama/leute/kommentare/die-kommunikationsprobleme-des-tim-cook

Die Statistik sprach eine deutliche Sprache: Die Apple-Aktie notierte von Mitte Februar bis Anfang März 2013 an 14 von 16 Handelstagen im Minus. Nach nur zwei Monaten im neuen Börsenjahr hatte Apple bereits über 20 % an Wert verloren und war bei Kursen von 60 $ auf neuen Jahrestiefs angekommen. Seit dem epochalen Allzeithoch im September vergangenen Jahres hatten sich die Verluste gar auf 40 % summiert. Apple wurde mit Abstand zur schlechtesten Aktie im Technologie-Index Nasdaq 100.

MEEDIA: Tim Cook enttäuscht die Wall Street erneut
http://meedia.de/2013/02/14/tim-cook-enttauscht-die-wall-street-erneut/

Der jahrelange Börsenüberflieger hatte sich für Aktionäre in Kursgift verwandelt: Während die neue Generation von Technologie-Unternehmen wie Facebook, Amazon oder Google ihren Anteilseignern Wertsteigerungen von über 50 % auf Jahressicht beschert hatten, gewann Apples Börsenabsturz weiter an Dramatik und Dynamik. Dabei war der Ausverkauf fundamental nicht zu erklären. Überraschenderweise war Apple trotz seines noch immer hohen Börsenwerts von 400 Mrd. $ eine der günstigsten Aktien. Tatsächlich gab es in der Technologiebranche kein zweites Unternehmen, das so billig zu haben war wie Apple: Die maßgebliche Kennziffer der fundamentalen Börsenbewertung, das Kurs-Gewinn-Verhältnis (KGV), der seit den Tagen von Benjamin Graham und Warren Buffett verlässlichste Indikator für die Bewertung einer Aktie, war bei Kursen um 60 $ unter einen Wert von 10 zurückgefallen.

Historisch betrachtet war das extrem günstig: Der marktbreite S&P 500, der die 500 größten börsengelisteten Aktiengesellschaften der USA umfasst, kam durchschnittlich auf einen Wert von 14. Anfang 2013 ließ der Risikoappetit der Anleger den Wert sogar auf 17 anschwellen. Bei Apple indes herrschte Skepsis pur vor: Selbst die aus der Mode gekommenen Tech-Schwergewichte wie Cisco, Dell oder Intel, die in den 90er Jahren ihre große Zeit hatten und meist nur noch einstellig oder gar nicht mehr wuchsen, wurden mit Multiplen zwischen 10 und 13 gehandelt – der langjährige Rivale Microsoft kam auf 15.

Das Börsenparadoxon war komplett: Das lange Zeit wertvollste Unternehmen der Welt, das bis vor wenigen Quartalen noch Gewinnzuwächse von über 100 % verbucht hatte und nach dem Börsenwert immer noch alle Listen anführte, wurde über Nacht zur schlechtesten und billigsten Aktie der US-Technologiebranche.

# Luxusprobleme: der Kampf um den Schatz von Cupertino

Noch absurder wurde das Missverhältnis zwischen Apples Börsenwert und dem seiner Branchenrivalen, wenn man die fundamentale Aktienanalyse heranzog. Schließlich verfügte Apple in seiner Bilanz über einen bemerkenswert großen Anteil, der nichts zur Unternehmenswertsteigerung beitrug – die immensen Cash-Reserven, die binnen drei Jahren von 40 auf 137 Mrd. $ angeschwollen waren. Dieser enorme Bargeldanteil, der inzwischen 21 $ je Aktie betrug und damit auf dem Tiefpunkt im März 2013 mehr als ein Drittel des gesamten Börsenwerts ausmachte, musste schließlich aus der Unternehmensbewertung an der Börse herausgerechnet werden. Schockierende Bilanz: Apples Geschäft wurde von der Wall Street bei Kursen von 60 $ nur noch mit 39 $ je Aktie oder einem KGV von rund 6 bewertet. Es gab in den Indizes der etablierten Börsen kaum ein Unternehmen, das mit solchen Abschlägen gehandelt wurde.

Trotz seiner 15-jährigen Erfolgsgeschichte an der Börse, seiner 400 Mio., zumeist sehr loyalen iOS-Nutzer, die meist eine über viele Geräte gewachsene Kundenbeziehung zu Apple besaßen, und eines seit den 90er Jahren eingespielten Managementteams, das bis dato immer geliefert hatte, misstrauten Anleger Apple wie einem Immobilienfinanzierer inmitten der tiefsten Rezession.

„Apple sitzt auf 137 Mrd. $ und hat offenkundig keine Ahnung, was sie damit anfangen sollen," kritisierte der frühere Internet-Aktienanalyst Henry Blodget vom *Business Insider*. Das erschien umso erstaunlicher, da Apple mit Braeburn Capital 2006 weitgehend unbeachtet von der Öffentlichkeit in Reno, Nevada, eine Investmentgesellschaft gegründet hatte, die sich um die Anlage der immer größeren Barmittel kümmerte. „Den weltgrößten Hedgefonds" nannte das Finanzportal *Zero Hedge* Braeburn Capital – doch das ist eine Übertreibung: Die Vermögensverwalter investierten die Barmittel lediglich auf dem Bonds- und Tagesgeldmarkt, wo kaum Renditen zu erzielen waren, die die Inflation schlugen.

Entsprechend traten in den Wochen vor der Hauptversammlung Großaktionäre auf, die mit der Entwicklung ihres Investments höchst unzufrieden waren. Die lauteste Stimme, die den immer drastischeren Kursverfall der Apple-Aktie und die aktionärsfeindliche Haltung beklagte, war der legendäre Hedgefonds-Manager David Einhorn von Greenlight Capital. „Wir wissen, dass Apple-Aktionäre wie wir frustriert über die Verwendung der Barmittel sind. Apple sitzt auf Barreserven von 21 $ je Aktie. Als Aktionär ist das Ihr Geld", bezog er klar Stellung.

David Einhorn war kein kleiner Fisch – er war tatsächlich ein Hai, der vor Short-Wetten nicht zurückschreckte und seinen Ruf u. a. 2008 mit massiven Leerverkäufen auf angeschlagene Immobilienfinanzierer begründete, ehe die Lehman-Krise losbrach. „Ich habe es zum Verb gebracht", scherzte der Multimilliardär: Jemanden „einhornen", das bedeutete, von Greenlight Capital ins Visier genommen und unfreiwillig zum Spielball der Kapitalmärkte gemacht zu werden. Nun wurde Apple ge-„einhornt".

Tatsächlich wandte sich Einhorn sogar gegen Apple – und verklagte den iPhone-Hersteller kurz vor der Hauptversammlung gegen den anvisierten Programmpunkt, Vorzugsaktien abzuschaffen. Einhorn, der selbst mehr als 1,3 Mio. Apple-Aktien besaß und seit 2010 in Apple engagiert war, hatte einiges zu bieten: Der 44-jährige Investmentmanager nutzte die Bühne in einer aufwendig inszenierten Telefonkonferenz, um Tim Cook seine Version eines sinnvollen Einsatzes der Kapitalmittel zu präsentieren.

Mit der Ausstellung von mit 4 % verzinsten Vorzugsaktien, die Einhorn in der Apple-Terminologie „iPrefs" nannte (für *preferred shares*, Vorzugsaktien), könne der wertvollste Technologiekonzern den wahren Börsenwert der Aktien freisetzen, der durch den ungenutzten Geldberg verdeckt werde. „Sie legen eine Mentalität an den Tag wie in der großen Depression", kritisierte Einhorn Apples Geldhorten, das er auf das Trauma von 1997 zurückführte, als der Kultkonzern aus Cupertino nur noch 90 Tage von einer Pleite entfernt war. Cook nannte Einhorns Kommentar „einen albernen Nebenschauplatz", und antwortete noch am selben Tag in einer Pressemeldung, man werde Einhorns Vorschlag „gründlich prüfen".

Auf der Hauptversammlung Ende Februar erklärte CEO Cook, „sehr, sehr aktiv" über die Verwendung der inzwischen 137 Mrd. $ Barmittel nachzudenken, hatte aber seinen Aktionären nichts Neues anzubieten. Dabei hätte Cook nach Meinung der Wall Street längst handeln müssen: „Wenn Apple sein Mojo wiederfinden möchte, sollte es damit anfangen, den Großteil seines Geldes loszuwerden", riet etwa GameChanger-CEO Larry Popelka.

So weit war es gekommen: Statt die Hoffnung in neue Produkte zu legen, versprachen sich Anleger nun scheinbar am meisten von der Plünderung der Kriegskasse. Auf der Hauptversammlung musste Cook gar zerknirscht Aktionäre trösten. „Mir gefällt das nicht, unserem Führungsteam gefällt das nicht und dem Aufsichtsrat gefällt es auch nicht", kommentierte der Apple-CEO die drastische Underperformance der Aktie.

Den gesamten März über prügelten Investmentbanken weiter auf die angeschlagene Aktie ein: „Apple hat eine Identitätskrise", befand die Schweizer UBS. Die Citigroup ging weiter und erklärte, die Nachfrage nach iPhone und iPad sei rückläufig. Entsprechend wurden die Verkaufsschätzungen für die nächsten Quartale kassiert und die Jahresprognose deutlich nach unten angepasst – und mit ihr das Kursziel auf 68 $ zurückgestuft. Die Hamburger Berenberg Bank setzte dem Apple-Niedergang an der Börse die Krone auf: Das Kursziel wurde von 115 auf 51 $ gesenkt und Anlegern empfohlen, die Titel trotz des Kurssturzes zu verkaufen. Nur ein halbes Jahr nach dem höchsten Gipfel der Wirtschaftsgeschichte schien Apple als Investment erledigt. Mit einem krachenden Minus von 17 % beendete Apple das erste Quartal 2013 bei nur noch 63 $.

# Teil V

## Apples neue Kriegsschauplätze

# Der neue Apple-Hass: ein anderes „Reality Distortion Field"

Im Social-Media-Zeitalter erscheint es nur wie eine Fiktion – doch zumindest in der Theorie wäre das Experiment verlockend: Wie würde sich ein Weltreisender erklären, der Ende September seine Verbindung zur medial vernetzten Welt gekappt und sich für ein halbes Jahr auf eine einsame Insel zurückgezogen hätte, was in diesen sechs Monaten mit Apple passiert war?

Rückblende September 2012: Apple hatte gerade die 100-Dollar-Marke übersprungen. „Es ist nicht zu spät, um zu kaufen", erklärte Brian Sozzi, leitender Aktienstratege von NBG Productions. „Die Apple-Aktie kreiert eine wahre Euphorie, und 2013 werden Dividendenerhöhungen folgen."

Vorlauf in den März 2013: Die Euphorie war in eine wahre Depression umgeschlagen. „Die Magie schwindet", watschte etwa selbst das renommierte *Wall Street Journal* Apple ab. „Das Unternehmen ist nicht so perfekt, wie jeder gedacht haben mag", stellte auch der angesehene Tech-Journalist und intime Apple-Kenner Adam Lashinsky (*Apple Inside*) sachlich fest. Kritiker, die es immer schon gewusst haben wollten und seit Jahren den Tag des Niedergangs herbeibeschworen, fühlten sich nun endlich bestätigt: Apple hatte offenkundig seinen Zenit überschritten. „Es ist offiziell: Apple hat seinen Schwung verloren", kanzelte Henry Blodget den iPhone-Hersteller im Januar 2013 ab. Das waren noch die freundlicheren Nachreden. Doch spätestens nach den als enttäuschend aufgenommenen Quartalszahlen ging es ganz anders zur Sache. „Apple ist der Lance Armstrong der Unternehmen", brachte der Unternehmer Bryan Goldberg die Stimmung auf den Punkt, „es ist Zeit, bei Apple das Handtuch zu schmeißen", und in Anspielung auf das Radidol mit beißender Ironie:

Apple ist so was von vorbei. Sie werden nie wieder Innovationen vorstellen. Sie sind total durch. Dieses Weihnachtsquartal war symbolisch für alle Weihnachts- quartale aller Zeiten. Das neue Apple TV wird niemals herauskommen. Es würde auch niemand kaufen. Ich habe auch weiter lieber mein Panasonic- oder Sharp-Gerät, das mit der 100-Seiten-Bedienung. Apple kann sich auch nicht mehr auf seine Millionen Fans verlassen, nur weil es Apple ist. Keine Chance. Es ist Zeit, sich nach etwas anderem umzusehen…

maclife.de: Apple-Abgesang: Das neue Reality Distortion Field
http://www.maclife.de/panorama/leute/kommentare/apple-abgesang-das-neue-reality-distortion-field

Was war hier passiert? War dies noch dieselbe Welt – und wenn ja, war es dasselbe Unternehmen? 270 Mrd. $ hatte Apple an Börsenwert verloren: Es war, je nach dem Zeitpunkt der Betrachtung, mit Microsofts Absturz Anfang 2000 die größte Wertvernichtung an der Börse innerhalb von sechs Monaten aller Zeiten. Wie konnte es so weit kommen? War Tim Cook in einen Optionsskandal wie Steve Jobs 2005 verwickelt und stand kurz vor dem Rücktritt? Was hatte nur zu diesem Kurssturz, aber auch der regelrechten Apple-Medienschelte geführt, das kaum anders als psychologisch zu erklären war?

Die aus echten Beziehungen bekannte Dialektik zwischen Liebe und Hass umgibt zweifellos auch Apple, das wohl wie kein zweites Unternehmen in der Welt polarisiert. Es fängt bei den Produkten an: Die einen verehren den Apfelkonzern spätestens seit der Einführung des Macintosh in 1984, der für viele Benutzer den Computer emotional auflud. Die ganze Unternehmenskultur war geprägt vom Geist des *think different*.

Über mehr als drei Jahrzehnte war Apple ein Nischenplayer, der sich in seiner Rolle als Außenseiter sehr wohlfühlte – man positionierte sich stets neben dem Mainstream als bessere, aber eben auch hochpreisigere Alternative. Spätestens mit der Einführung des iPad stieg Apple allerdings selbst in den Mainstream auf: Im Mai 2010, einen Monat nach der Auslieferung des ersten iPad überholte Apple Microsoft als „wertvollsten Technologiekonzern der Welt", 15 Monate später wurde gar Exxon als globale Nummer eins abgelöst. 2012 schließlich war Apple der unangefochtene Champion, der in seinen eigenen Sphären schwebte – auf seinem Zenit im September 2012 mit einem Börsenwert von 662 Mrd. $ der „wertvollste Konzern". Obwohl Tim

Cook mit seinem offenen Kommunikationsstil am Image feilte, mehrte sich die Kritik, die sich über Jahre aufgebaut hatte.

Es ist das alte Phänomen des Spitzenreiters, der zu eindeutig dominiert und das vielleicht auch mit einem Anflug der Arroganz – in gewisser Weise war Apple zum FC Bayern der Technologiebranche geworden, wenn man den Vergleich aus der Welt des Sports aufstellen möchte. Und wie dem deutschen Rekordmeister bei Auswärtsspielen schlug dem im hochpreisigen Segment angesiedelten iPhone-Konzern bei der ersten Krise eine überraschende Häme entgegen, die sich über Jahre aufgestaut hatte. Eric Schmidts halb ironische Bemerkung zum Maps-Fiasko, „Nimm das, Apple", steht stellvertretend für das, was viele in der Branche seit Jahren dachten: Eine Abreibung tut dem Branchenprimus auch mal ganz gut.

Doch je tiefer Apple fiel, umso mehr schwoll der Abgesang der Kritiker in den Wintermonaten zum regelrechten Orkan an. Kübelweise wurde Apple mit Spott überzogen – sogar diesseits des Atlantiks. Mit Steuergeldern finanzierte TV-Sendungen des öffentlich-rechtlichen Fernsehens wie der „ARD-Markencheck" erlagen zur besten Sendezeit der Versuchung der beißenden, unreflektierten Kritik. Auszüge aus der ARD-Sendung:

„Apple hat für mich etwas von einer Diktatur" – „Apple ist zu teuer" – „Alle sind gleichgeschaltet" – „Alles iPhone-Zombies" – „Im iPhone ist der Wurm drin" – „Ein Nachteil: Internet heißt hier Safari" – „Geräte, die ihren Aufpreis kaum wert sind" – „Arbeiter, die mehr verdient hätten" – „Die Gewinnspanne: Für den Kunden kaum nachvollziehbar"

Das Fazit der ARD-Sendung: „Apple infiziert stark. Apple ist seinen Preis kaum wert. Apple ist nicht fair." Apple, der Teufelskonzern! So ging es rund um den Erdball. Die Intensität erinnert an die Entladung des Mobs nach dem Fall eines Kaisers.

Dass die emotionale Abarbeitung an Apple nicht unbedingt etwas mit Realität zu tun hatte, war eine andere Frage. Tatsächlich erinnerten die Abgesänge auf Apple im Frühjahr 2013 an jenes „Reality Distortion Field", das Gründer Steve Jobs immer wieder nachgesagt wurde – nur dass der überbordende Apple-Hass diesmal den Blick auf die Wirklichkeit verdeckte. Der Weltuntergang, auch wenn er in diesen Tagen fürs Apfelland so oft vorhergesagt wurde, würde zumindest in naher bis mittelfristiger Zukunft ausfallen.

# Die falschen Anleger und der Schwarze Schwan

Wie schlimm war die Lage nach all den Kassandrarufen nun wirklich in Cupertino? Fest stand, dass die Gewinne zumindest im zweiten Quartal des Fiskaljahres 2013 schrumpfen würden. Die Börse, an der stets die Zukunft gehandelt wird, hatte ihr Urteil blitzschnell gesprochen: Das Beste lag offenbar hinter Apple. Der Computerpionier, der durch iPod, iPhone und iPad ein Jahrzehnt lang in verblüffenden Dimensionen gewachsen war, war plötzlich kein Wachstumsunternehmen mehr. Aktionäre würden künftig mit Dividenden und damit erstrebter günstiger Bewertung bei Laune gehalten werden.

Doch das waren wenig verlockende Versprechen, wie die jahrzehntelange Wertvernichtung anderer Tech-Dinosaurier wie Microsoft, Intel oder Cisco bewies. Apples Schicksal an den Aktienmärkten schien mit dem dramatischen Kurseinbruch besiegelt, der sich auch nach einem halben Jahr der immer weiter fallenden Kurse nicht zu bessern schien. Wie kam es, dass Apple als Investment plötzlich so vollkommen abgeschrieben war? „Wir befinden uns in einer der kontroversesten Phasen der letzten zehn Jahre in der Geschichte der Aktie", erklärte etwa die schweizerische Investmentbank UBS die Achterbahnfahrt, die die Anteilsscheine durchlebten.

Doch es gab auch weitsichtige Investoren, die rechtzeitig ausgestiegen waren. Der Finanzprofessor Aswath Damodaran von der New York University etwa, der in Apple seit 1997 zu Kursen von 1 $ investiert war, hatte bereits im Frühjahr 2012 ein tiefgreifendes Problem in der Aktionärsstruktur erkannt – und nach 15 Jahren seine Anteile bei Kursen von um die 90 $ veräußert. Er erklärte das folgendermaßen: „Ich fühle mich sehr unwohl damit, welche Anleger heute Apple halten. Diese neuen Aktionäre ängstigen mich. Es sind Momentum-Investoren. Sie verändern die Spielregeln. Aus diesem Grund habe ich verkauft."

MEEDIA: Das eigentliche Problem der Apple-Aktie
http://meedia.de/2012/11/21/das-eigentliche-problem-der-apple-aktie/

Damit hatte Damodaran das eigentliche Problem angesprochen, das Apple auf dem Gipfel seiner immer noch nicht teuren Bewertung erreicht hatte – die Aktie war genauso in der Popkultur angekommen wie das Unternehmen. Jeder besaß sie. Hollywood-Ikone Barbra Streisand hatte sie bis in die tiefen 70-Dollar-Kurse. Gegenüber dem *Time Magazine* gestand die 71-Jährige, dass sie inzwischen trainiert sei, um 6.25 Uhr Westenküstenzeit aufzustehen, um Aktien zu handeln. Welche? „Apple, Apple!" An dieser Stelle wird es bekanntlich gefährlich. „Verlieben Sie sich nie in eine Aktie", hatte schon die Investoren-Legende Warren Buffett gewarnt. Viele Apple-Anleger hatte ihre Liebe zu Produkten des boomenden iKonzerns über die Jahre auch an die Wall Street getragen, und Steve Jobs hatte sie mit Wertsteigerungen von in der Spitze 10.000 % reich belohnt. Was sollte schon schiefgehen?

Wie man an der Wall Street gerne sagt: Es geht so lange gut, bis es schiefgeht. Und als es ohne auch nur den Hauch einer Ankündigung im Herbst 2012 bergab ging, war gerade mal eine Handvoll von Investmentstrategen vorbereitet. „Es scheint mir, dass Apple eine Aktie ist, an die jeder glaubt, es ist fast eine Obsession geworden", gab sich Bond-Guru Jeff Gundlach von Doubline Capital seit Kursen von 85 $ extrem skeptisch. „Egal, in welches Meeting ich gehe, jeder besitzt Apple, dabei ist das Unternehmen nicht mehr der Produktinnovator, der es einmal war. Ich glaube nicht, dass sich die Leute fürs iPad 482 noch in die Schlange stellen."

Gundlach bekannte, Apple sei „one of my favorite generational shorts", also eine der besten Leerverkäufe seiner Investmentgeneration und fixierte ein har- sches, aber äußerst prophetisches Kursziel: 60 $. Er sollte im März 2013 recht bekommen und weiter an seiner Legende stricken. Gundlach erklärte in der Stunde des Triumphs, dass Apples beispielloser Ausverkauf einmal mehr eine Absage für die Theorie der effizienten Märkte sei.

Tatsächlich ähnelte Apples Einbruch dem in der Investmentszene immer wieder bemühten Phänomen des *Schwarzen Schwans*, das der Finanzmathematiker Nassim Nicholas Taleb im gleichnamigen Bestseller geprägt hatte. Taleb erklärt darin die Macht statistisch extrem unwahrscheinlicher Ereignisse, die durch gegenseitige Abhängigkeiten am Ende doch öfter vorkamen als erwartet.

Wie wahrscheinlich war nun im September 2012 ein Absturz der Apple-Aktie von 100 auf 60 $ im Umfeld eines steigenden Marktes? Dass heiß gelaufene Aktien mitunter heftig korrigieren, ist ein Phänomen, das Charttechniker immer wieder gerne für sich beanspruchen – doch war dies in einem Marktsentiment möglich, in dem der marktbreite S&P 500 Index im gleichen Zeitraum um acht Prozent zulegte und der Dow Jones sogar neue Allzeithochs aufstellte? Alles stieg, nur Apple fiel.

Auf dem Zenit seiner 33-jährigen Börsenhistorie hatte sich Apple über Nacht in einen solchen Schwarzen Schwan verwandelt – in ein höchst unwahrscheinliches, singuläres Ereignis. „Apples Performance in den letzten sechs Monaten ist eine Lehrbuchstudie in Marktpsychologie, die die Effizienzmarkttheorie eindrucksvoll widerlegt", erklärte der Bonds-Großinvestor Gundlach. Apple sei ein herausragendes Beispiel dafür, dass sich Märkte nicht immer rational verhielten, sondern vielmehr psychologische Verhaltensmuster und Herdentrieb bei der Bestimmung des Aktienkurses eine große Rolle spielten.

Darauf hatte die ungarische Börsenlegende André Kostolany in zahlreichen Büchern bereits Jahrzehnte zuvor in seiner ganz eigenen Form hingewiesen: „Kurz- und mittelfristig macht die Psychologie an der Börse 90 % aus", wusste Kostolany zu berichten, „Der Angst, alles zu verlieren, und der Gier, noch mehr Geld zu machen." Kostolany unterscheidet dabei im Wechselspiel der Anleger zwei Klassen: den „Hartgesottenen" und den „Zittrigen". „Wenn sie sehen, dass die Kurse fallen, geraten sie in Panik und verkaufen alles", hatte der Börsenaltmeister seinerzeit den Misserfolg vieler Anleger ohne echte Strategie – den sogenannten „zittrigen Händen" – erklärt. „Den meisten Börsianern fehlen Geduld und Nerven, die zwischenzeitlichen Stürme und Gewitter auszusitzen", das können nur die „Hartgesottenen".

Angesichts von Kurssteigerungen von 11 auf 100 $ in gerade mal dreieinhalb Jahren überrascht es nicht, dass bei Apple einige Anleger „zittrige Hände" bekamen – sie hatten schließlich viel zu verlieren. Je später der Kauf, desto eher die Wahrscheinlichkeit, panisch zu verkaufen. Dieselben „falschen Investoren", von denen Finanzprofessor Aswath Damodaran sprach, die Apple binnen nur zehn Wochen von 60 auf über 90 $ befördert hatten, verließen – bildlich gesprochen – wieder fluchtartig den Handelsraum.

Damodaran fand sich als hartgesottener Antizykliker in der Gegenwelt wieder und nahm den Zittrigen ihre Papiere gerne ab: Er kaufte unter 72 $ zu, weil er Apple inzwischen in einer anderen Asset-Klasse angekommen sah, wohl wissend, dass dieser Prozess aber etwas dauern könnte. Mit einem KGV von unter 10 war Apple plötzlich zur Value-Aktie geworden. „Apple ist mit einer Wahrscheinlichkeit von 90 % unterbewertet", erklärte der Professor der

New York University Anfang Februar. Selbst Jeffrey Gundlach ging der Ausverkauf von Apple nach Erreichen der 60-Dollar-Marke zu weit; er sollte als „Hartgesottener", wie André Kostolany die antizyklischen Investoren bezeichnete, unterhalb seines eigenen Kursziels von 60 $ ebenfalls auf die Käuferseite wechseln. Doch ein Turnaround zeichnete sich immer noch nicht ab…

# Opfer des eigenen Erfolgs: Gut ist nicht gut genug

Der Markt war noch nicht bereit, Apple eine zweite Chance zu geben. Im Gegenteil: Die Wette gegen den iPhone-Hersteller erreichte im März 2013 mit fast täglichen Analysten-Herabstufungen einen neuen Höhepunkt. „Soll das ein Witz sein?" kommentierte der Comedian Bill Maher in seiner Sendung *Realtime* die schier unablässigen schlechten Schlagzeilen für Apple. „Was macht die Leute in der Wirtschaft eigentlich noch glücklich? Das hier ist unser Problem: Es ist nie genug! Es gibt diese Studien über die glücklichsten Nationen. Wir schaffen es nie in die Top Ten. Weil es nie gut genug ist."

Damit war diese Misere, in der sich Apple seit einem halben Jahr an der Börse befand, von einem Berufskomiker am treffendsten beschrieben worden. Apple schien verflucht und war zum Opfer des eigenen Erfolgs geworden: Immer wurde die Messlatte höher gelegt, immer musste sie glanzvoll übersprungen werden – und selbst wenn die Bewertung an den Aktienmärkten auf dem Niveau eines angeschlagenen Rohstoffkonzerns angekommen war.

Hier lag die ganze Crux von Apples neuem Problem, das sich zuletzt beim iPhone-5-Launch gezeigt hatte: Gut war einfach nicht mehr gut genug. „Nur" um eine Million konnte Apple am ersten Verkaufswochenende die iPhone-Abverkäufe vom Jahr zuvor toppen: Die Rekordverkäufe von fünf Millionen Geräten nannte Henry Blodget vom *Business Insider* allen Ernstes einen „worst case". „Die Erwartungen entfernen sich immer weiter von der Realität", kommentierte der langjährige Tech-Analyst Shaw Wu von Sterne Agee kopfschüttelnd den schier unstillbaren Hunger der Wall Street nach immer neuen Bestmarken.

Keine 50 Mio. Stück wurden im vierten Kalenderquartal verkauft, das auch noch eine Woche kürzer war als der Vorjahreszeitraum, sondern „nur" 48 Mio. Stück. Dass Apple damit 11 Mio. iPhones mehr als vor einem Jahr verkauft hatte, was immer noch einem Zuwachs von 29 % entsprach, war Börsianern egal. Der Kultkonzern aus Cupertino war längst zum Opfer seines eigenen Erfolgs geworden und konnte nur noch verlieren.

Danach sah es erst recht nach der Quartalskonferenz im Januar 2013 aus, als eine schwerwiegende These plötzlich wie ein Elefant im Wohnzimmer stand: Das Ende der phänomenalen Erfolgsstory, die Apple mit iMac, iPod, iPhone und iPad binnen 14 Jahren zum wertvollsten Unternehmen gemacht hatte, schien gekommen – der iKonzern wuchs nicht mehr.

Der Hedgefonds-Manager Doug Kass war der erste, der das Problem hatte kommen sehen. Kass ist ein Schwergewicht der Investmentszene, der in den vergangenen Jahren durch die beängstigende Genauigkeit seiner oft konträren Prognosen, die er zumeist auf dem Finanzportal *TheStreet.com* verbreitete, zu einer Berühmtheit der Wall Street geworden war und selbst von Warren Buffett hofiert wurde. 2008 sagte Kass etwa richtig den Beginn der Finanzkrise, im März 2009 fast auf den Tag genau ebenso akkurat ihr Ende vorher.

Im Frühherbst 2012 hatte Kass das Ende eines neuen Zyklus ausgemacht. Am 24. September 2012, dem Wochenende nach dem Verkaufsstart des iPhone 5, eröffnete der Wall-Street-Veteran seine bis heute wohl am meisten beachtete Prognose: Das Bären-Szenario für Apple zu Kursen um 100 $. In zehn Thesen beerdigte Kass fast eigenhändig Apples phänomenalen Höhenflug. Auf dem absoluten Zenit des Erfolgs erlaubte sich Kass das auszusprechen, was allgemein bekannt war – doch mit dem Gespür eines echten Antizyklikers erwischte der 62-Jährige nach dem Maps-Debakel den optimalen Zeitpunkt für die feinen Nadelstiche. Sie lauteten etwa: „Das Orakel von Cupertino ist tot. Steve Jobs ist nicht mehr da, um Konsumenten zu überzeugen, dass die Produkte absolut magisch sind." Oder: „Apple hat nicht mehr den großen First-Mover-Vorteil seines Ökosystems". Und: „Die Produkte werden komplexer und schwieriger in großen Stückzahlen herzustellen", siehe die Fertigungsprobleme beim iPhone 5. All das sah nach feinen Rissen aus, die in der Summe jedoch einen Bruch ergeben konnten.

MEEDIA: Apples Fluch der turmhohen Erwartungen
http://meedia.de/2012/09/25/apples-fluch-der-turmhohen-erwartungen/

# Das Ende einer Ära: Apples Gewinne schrumpfen

Apple im Frühjahr 2013: Das war ein Bild des Jammers. Binnen nur zwölf Monaten hatten sich die Vorzeichen komplett gedreht: Aus dem weltweit bewunderten Wachstumschampion mit den besten Produkten der Welt war ein Problemfall geworden – ein Konzern im Umbruch. Alles, was vor sechs Monaten noch glänzte, war ein halbes Jahr später plötzlich verflucht. Schlimmer noch: Das Ende der phänomenalen Erfolgsstory, die Apple mit iMac, iPod, iPhone und iPad binnen 14 Jahren zum wertvollsten Konzern gemacht hatte, schien sich abzuzeichnen. Doch war das möglich, ging es wirklich so schnell: Folgte der Abstieg gerade mal 14 Monate nach dem Tod des legendären Gründers Steve Jobs?

Apple startete ins zweite Kalenderquartal so standesgemäß wie es das erste beendet hatte: mit tiefroten Kursen. „Wir müssen die Sache einfach beim Namen nennen", zog Wall-Street-Veteran James Cramer in einem selten erlebten Wutausbruch auf CNBC gegen Apple vom Leder. „Seit 40 $ fallenden Kursen hat es nicht eine einzige gute Nachricht für Apple gegeben, und heute ist schon wieder ein Tag, an dem die Nachrichten furchtbar sind", redete sich Cramer mit Blick auf eine drastische Herabstufung bei Goldman Sachs in Rage. „Wir haben noch nicht gehört, ob sie die Dividende anheben oder die Aktienrückkäufe erhöhen, aber die Antwort steht schon fest: Es wird nicht genug sein. Apple ist zur J. C. Penney der Tech-Branche verkommen", fällte der frühere Goldman-Sachs-Manager und spätere Gründer der Finanz-Website *TheStreet.com* ein vernichtendes Urteil. „Das Unternehmen ist in eine Abwärtsspirale geraten. Die Abstufungen erfolgen alle aus Wachstumssorgen. Es gibt immer noch zu viele, denen Apple gefällt. So bildet man aber keinen Boden aus. Einen Boden gibt es erst, wenn der letzte Analyst die Aktie herabgestuft hat."

Cramer sollte recht behalten. Die Aktie fiel weiter. Eine Woche vor Bekanntgabe der Quartalszahlen drückte eine neue Verkaufswelle die Anteilsscheine unter das bisherige Jahrestief bei 60 $, das als wichtige charttechnische Marke lange Unterstützung geboten hatte. Als der Damm durchbrochen war, gab es kein Halten mehr. Binnen eines Handelstages stürzte Apple erstmals seit 2011 wieder unter die Marke von 57 $, wo sie tags darauf dann auch verharrte. Bei schließlich 55 $ hatte der Konzern 46 $ oder 45 % seit den Allzeithochs im vergangenen September an Wert verloren und die astronomische Summe von 300 Mrd. $ an der Börse vernichtet – so viel wie kein Unternehmen seit Cisco und Microsoft im Jahrhundert-Crash 2000.

Der bedingungslose Verkaufsreflex war den überbordenden Zukunftssorgen geschuldet. Die Wachstumsstory war zu Ende, prognostizierten Analysten und strichen ihre Erwartungen für das zweite und dritte Geschäftsquartal gnadenlos zusammen. Die Volkswirte erwarteten eine Durststrecke von zumindest zwei Quartalen. „Oh, sie werden nicht nur im März-Quartal enttäuschen? Sie werden auch im Juni-Quartal enttäuschen. Ich warte darauf, dass das Unternehmen verkündet, wir werden auch im Jahr 2016 enttäuschen", gab sich der frühere Hedgefonds-Manager Cramer längst sarkastisch.

Henry Blodget brachte die Stimmung auf den Punkt: „In den vergangenen sechs Monaten ist die Meinung der Wall Street geschwenkt von ‚Apple kann nichts falsch machen' zu ‚Apple wird nie wieder etwas richtig machen'", so der frühere Internet-Aktienanalyst von Merrill Lynch, der über Apple nun praktisch täglich in seinem Blogkonglomerat *Business Insider* berichtete.

Die Skepsis hatte zumindest fundamental ihre Berechtigung: Als Apple am 23. April 2013 sein neuestes Zahlenwerk für das abgelaufene zweite Quartal des Fiskaljahres 2013 präsentierte, ging eine Ära zu Ende. Sieben Monate nach dem triumphalen Allzeithoch war das Undenkbare Realität geworden: Erstmals seit einem Jahrzehnt schrumpften Apples Gewinne wieder.

Und wie! Nach 11,6 Mrd. $ oder 1,76 $ je Aktie im Vorjahresquartal hatte Apple zwischen Anfang Januar und Ende März nun „nur" noch 9,5 Mrd. $ oder 1,44 $ je Anteilsschein verdient – ein erdrutschartiger Gewinneinbruch von 18 %, der signalisierte, dass Apple erstmals seit Beginn des Jahrhunderts wohl auch wieder in einem Geschäftsjahr schrumpfen würde.

Schuld am ungewohnten Aderlass hatte die erodierende Gewinnmarge. Vom Allzeithoch bei 47,4 % des Vorjahres stürzte Apple auf 37,5 % ab. Der Absturz ging der Wall Street viel zu schnell. Dabei zogen die Geschäfte schließlich weiterhin an: Mit 37 Mio. iPhones konnte Apple immerhin noch 2 Mio. mehr Geräte als im Rekordquartal des Vorjahres absetzen – die Zuwächse in der iPad-Sparte lagen mit 19,5 Mio. verkauften Tablets gar bei 65 %. Von einem organischen Ende des Wachstums konnte also zunächst keine Rede sein.

Doch vor allem das iPad mini und frühere iPhone-Modelle knabberten an der früher so spektakulären Gewinn-Marge. Wie schnell sich die Lage gedreht hatte, zeigte der Ausblick auf das laufende Quartal. Apple drohte beim Nettogewinn auf der Zeitachse ins Jahr 2010 zurückzufallen. Und dort würde der Absturz wohl nicht enden. Zur allgemeinen Überraschung merkte Tim Cook in der anschließenden Analystenkonferenz an, dass es erst im Herbst und

2014 „einige wirklich tolle Produkte" von Apple geben würde. Der Herbst begann bekanntermaßen kalendarisch am 22. September, eine Woche bevor das letzte Quartal von Apples Geschäftsjahr 2013 endete. Es schien, als wollte Tim Cook unter das Horrorjahr 2013 einen vorgezogenen Schlussstrich ziehen und sich bereits für 2014 positionieren.

MEEDIA: Apple: Keine neuen Produkte bis Herbst
http://meedia.de/2013/04/24/apple-keine-neuen-produkte-bis-herbst/

# Aktienrückkäufe und iBonds: mit 100 Milliarden Dollar gegen den Absturz

Es war schon ein seltsames Bild: Der höchste Börsenwert in der Wirtschaftsgeschichte – 300 Mrd. $ binnen nicht mal sieben Monaten – wurde vor den Augen der Weltöffentlichkeit vernichtet, doch der verantwortliche CEO zog es vor zu schweigen. Cupertino brannte, doch Tim Cook presste sich bestenfalls – wie im Februar auf der Investorenkonferenz von Goldman Sachs – die Floskel heraus, der Absturz sei „sehr schmerzhaft", die er einige Monate später auf der Analystenkonferenz wiederholte. Wie schmerzhaft könnte er wirklich sein, wenn die Aktienoptionen erst 2016 bzw. 2021 fällig wären?

„Tim Cook muss etwas mehr tun, als nur zur Arbeit zu kommen und das Flugzeug in der Luft zu halten. Steve Jobs hätte längst ein neues Flugzeug entworfen. Tim aber scheint glücklich, die Aussicht zu genießen", formulierte selbst der langjährige Apple-Bulle Cody Willard unverhohlen Kritik. Tatsächlich schien Tim Cook nach sieben Monaten der beständigen Kursverluste das Wasser bis zum Hals stehen. Bis auf wenige Dollar vor das Niveau seines Amtsantritts im August 2011 war die komplett angeschlagene Apple-Aktie im April 2013 bei 55 $ wenige Tage vor Bekanntgabe der Geschäftszahlen für das zweite Quartal zurückgefallen.

Die aufgebrachten Großaktionäre forderten unterdessen seit Monaten vehement eine Verteidigung der Aktie. Hedgefonds-Manager David Einhorn von Greenlight Capital, seit 2010 milliardenschwer investiert und damit eigentlich ein Befürworter Apples, war sich nicht zu schade, dafür sogar eine Klage anzustrengen und sich einen öffentlichen Zwist mit CEO Tim Cook zu liefern: „Apple hat ein Problem", erklärte der betuchte Hedgefonds-Manager: „Ein Cash-Problem."

Das Problem bestand darin, dass Apple selbst zu einem Zeitpunkt nichts mit seinem Bargeld anzufangen wusste, als die Aktie schwer unter Beschuss geraten war. Bei einigen Marktkommentatoren löste das Gebaren nur Kopfschütteln aus. „Steve Jobs hätte sich erschossen, wenn er gehört hätte, dass die Leute über die Dividende oder einen Aktiensplit sprechen, um die Aktie wieder zum Laufen zu bekommen. Furchtbar!", ereiferte sich etwa der Wirtschaftsjournalist Rocco Pendola von *TheStreet.com* via Twitter.

Dabei schien es eine lehrbuchmäßige Verwendung für die überbordenden Barmittel zu geben. „Wenn du einen Dollar für 80 Cent kaufen kannst, dann tu es", hatte etwa die Investorenlegende Warren Buffett gegenüber CNBC wenige Monate zuvor auf Nachfrage angemerkt, wie der erfolgreiche Investor mit Apples enormen Cash-Beständen umgehen würde. In anderen Worten: Er würde zum allseits bewährten Rezept der Aktienrückkäufe greifen, das er auch Steve Jobs vor Jahren empfohlen hatte.

Und tatsächlich: Tim Cook folgte genau dem Vorschlag Buffetts und verkündete bei Bekanntgabe der Geschäftszahlen für das zweite Quartal, in dem Apple zweistellig schrumpfende Gewinne und einen sehr schwachen Ausblick deutlich unter den Markterwartungen eingestehen musste, Erstaunliches. „Insgesamt 100 Mrd. $ werden bis Ende 2015 an die Aktionäre zurückgezahlt", teilte er mit. Ein Jahr zuvor hatte Apple noch bekannt gegeben, 45 Mrd. $ an Aktionäre in Form von Dividendenausschüttungen und Aktienrückkäufen zurückzuzahlen – nun wurde das Programm mehr als verdoppelt. Den Löwenanteil machte dabei die Erhöhung des Aktienrückkaufs von den im letzten Jahr angekündigten 10 Mrd. auf jetzt 60 Mrd. $ aus. „Das ist die höchste Genehmigung eines einzelnen Aktienrückkaufprogramms in der Geschichte", machte Apple fast staatstragend die Dimension der Maßnahme deutlich.

Der Umfang überraschte in der Tat: Aktienrückkäufe in Höhe von weiteren 50 Mrd. $ – das war mehr als die kühnsten Optimisten erwartet hatten. Auf Basis des Börsenwerts zum Zeitpunkt der Ankündigung von etwa 390 Mrd. $ entsprach das einem Volumen von 15 % – ein Niveau, mit dem man Kurse bewegen konnte. Apple war über Nacht zum weltgrößten Hedgefonds geworden, der Apple-Aktien aufkaufte.

Die Botschaft, die Cook damit an die Leerverkäufer der Wall Street aussandte, war deutlich: bis hierhin und nicht weiter. Tatsächlich fiel die Aktie nur in den ersten Minuten nach Handelseröffnung unter die psychologisch bedeutsame Marke von seinerzeit 400 $ zurück (57 $ nach dem Aktiensplit) und wurde danach schier magisch oberhalb der 400 er Schwelle gehalten. Ende Juni folgte noch einmal nach einem kurzzeitigen Unterschreiten der psychologisch wichtigen Marke der Test und die Bestätigung der Jahrestiefs.

Fast nebenbei wurde auch noch kosmetisch die Dividende um 55 Cent je Quartal auf 3,05 $ (44 Cent nach dem Aktiensplit) angehoben. Apple rentierte im Sommer 2013 damit immerhin schon mit 3 % und versprach seinen Anteilseignern im Stil einer echten Value-Aktie damit bessere Verzinsungen als Procter & Gamble, Walmart oder Coca-Cola.

maclife.de: iBonds und Aktienrückkäufe: Apple macht die Wall Street glücklich
http://www.maclife.de/panorama/leute/kommentare/ibonds-und-aktienrueckkaeufe-apple-macht-die-wall-street-gluecklich

Erstaunlicherweise würden sich Apples enorme Cash-Bestände von 145 Mrd. $ durch die immense Rückzahlaktion, die bis Ende des Geschäftsjahres 2015 durchgeführt werden sollte, kaum verringern, wenn die Gewinne stabil blieben – schließlich hatte Apple im Geschäftsjahr 2012 einen Nettoüberschuss von knapp 42 Mrd. $ eingefahren. Selbst wenn die Gewinne leicht zurückgingen, würde sich die Höhe der Barreserven kaum verringern.

Um auch möglichst wenig Kapital durch Steuerzahlungen zu verlieren, bediente sich CEO Tim Cook eines weiteren Tricks aus dem Lehrbuch von Warren Buffett: Apple zapfte kurzerhand den Anleihemarkt an. Und das ebenfalls im großen Stil: In gleich sechs Tranchen mit Laufzeiten von drei bis 30 Jahren schrieb Apple Anleihen aus – sogenannte „iBonds", um die sich Anleger trotz der geringen Renditen von 0,45 bis maximal 3,85 % mit Laufzeiten bis 2043 förmlich rissen; die Auktion war dreifach überzeichnet.

Apple nahm auf diese Weise mal eben 17 Mrd. $ am Bondmarkt in der größten Anleiheemission auf, die je ein Nicht-Finanzkonzern getätigt hatte. Wirtschaftsredakteure hatten am nächsten Tag ihre Schlagzeile sicher: Apple leiht sich Geld, um es an Aktionäre zurückzuzahlen.

Ein Paradoxon? Tatsächlich eine knallhart kalkulierte Maßnahme zur Kapitalmaximierung: Da nur 42 Mrd. $ der insgesamt 145 Mrd. an Barmitteln auf Konten in den USA lagen, hätte Apple für die Rückführung der benötigten Summe aus dem Ausland in den kommenden 30 Monaten Steueraufwendungen von bis zu 9 Mrd. $ berappen müssen, rechnete Bloomberg vor. Tim Cook hatte ein klares Signal gesendet: So egal wie seinem Vorgänger war dem MBA-Absolventen die Wall Street offenbar doch nicht.

MEEDIA: Apple leiht sich Geld, um Steuern zu sparen
http://meedia.de/2013/05/02/apple-leiht-sich-geld-um-steuern-zu-sparen/

# Teil VI

## Leise Comeback-Signale

# Comeback Kid oder die nächste Nokia?

Tatsächlich, die Medizin schien zu wirken. In den Handelstagen nach der Ankündigung des gigantischen Aktienrückkaufprogramms zog die Apple-Aktie ab wie ein Strich und legte in der Spitze 20 % zu. Bei 67$ wurde ein 3-Monatshoch markiert. „Die Rückkäufe legen einen Boden unter die Aktie", war sich etwa CNBC-Marktkommentator James Cramer sicher.

Andere Marktexperten erwärmten sich wenige Tage vor der Bekanntgabe. „Zu viel ist zu viel", sprang ausgerechnet der frühere Internet-Aktienanalyst Henry Blodget Apple bei. Die Schützenhilfe kam unerwartet: Als prominenter Tech-Experte hatte der Gründer und Chefredakteur vom *Business Insider* jahrelang den drohenden Absturz Apples förmlich prophezeit. Und nun schwenkte sogar der hartnäckige Apple-Kritiker ins Bullenlager und legte sich Apple-Aktien bei Kursen von 56$ ins eigene Portfolio. Blodgets Argumente waren schlagkräftig: Apple war an der Börse zur zweiten Nokia geworden. „Die Wall Street hat Apple aufgegeben", erklärte Blodget in seinem Plädoyer „Das Bullen-Szenario für Apple" seine Beweggründe. Apples Bewertung erschien Blodget bemerkenswert billig.

In der Tat war Apple in seiner 33-jährigen Börsengeschichte nie günstiger zu haben als in jenen April-Tagen, als die Aktie bis auf 55$ stürzte, arbeitete der langjährige Apple-Beobachter Philip Elmer-DeWitt vom *Fortune Magazine* in seinem Blog *Apple 2.0* heraus. Das maßgebliche Kurs-Gewinn-Verhältnis lag bei 8,7; ohne den zu dem Zeitpunkt immensen Bargeldanteil von 145 Mrd. $, der 22$ je Aktie entsprach, war Apple sogar für ein erstaunlich ermäßigtes KGV von 5,4 zu haben. Mit einem solchen Discount wurde kein anderes Unternehmen gehandelt, das über ein Jahrzehnt milliardenschwere Gewinne eingefahren hatte.

Doch der Markt unterstellte offenbar etwas anderes. Die Gewinne der Vergangenheit würden in der Zukunft offensichtlich nicht zu halten sein. Das „G" im KGV würde künftig schrumpfen, so die offenkundige Hypothese. Die Zeitenwende war Ende April vollzogen worden: Der Gewinn je Aktie der vergangenen zwölf Monate schrumpfte von 6,30 auf 5,98$ zusammen – und der eigene Ausblick mit keinen neuen Produkten bis zum Herbst machte deutlich, dass die Gewinnerosion in den Folgequartalen ungebremst weitergehen würde.

Aber die Wall Street ging offenbar von einem noch drastischeren Abstiegsszenario aus: Was hoch flog, würde tief fallen, so das Markturteil. „Der gegenwärtige Aktienkurs legt nahe, dass Apple nicht mehr in die Nähe kommt, 40 Mrd. $ pro Jahr zu verdienen", erklärte Blodget, „anderenfalls würde jeder Warren Buffett ähnliche Value-Fondsmanager die Aktie aktuell einsammeln. Tatsächlich deutet der derzeitige Aktienkurs darauf hin, dass Apples Gewinne implodieren."

Doch Henry Blodget hielt dagegen: Selbst wenn Apple künftig nur noch die Hälfte seiner Jahresgewinne von 40 Mrd. $ verdiente, war die Aktie immer noch nicht teuer. Die zugrunde liegende Rechnung funktionierte wie folgt: Auch wenn Apple in den kommenden Jahren auf diesem Niveau graduell weniger verdienen würde, dürfte es bei Kursen um die 60$ trotzdem nur ein Jahrzehnt dauern, bis Anleger Apples Unternehmenswert (abzüglich der immensen Barreserven) theoretisch mit den Unternehmensgewinnen bezahlen könnten – das Geschäft gäbe es binnen nicht mal eines Jahrzehnts „kostenlos". Wie man es drehte und wendete: Apples Aktie war nach fundamentalen Maßstäben erstaunlich billig.

MEEDIA: Neustart: Tim Cook rüstet Apple für 2014
http://meedia.de/2013/04/26/neustart-tim-cook-rustet-apple-fur-2014/l

Doch es gab zweifellos auch mahnende Vergleiche. In einer so schnelllebigen Branche wie die Hightech-Industrie konnte sich der Einbruch schließlich schnell beschleunigen: „Anzunehmen, dass Apple weniger wert als der aktuelle Kurs ist", stellte Blodget bei Kursen um 55$ in den Raum, „bedeutet zu erwarten, dass Apple zur nächsten Nokia wird." Für Apple waren die Horrorszenarien Warnung als auch Hoffnung zugleich. Beide Unternehmen erlitten zwischenzeitlich exorbitante Verluste – die Aktien notierten trotzdem aber noch über den Barmitteln. Tatsächlich lag der Cash-Anteil in beiden Fällen bei rund 40 % des Börsenwerts.

Das war genau das Niveau, das auch Apple 2013 bei Kursen um 55$ aufwies. Die Barreserven von 145 Mrd. $ korrespondierten zum Börsenwert von 380 Mrd. $. In anderen Worten: Der Markt behandelte Apple bereits wie eine Nokia und Blackberry – wie eine echte Turnaroundstorys. Mit dem Unterschied, dass Apple weiter hoch profitabel arbeitete und selbst bei einer erodierenden Gewinnmarge Traumprofite einfuhr, die in kaum einer anderen Branche zu erzielen waren.

Die Wette gegen Apple, die von Leerverkäufern und Charttechnikern geführt wurde, die schon Notierungen von 45 bis 50$ ausriefen, war also eine Wette, die auf den totalen Kollaps abzielte. Um weitere drastische Kursverluste zu rechtfertigen, musste das iPhone so aus der Mode kommen wie Nokia-Handys und Jahre später Blackberrys. Apple würde keine Antwort auf die Phablet-Welle von Samsung und Co finden, andere Konzernteile wie auch die erst dreieinhalb Jahre alte iPad-Sparte würden komplett in sich zusammenfallen und neue Produkte gnadenlos floppen oder gar nicht erst auf den Markt kommen – das war das Höllenszenario dauerhafter Kurse in der 40-Dollar-Region.

Zum Vergleich: Selbst Dauerrivale Microsoft hatte sich nach einem Jahrzehnt der verpassten Trends bei Notierungen zumindest zur Hälfte der einstigen Höchstkurse stabilisiert und wies dabei ein noch höheres KGV auf als Apple. Um den Totalabsturz auf 40$ und tiefer – die *Vanity-Fair*-Kolumnistin Bethany McLean nannte auf CNBC allen Ernstes das Kursziel von weniger als 30$ – zu rechtfertigen, müssten Apples Geschäfte also komplett in den freien Fall übergehen und ihn noch weiter beschleunigen als im Jahr der vermeintlichen Zeitenwende 2013. Apple müsste zur neuen Nokia werden.

„Der optimistische Punkt ist allerdings, dass eine ausgeprägte Chance besteht, dass Apple NICHT zur heutigen Nokia verkommt", machte Henry Blodget Apple-Aktionären, der er nun selber war, Mut. „Es gibt die Möglichkeit, dass sich Apple stabilisiert und ein gutes, wenn nicht unglaublich tolles Unternehmen bleibt. Das ist das Bullen-Szenario für Apple."

Über Nacht war die allseits bewunderte Wachstumsstory aus Cupertino zur skeptisch beäugten Turnaroundstorys geworden: „Wer Apple-Aktien hält, tut dies in der Hoffnung auf die Zukunft", brachte Finanzjournalist Rocco Pendola die Stimmung auf den Punkt. Doch die sollte erwartungsgemäß noch etwas auf sich warten lassen. Als Tim Cook am 23. Juli 2013 das Zahlenwerk für das abgelaufene zweite Kalenderquartal vorstellte, das gleichzeitig bereits das dritte des Fiskaljahres markierte, passierte etwas scheinbar Paradoxes: Die Bilanz war so schlecht, dass sie gut war. Zumindest nach der Logik der Wall Street: Die Apple-Aktie stieg nachbörslich um 4% auf 62$.

Der Auslöser: In den 91 Tagen von Anfang April bis Ende Juni setzte Apple 35,3 Mrd. $ um und lag dabei haarscharf über den Wall-Street-Schätzungen, die bei 35,1 Mrd. $ gelegen hatten. Auf Jahressicht hatte Apple indes erstmals seit einer Dekade bei den Erlösen eine Grenze erreicht: Der ehemals wertvollste Technologiekonzern der Welt wuchs praktisch nicht mehr. Die Umsätze legten im Vergleich zum Vorjahreszeitraum um nicht mal mehr als ein Prozent zu.

In der Gewinnentwicklung war Kontraktion längst zum Alltag geworden: In allen drei Quartalen des Geschäftsjahres 2013 schrumpfte Apples Konzernergebnis. Beunruhigende Entwicklung: Die Erosion beschleunigte sich. Nunmehr schon um 22 % geringere Gewinne fuhr Apple ein – nach 8,8 Mrd. $ im Vorjahresquartal blieben inzwischen nur noch 6,9 Mrd. $ hängen.

MEEDIA: Apple-Q3-Bilanz: iPhone Top, iPad Flop
http://meedia.de/2013/07/24/apple-q3-bilanz-iphone-top-ipad-flop/

Damit wurde sogar das Niveau von vor zwei Jahren unterboten, als Apple noch einen Nettogewinn von 7,3 Mrd. $ oder 1,11$ je Aktie eingefahren hatte. Der Gewinn je Aktie ging von 1,33 auf 1,07$ zurück. Die positive Lesart der Wall Street: Analysten hatten mit 1,05$ je Anteilsschein gerechnet. Apple konnte nach mehreren Quartalen der Enttäuschung die Konsensschätzungen – wenn auch auf sehr ermäßigtem Niveau – einmal wieder schlagen. Hatte der Tech-Pionier nach neun Horrormonaten damit endlich die Talsohle erreicht?

# WWDC 2013: Zurück in die Zukunft mit iOS 7

Einen Monat zuvor hatte Apple auf seiner turnusmäßigen Entwicklerkonferenz WWDC bereits eine Vorschau auf das gewährt, was im zweiten Halbjahr erwartet werden konnte. Nachdem Erzrivale Google eine Woche zuvor auf der eigenen Entwicklerkonferenz I/O in einer furiosen dreistündigen Keynote mit der Generalüberholung seines Kartendienstes Google Maps, dem Social Network Google+ und dem Launch des Musik-Streaming-Dienstes „Google Play Music All Access" ein wahres Software-Feuerwerk abgebrannt hatte, stand Apple unter Zugzwang, Innovationskraft zu beweisen.

Die in 71 s ausverkaufte WWDC sollte der Beginn eines Neustarts werden. Zwei Jahre war Steve Jobs' letzte Keynote an selber Stelle im Moscone Center her, bis heute war seine Handschrift jedoch erkennbar – am iPhone 5 hatte der Apple-Gründer bis zum Tag seines Todes mitgewirkt. Nun, erst recht nach dem bodenlosen Börsencrash der vergangenen neun Monate, war Apple dabei, sich neu zu definieren.

Es war, ob es Aficionados der ersten Stunde gefiel oder nicht, ein neues Unternehmen, das maßgeblich von zwei Männern bestimmt wurde: CEO Tim Cook, der im vergangenen halben Jahr so viel einzustecken hatte wie selten ein Vorstandschef, und Design-Chef Jony Ive, der mit der WWDC aus dem übergroßen Schatten seines Mentors Steve Jobs herausrückte. Obwohl der scheue Brite erneut nicht die Bühne für eine Produktpräsentation betrat, stand sein Wirken doch im Mittelpunkt der Veranstaltung. „iOS 7 ist die größte Veränderung von iOS seit Einführung des iPhone", erklärte der neue iOS-Chef Craig Federighi, der die Aufgabe vom im Herbst gefeuerten Vorgänger Scott Forstall übernahm und in seiner dynamischen, gut gelaunten Art zum eigentlichen Star der Keynote avancierte.

Der 44-jährige Apple-Veteran, der schon 1996 unter Steve Jobs bei der Softwareschmiede NeXT gearbeitet hatte, führte durch die großen Veränderungen, die Apples mobiles Betriebssystem bei Auslieferung im Herbst erfahren würde: iOS 7 kam in gänzlich neuer Struktur, einer wärmeren Farbgebung und verschiedenen funktionalen Ebenen daher, die mitunter eine dritte Dimension einbezogen.

Auch jede Menge neue Features stellte Federighi vor – darunter verbesserte Eigenschaften in iPhoto, Safari und Siri, das vom Mac schon bekannte Programm AirDrop zum einfacheren Teilen von Inhalten und der viel erwartete Streaming-Dienst iTunes Radio, ein kostenloser Internet-Radio-Service, basierend auf der Musik, die Nutzer in iTunes hörten. Und auch im Auto sollte iOS dank Siri und Maps-Integration künftig eine Rolle spielen können – zwölf Automobilhersteller, darunter Mercedes, Ferrari und Honda setzen künftig auf Apple.

MEEDIA: Apple erfindet das iPhone mit iOS 7 neu
http://meedia.de/2013/06/11/apple-erfindet-das-iphone-mit-ios-7-neu/

Es gab jedoch ebenso Nebenschauplätze wie die überraschende Vorschau auf einen neuen zylinderförmigen Mac Pro, der ebenfalls im Herbst ausgeliefert werden würde: Die eigentliche Essenz der WWDC 2013 lag im Versuch, im Einklang mit der Tradition der Jobs-Ära die Brücke zu einem neuen Zeitalter zu schlagen. „Auch wenn iOS 7 in seiner Struktur komplett neu ist, war es wichtig für uns, dass es sich vertraut anfühlt", erklärte Jony Ive per Einspielvideo. „Es liegt eine profunde, nicht endende Schönheit in Einfachheit, in Klarheit, in Effektivität", rezitierte Apples Designchef fast wörtlich die Erfolgskriterien seines Mentors.

Als wollte Apple diese Werte quasi zu seiner Daseinsberechtigung beschwören, verabschiedete sich Tim Cook mit einem Image-Video, das an Jobs' legendäre Kampagne *think different* erinnerte, mit der er 1997 einst das Comeback eingeläutet hatte. Es lautete: *Designed by Apple in California*:

Das ist es.
Das ist, was zählt.
Ein Produkt zu erleben.
Was für ein Gefühl es jemanden gibt.
Wird es das Leben verbessern?

Hat es ein Recht zu existieren?
Wir verbringen viel Zeit mit einigen wenigen großartigen Dingen, bis jede Idee, die wir anfassen, das Leben derjenigen verbessert, die es berühren.
Vielleicht schaust Du selten darauf, aber Du wirst es immer fühlen.
Das ist unsere Signatur, und es bedeutet uns alles.

# iPhone 5s und 5c: Zeit gewinnen mit zwei Lückenfüllern

Mit dem neuen mobilen Betriebssystem iOS 7 sendeten Tim Cook und Jony Ive ein Ausrufezeichen, dass mit Apples Innovationskraft in Zukunft noch zu rechnen war, auch wenn Anhänger und Anleger noch einige Monate würden warten müssen, ehe sie buchstäblich etwas Greifbares in den Händen halten würden.

Tatsächlich lässt sich die existenzielle Frage von Wohl und Wehe für Apple buchstäblich auf sechs Buchstaben reduzieren: das iPhone. Sechs Jahre, nachdem das erste iPhone Ende Juni 2007 über die Ladentische gegangen war, schien es, als hätte das erfolgreichste Produkt in der Verbraucherelektronik seine Haltbarkeitsfrist überschritten. Nur noch um ganze 7% legten die Absätze im März-Quartal zu – die schwächsten Zuwächse seit der Einführung. Und das, obwohl Apple mit dem iPhone 5 erst vor einem halben Jahr die größte Produkterneuerung des Kult-Smartphone vorgelegt hatte.

Doch Käufer griffen immer öfter zu anderen Modellen. Der Erzrivale Samsung erfreute sich einer ungebrochenen Nachfrage: Im zweiten Kalenderquartal 2013 verkauften die Südkoreaner mit 71 Mio. Galaxy-Smartphones mehr als doppelt so viele Einheiten wie Apple, das sich mit einem Zuwachs um 20% auf 32 Mio. Einheiten zufriedengeben musste.

Die Verschiebung der Kräfteverhältnisse blieb nicht ohne Folge: Erstmals seit einem Jahrzehnt verdiente der Rivale aus Seoul mit 8,3 Mrd. $ wieder mehr in einem Quartal als Apple, das immer mehr zum Nischenplayer zu werden drohte. In der Erhebung der Marktanteile bei mobilen Betriebssystemen durch den Marktforscher Gartner fiel Apple im ersten Quartal 2013 von 22 auf 18% und im zweiten Quartal auf nur noch 14% – Googles mobiles Betriebssystem Android konnte mit mehr als 75% die überwältigende Mehrheit für sich beanspruchen.

Doch der Trend würde sich in den Folgequartalen noch weiter verschärfen, wenn man Apples eigenen zurückhaltenden Prognosen glauben durfte: Im Sommer stünde dem Kultkonzern aus Cupertino eine echte Dürreperiode bevor, würde die nächste iPhone-Generation doch noch bis zum Herbst auf sich warten lassen, während Samsung mit dem Galaxy S4 im April gerade erst seinen Bestseller erneuert hatte, der sich so gut verkaufte wie nie – binnen einem Monat gingen mehr als 10 Mio. Exemplare über die Ladentische.

maclife.de: Samsungs Sommer: Apple verliert den Tech Thron
http://www.maclife.de/panorama/leute/kolumnen/samsungs-sommer-apple-verliert-den-tech-thron

Für Apple, das längst zur iPhone-Company geworden war und inzwischen mehr als 50 % seiner Umsätze und Gewinne mit seinem Smartphone-Bestseller generierte, stand damit vor der nächsten Modell-Generation wieder einmal extrem viel auf dem Spiel. Wie im Vorjahr setzte Apple erneut alles auf das Weihnachtsquartal: Doch würde ein bloßes Upgrade auf ein iPhone 5s reichen, um weiter wachsen zu können?

Auch wenn der „Wow"-Effekt bei kleineren Upgrades fehlte, hatte Apple doch in der Vergangenheit vorgemacht, dass es die Nachfolgegeneration nach einem großen Modellsprung in sich haben konnte: Sowohl das iPhone 3GS als auch das iPhone 4S avancierten zu absoluten Bestsellern, die sich vorteilhaft auch auf die Aktien-Performance auswirkten, da sich nach dem bekannten Fertigungsmuster auch die Gewinnmarge verbesserte.

Analysten rechneten bei der mit Spannung erwarteten Keynote am 10. September unterdessen mit der Vorstellung von gleich zwei neuen Geräten: dem regulären Nachfolgemodell iPhone 5s, das wie erwartet mit Fingersensor und sogar in einer vergoldeten Version ausgeliefert wurde, und mit einem deutlich vergünstigten Modell für die Emerging Markets, das mit Plastik-Gehäuse daherkommen würde.

manager magazin: Schafft Apple die Wende mit China Mobile-Deal?
http://www.manager-magazin.de/lifestyle/hardware/a-921184.html

Die Erwartungen wurden in Form des iPhone 5c erfüllt – und doch enttäuscht. Apples Plastik-iPhone ging für ganze 100 € bzw. nur 80 $ weniger an den Start als das Premium-Modell 5s. Unsubventioniert kostete das iPhone 5c in der 16-GB-Version happige 549 $ in den USA bzw. 599 € in Europa. Analysten schüttelten die Köpfe: Was hatte sich Apple nur bei der Hochpreisstrategie gedacht, die keinesfalls dazu angetan war, Marktanteile zu gewinnen?

MEEDIA: Apple enthüllt das iPhone 5s und 5c
http://meedia.de/2013/09/11/apple-enthullt-das-iphone-5s-und-5c/

„Die erste Regel in Wachstumsmärkten lautet: Weniger versprechen, mehr halten. Tim Cook kennt diese Regel offenbar nicht", zog Wall-Street-Ikone James Cramer wieder einmal mächtig gegen den Apple-CEO vom Leder. „Er benimmt sich so, als ob es ihm egal wäre, was er verspricht und dann hält."

Als noch irritierender wurde von Analysten indes die Tatsache aufgenommen, dass nur der Vertriebspartner NTT Docomo in Japan, nicht aber der lang erwartete Vertragsabschluss mit China Mobile verkündet wurde, obwohl Apple seine iPhone-Keynote am Tag nach der US-Präsentation in Peking per Satellitenkonferenz wiederholen ließ. Und selbst wenn der Deal, auf den die 4G-Frequenzvergabe an China Mobile und Stellenausschreibungen bei Apple in China weiter hindeuteten, in den nächsten Monaten noch folgen sollte, konnten die Spekulationen doch kaum davon ablenken, dass Apple 2013 erstmals seit Einführung des iPhone dem Trend der Smartphone-Branche hinterherlief. Den hatte der aufstrebende Rivale Samsung mit seinen Phablets gesetzt – den immer größeren Galaxy- und Note-Modellen mit einer Bildschirmdiagonale von 4,5 bis 6 Zoll, die sich vor allem in den vergangenen zwei Jahren zum absoluten Kassenschlager entwickelten.

„2013 wird das Jahr der Phablets", hatte etwa Neil Mawston vom britischen Marktforscher Strategy Analytics bereits Anfang des Jahres erklärt. Branchenexperten prognostizierten eine Absatzexplosion: Weit über 200 Mio. große Smartphones pro Jahr würden bis 2016 umgesetzt werden, orakelte die britische Investmentbank Barclays. Das Umsatzvolumen würde sich im selben Zeitraum auf 135 Mrd. $ mehr als vervierfachen.

In anderen Worten: Apple konnte es sich kaum erlauben, auf diesem Markt nicht präsent zu sein. Doch das Apple-Management weigerte sich vorerst weiter beharrlich, ein Phablet anzubieten. Zwar hat Apple sein iPhone in den Modellen 5 und nun 5s und 5c im Vergleich zum Vorgänger um einen knappen Zentimeter wachsen lassen, lag jedoch mit einer Display-Größe von 4,0 Zoll weiter deutlich hinter dem Angebot der boomenden asiatischen Rivalen. Tim Cook verteidigte die kleinere Bildschirmgröße des iPhone 5 immer wieder gegenüber den stetig wachsenden Smartphones der Konkurrenz: „Meiner Meinung nach bieten wir das mit Abstand beste Display der Industrie an", erklärte Cook. Samsung würde mit dem größeren Bildschirm erhebliche Abstriche in Kauf nehmen, fand der Apple-CEO.

Doch die Käufer sprachen eine andere Sprache: Enorme 85 Mio. Smartphones konnte Samsung im dritten Quartal absetzen und dabei nicht nur einen Marktanteil von 32 % des Smartphone-Marktes verbuchen, sondern mit 9,6 Mrd. $ den höchsten Quartalsgewinn in seiner 75-jährigen Geschichte ausweisen. Der Tech-Pionier aus Cupertino musste dem immer mächtigeren Rivalen aus Seoul nach jeder Lesart den Vortritt lassen: Die knapp 34 Mio. verkauften iPhones im September-Quartal, in das bereits die 9 Mio. abgesetzten iPhone 5s und 5c am Startwochenende eingeflossen waren, verhalfen Apple gerade mal noch zu einem Marktanteil von 12 % auf dem Smartphone-Markt.

Auch in der Geschäftsbilanz des September-Quartals, das das enttäuschende Fiskaljahr 2013 beendete, zeigte der Trend weiter nach unten: Der Nettogewinn gab zum vierten Mal in Folge nach und lag mit 7,5 Mrd. $ oder 1,18 $ je Aktie erneut deutlich hinter Samsung. Die Umsätze stagnierten bei 37,5 Mrd. $ mit einem marginalen Plus von gerade mal noch um 4 % weiter. Es war der passende Schlussakkord unter ein Fiskaljahr zum Vergessen für den erfolgsverwöhnten Tech-Pionier, dessen Aktie in den vergangenen zwölf Monaten bis Ende September an der Wall Street fast 30 % an Wert verloren hatte.

MEEDIA: Trotz 34 Mio. iPhones: Apples Gewinn sinkt
http://meedia.de/2013/10/29/trotz-34-mio-iphones-apples-gewinn-sinkt/

# Carl Icahn: ein unbequemer Finanzcoach betritt das Spielfeld

Einem Mann ging der Ausverkauf des auch 2013 lange Zeit noch „wertvollsten Konzerns der Welt" indes zu weit: Der Investmentlegende Carl Icahn, der das historische Vorbild für den Finanzhai Gordon Gecko im Hollywood-Klassiker „Wall Street" gewesen sein soll. Am 13. August, knapp einen Monat vor der Vorstellung der neuen iPhones, betrat der milliardenschwere 77-jährige Investment-Tycoon die große Bühne mit einem Tweet. „Wir haben im Moment eine große Position in Apple. Wir glauben, dass das Unternehmen extrem unterbewertet ist. Habe heute mit Tim Cook gesprochen. Mehr in Kürze". Nur vier Minuten später folgte die nächste Nachricht auf dem beliebten 140-Zeichen-Dienst, dem sich Icahn gerade erst zwei Monate zuvor angeschlossen hatte. „Hatte heute eine nette Unterhaltung mit Tim. Wir haben über meine Meinung gesprochen, dass ein größerer Aktienrückkauf jetzt getätigt werden sollte."

Was nach einem Ritterschlag von einem der größten Investoren aller Zeiten klang, war auf den zweiten Blick doch ein eher fragwürdiges Gesprächsangebot. Carl Icahn gilt schließlich als Prototyp des gierigen Großinvestors, der kurzerhand in kriselnde Firmen einsteigt, sie als Corporate Raider umkrempelt, sich im Aufsichtsrat breitmacht, schnell den Vorstand austauscht, üppige (Sonder-)Dividenden herauspresst und dann mit einem satten Kursplus das verwüstete Schlachtfeld wieder verlässt. Tim Cook war also gewarnt, als Icahn ankündigte: „Wir haben vor, bald wieder zu sprechen."

Die Ansage fand an der Wall Street indes sofort Gehör. Binnen Minuten schoss die angeschlagene Apple-Aktie von 67$ mehrere Dollar nach oben, um den Handel schließlich bei über 70$ zu beenden: Zwei Tweets von einem der mächtigsten Männer der Finanzwelt hatten ausgereicht, um Apple auf Jahreshochs zu befördern und den Börsenwert um 17 Mrd. $ zu steigern. Tags darauf darauf knackte die Apple-Aktie sogar erstmals seit Jahresbeginn die psychologisch wichtige 500$-Marke, die splitbereinigt 71,42$ entsprach – das Börsen-Comeback war plötzlich wieder ins Rollen gekommen.

Doch es kam mit einer Bedingung daher: Tim Cook musste sich anhören, was Icahn zu sagen hatte – und vom streitbaren Multimilliardär mit den brachialen Methoden lernen. Wie ernst es der passionierte Pokerspieler bei seinem Milliarden-Investment in Apple meinte, machte Icahn schon wenige Tage später deutlich. „Habe mit Tim gesprochen. Wir haben uns zum Dinner im September verabredet. Tim glaubt an Aktienrückkäufe und führt welche durch. Was wir zu besprechen haben, ist die Größenordnung."

Damit war die Debatte über Icahns eigentliche Motivation eröffnet. Was wollte der Großinvestor, den das *Time Magazine* in einer Cover Story wenig später zum „Master of the Universe" verklärte, eigentlich wirklich von Tim Cook? War Icahn gekommen, um jahrelang investiert zu bleiben, weil er von der glorreichen Zukunft des Tech-Pioniers, der bald sein vierzigjähriges Firmenjubiläum erreichen würde, überzeugt war? Oder hatte es Icahn bloß auf schnelle Gewinne abgesehen, die er erzielen konnte, wenn Apple seine üppige Kriegskasse plünderte und seine Aktienrückkäufe ausweitete?

Die bestimmende Haltung, mit der der heute 79-Jährige schon in den ersten Tweets auftrat, kam in der Tech-Presse nicht gut an. „Apple sollte Carl Icahn sagen: Du kannst mich mal!" wurde Henry Blodget vom *Business Insider* deutlich. „Tim Cook hat Besseres zu tun, als sich in seinen Abendstunden von Carl Icahn über die Kunst des *financial engineering* belehren zu lassen", wetterte Blodget. Das Dinner mit Tim Cook hatte sich Icahn mit seinem Einstieg in Apple, nach dem er dennoch lediglich 0,5 % der Unternehmensanteile hielt, mit über zwei Mrd. $ buchstäblich erkauft.

Es verlief wie zu erwarten – höflich im Ton, jedoch mit harten Bandagen in der Sache. Icahn hatte Cook schließlich nicht nur zum Plaudern in sein New Yorker Penthouse geladen, sondern mit einer bestimmten Absicht: Der Großaktionär wollte die exorbitant großen Barreserven Apples aggressiver verwendet sehen. „Wir haben mit Nachdruck auf ein 150 Mrd. $-Aktienrückkauf gedrängt", machte Icahn über den 140-Zeichen-Dienst klar. Das war schließlich die Medizin, die Icahn den Underperformers an der Börse seit Jahrzehnten verabreichte: Mit hohen Rückkäufen das Vertrauen von Anlegern zurückzugewinnen und gleichzeitig durch die verringerte Anzahl der handelbaren Aktien den Gewinn je Anteilsschein nach oben zu treiben.

Dass Tim Cook nach seiner eigenen Ankündigung vom April, nach der Apple bereits 60 Mrd. $ für Aktienrückkäufe aufwendete, auf solche Vorschläge kaum eingehen würde, erschien naheliegend – schließlich wären damit auf einen Schlag alle Barmittel aufgebraucht. Wenig überraschend habe es beim Dinner „gereizte Momente" gegeben, ließ Icahn tags darauf gegenüber CNBC durchblicken.

# Carl Icahn: ein unbequemer Finanzcoach betritt das Spielfeld

MEEDIA: Tim Cooks „gereiztes" Dinner mit Carl Icahn
http://meedia.de/2013/10/02/tim-cooks-gereiztes-dinner-mit-carl-icahn/

Und damit nicht genug: Der streitbare Großinvestor ließ es sich nicht nehmen, gegenüber dem US-Finanzinformationssender die Höflichkeiten fallen zu lassen und Tacheles zu reden: „Der Aufsichtsrat wurde nicht von Gott gewählt. Sie verhalten sich aber verwöhnt und nicht im Sinne der Aktionäre", holte Icahn zur ersten Attacke aus. „So richtig Ahnung von Finanzen" hätte der Aufsichtsrat nicht. Er habe absolut nicht vor, die Sache darauf beruhen zu lassen, ließ der Finanzhai wissen und machte klar, dass er noch „viele Optionen" habe.

Was Icahn darunter verstand, wurde in den Folgemonaten deutlich: Ende November 2013 brachte der Großinvestor einen Antrag auf den Weg, über den in der nächsten Aktionärsversammlung abgestimmt werden würde. Inhalt: Eine zusätzliche Verwendung von 50 Mrd. $ für Aktienrückkäufe. „Apple ist keine Bank", begründete der Börsenaltmeister eine Woche später im *Time Magazine* die Gründe für seinen Feldzug für eine aggressivere Verwendung der Barmittel. „Sie haben einfach zu viel Geld auf der hohen Kante." Es sei „keine Frage", zu der aktuell niedrigen Bewertung ein größeres Aktienrückkaufprogramm zu starten, zumal die Zinsen extrem niedrig seien, um sich weiteres Kapital zu besorgen.

Überraschenderweise schien der Apple-Chef dem Dialog mit Icahn nicht abgeneigt zu sein und telefonierte in der Folge weiter mit der streitbaren Wall-Street-Legende, die zuletzt beim Einstieg in den Streaming-Dienst Netflix ein sattes Plus von 450 % binnen nur 18 Monaten eingefahren hatte. „Ich glaube, Cook fand unsere Unterhaltung interessant. Er hat gesagt, Du hast eine Menge erreicht, also hören wir Dir zu. Eine Menge Leute sagen, Steve Jobs hätte mit mir wahrscheinlich nicht gesprochen – vielleicht stimmt das", freute sich Icahn.

MEEDIA: Carl Icahn: Der inszenierungssüchtige Apple-Investor
http://meedia.de/2013/10/24/icahn-der-inszenierungssuchtige-investor/

Aktionären gefiel die Aussicht, dass der unbeugsame Finanzcoach Tim Cook, dem Icahn bescheinigte, „einen guten Job im laufenden Geschäft" zu machen, öffentlich Druck ausübte und seine Kursziele für die Aktie immer weiter erhöhte. In den letzten Monaten des Jahres zogen die Anteilsscheine von Apple dann tatsächlich weiter an und sollten auf den letzten Metern sogar das Kunststück vollbringen, das Kalenderjahr 2013, das so holprig und voller Widrigkeiten verlaufen war, bei über 80$ doch noch um 5% fester zu beenden.

# Teil VII

## Zurück in die Zukunft

# Endlich: Der China Mobile Deal ist perfekt

Der maßgebliche Auslöser des überraschenden Jahresendspurts an der Wall Street war jedoch nicht nur in Carl Icahns Scharmützeln mit Apple und den Aussichten auf die Verkaufserfolge des iPhone 5s und 5c zu suchen als vielmehr in der Unterschrift unter einen Vertrag, der sieben Jahre hatte auf sich warten lassen.

Die eigentliche Wachstumsfantasie von Aktionären lag schließlich in der Verbreitung des Kassenschlagers iPhone in den noch immer wenig erschlossenen Märkten in den Schwellenländern. Auch wenn das iPhone in China und Indien seit vielen Jahren erhältlich ist, kratzte Apple doch nur an der Oberfläche. Trotz einer Steigerung der Umsätze um mehr als 50 % erlöste der Kultkonzern 2012 weniger als eine halbe Mrd. Dollar seiner Umsätze im zweitbevölkerungsreichsten Land der Erde, in dem über 900 Mio. Menschen über ein Handy verfügen.

In China, unbestritten dem Markt der Zukunft, konnte Apple unterdessen Achtungserfolge in anderen Dimensionen verbuchen: Allein im Weihnachtsquartal konnte CEO Tim Cook Erlöse in Höhe von 8,4 Mrd. $ ausweisen. Doch die Wachstumsdynamik schien schon wieder zu verebben: Im Fiskaljahr 2013 zogen die Erlöse nur noch um 14 % an. Das lag nicht zuletzt an der immer noch dünnen Präsenz von Apple Stores: Gerade mal elf seiner Edel-Shops bot Apple bis Ende 2013 im von 1,3 Mrd. Menschen bevölkerten Riesenreich an – genauso viel in Deutschland. „Wir sehen weiter große Chancen in China", schürte der Apple-CEO in Telefonkonferenzen mit Analysten immer wieder Wachstumshoffnungen. „Es ist ein riesiger Markt."

Doch seit Jahren war Apple im Reich der Mitte durch seine Vertriebspartner eingeengt. So wurde das iPhone bisher nur über die beiden kleineren Provider China Unicom und China Telecom angeboten, nicht aber über den Monopolisten China Mobile, der allein über unglaubliche 715 Mio. Abonnenten verfügte. Seit Jahren befand sich Apple mit dem Marktführer in Verhandlungen, konnte aber einfach keinen Vertragsabschluss präsentieren.

Für Aktionäre wäre der Deal Gold wert: Analysten schätzten das Verkaufspotenzial durch einen Vertrieb von China Mobile auf 25 bis 30 Mio. Geräte pro Jahr. Ergo: Das Volumen entsprach damit aktuell den Gesamterlösen des letzten Juli-Quartals. Bei einer Vertragsunterschrift konnte Cook einen Schub von etwa 10 bis 12 % der gesamten Jahreserlöse verbuchen.

Gleich zweimal im Jahresverlauf war Tim Cook zu Besuch in China und traf dabei mit den Verantwortlichen von China Mobile zusammen. Das jüngste Treffen ereignete sich gerade mal wenige Wochen vor der iPhone-Keynote. Wie China Mobile seinerzeit bestätigte, hatte Apple-CEO Tim Cook mit seinem Amtskollegen Xi Guohua dabei eine nähere Zusammenarbeit erörtert.

Nachdem der Kooperation bereits zum Launch des iPhone 5s und 5c im September erwartet worden war und die Bekanntgabe dann doch wieder nicht erfolgte, verdichteten sich die Gerüchte in den letzten Wochen des Jahres immer weiter. Das *Wall Street Journal* war Ende November auf einen Vertriebshinweis bei China Mobile aufmerksam geworden, in dem der größte Mobilfunk-Provider der Welt eine „neue Marke" für sein neues 4G-Mobilfunknetz ankündigte. Da der weltgrößte Provider alle großen Handyhersteller bis auf Apple bereits anbot, konnte der Hinweis auf den Vertriebsstart des iPhones deutlicher kaum sein.

Auf den letzten Metern des Jahres konnte Tim Cook dann doch noch die Nachricht des Jahres präsentieren: „Apple und China Mobile haben eine mehrjährige Vereinbarung getroffen", teilte der iKonzern in der Nacht zum 23. Dezember mit. Das chinesische Weihnachtsmärchen war kurz vor Heiligabend doch noch wahr geworden: Der Vertrieb über China Mobile war endlich Realität und würde am 17. Januar 2014 beginnen – Tim Cook selbst sprach von einem „Wendepunkt" für Apple.

MEEDIA: Apples China Mobile-Deal endlich offiziell
http://meedia.de/2013/12/23/apples-china-mobile-deal-endlich-offiziell/

Wie nötig der Vertragsabschluss tatsächlich war, machte die Ende Januar veröffentlichte Bilanz für das abgelaufene Dezember-Quartal deutlich, die sich lückenlos an die Enttäuschungen des Gesamtjahres 2013 anschloss: Das iPhone wuchs kaum mehr. Gerade mal noch von 47,8 auf nunmehr 51 Mio. konnten die Absätze des Kult-Smartphone gesteigert werden – viel zu wenig für die wachstumssüchtige Wall Street, die mit Verkäufen in der Größenordnung von 55 bis 60 Mio. Geräten gerechnet hatte. Mit einem Zuwachs von gerade noch knapp 7 % schien Wachstum mehr denn je ausgereizt zu sein.

In der anschließenden Telefonkonferenz musste Tim Cook sogar einen Schrumpfkurs auf dem amerikanischen Heimatmarkt eingestehen – das hatte es seit der Einführung 2007 noch nie gegeben. Der Hauptgrund: Apple hatte sich massiv bei der Einführung gleich zweier iPhone-Modelle verzockt. Dem Plastik-iPhone 5c, das das Highend-Modell 5s eigentlich nach unten absichern sollte, aber nur für 100 $ weniger angeboten wurde, dürfte der Platz als größter Flop der jüngeren Konzerngeschichte seit dem Soundsystem iPod HiFi (2006) und dem Cube Mac (2001) sicher sein – es verkaufte sich mit seiner hohen Bepreisung ab 549 $ als Mittelklassemodell mit denselben Spezifikationen wie das Vorgängermodell iPhone 5 weitaus schwächer als erwartet. Die Mischkalkulation war nicht aufgegangen: Der IT-Pionier kam bei der Produktion seines Spitzenmodells nicht schnell genug nach, während die Plastik-iPhones bleischwer in den Regalen lagen.

Weil die Abhängigkeit vom iPhone, das bereits 60 % der Umsätze generierte, immer größer geworden war, konnten andere Unternehmenssegmente nicht ausreichend in die Bresche springen. Die Problemsparte iPad konnte nach der Generalüberholung im Oktober 2012, als Apple gleich zwei neue Modelle – das ultradünne iPad Air mit 10 Zoll Display und das 8 Zoll große iPad mini, das nun ebenfalls mit Retina Display ausgestattet worden war – auf den Markt brachte, mit 26 Mio. verkauften Einheiten immerhin wieder Zuwächse von 14 % verbuchen. Zur Geheimwaffe avancierte unterdessen die fast vergessene Mac-Sparte, die wenige Tage vor dem 30-jährigen Jubiläum wieder um 19 % zulegte und mit 4,8 Mio. verkauften Apple-Computern einen neuen Rekord verbuchen konnte.

Die Folge in Dollar und Cent: ein weiteres Weihnachtsquartal voller Stagnation. Bereits das dritte Mal in Folge fuhr Apple zwischen Oktober und Dezember mit 13,1 Mrd. $ exakt denselben Nettogewinn ein, während die Umsätze um gerade mal 6 % auf 57,6 Mrd. $ zulegten. In anderen Worten: Apple musste wie schon im Vorjahreszeitraum Milliarden mehr aufwenden, um das Gleiche zu verdienen – die Erosion der Nettomarge setzte sich von 38,6 auf 37,9 % weiter fort.

Doch damit nicht genug: Im unteren Teil der Bilanz deutete Apple etwas an, was Aktionäre in helle Aufruhr versetzte: Nicht nur die Gewinne, die sich das ganze Fiskaljahr 2013 rückläufig entwickelten, sondern sogar die Umsätze könnten bald schrumpfen. Das legte der eigene Ausblick nahe, den Apple nur noch in Form einer vagen Umsatzentwicklung taxierte: So stellte der Tech-Pionier in Aussicht, im März-Quartal nur zwischen 42 bis 44 Mrd. $ zu erlösen, nachdem im Vergleichszeitraum im Vorjahr noch 43,6 Mrd. eingefahren worden waren und Analysten durchschnittlich mit 45,75 Mrd. gerechnet hatten.

MEEDIA Apple: 51 Mio. iPhones sind nicht genug
http://meedia.de/2014/01/28/apple-51-millionen-iphones-sind-nicht-genug/

Ein weiterer Fehlstart ins neue Börsenjahr schien damit perfekt: Exakt wie im Vorjahr wurde Apple nach Vorlage der Weihnachtsbilanz von der Wall Street schwer abgestraft. Am folgenden Handelstag folgte ein Kurssturz von in der Spitze 10 %, bei dem kurzzeitig sogar die psychologisch wichtige 500-Dollar-Marke (71,42 $ nach dem Split) unterschritten wurde.

Doch anders als im Vorjahr, als Tim Cook während der Börsenturbulenzen völlig abtauchte und weder falsche Gerüchte dementierte noch rebellischen Hedgefonds-Managern die Stirn bot, reagierte der Apple-CEO diesmal umgehend – und das in einer Art und Weise, die unverkennbar die Handschrift von Carl Icahn erkennen ließ. Der Investment-Tycoon hatte sich unmittelbar nach dem kurzfristigen Rücksetzer auf die 500-Dollar-Marke (71,42 $ nach dem Split) opportunistisch gezeigt und seine Positionen weiter aufgestockt. „Meine Käufe scheinen gleichauf mit Apples eigenem Aktienrückprogramm zu liegen – ich hoffe, sie gewinnen das Rennen", scherzte Icahn in Anspielung auf den seiner Ansicht nach viel zu geringen Kapitaleinsatz des iPhone-Herstellers für Aktienrückkäufe.

Doch auch der Apple-CEO reagierte und autorisierte in den zwei Wochen nach Bilanzvorlage außer der Reihe Aktienrückkäufe in Höhe von weiteren 14 Mrd. $. „Das bedeutet, dass wir auf Apple wetten", erklärte Tim Cook dem *Wall Street Journal* den überraschenden Schritt. „Es bedeutet, dass wir selbstbewusst und davon überzeugt sind, was wir entwickeln und planen. Wir sagen das nicht einfach, sondern zeigen es mit unserem Handeln", diktierte Cook der renommierten US-Wirtschaftszeitung. Erkennbar folgte der Apple-CEO damit dem Lehrbuch von Carl Icahn, der seit Monaten für beschleunigte Aktienrückkäufe plädierte. „Kauf weiter, Tim!" applaudierte Icahn wie gewohnt auf seinem neuen Lieblingsdienst Twitter, „Du hast noch 145 Mrd. $ Cash". Seinen Antrag zur Kampfabstimmung auf der kommenden Hauptversammlung über weitere Aktienrückkäufe zog der streitbare Aktionärsaktivist zurück.

# Ein Aktien-Split für die Wall Street

Der Augenblick der Trendwende, der die fast zweijährige Irrfahrt der Apple-Aktie, die monatelang weiter richtungslos zwischen 70$ und 80$ tendierte, an der Börse beendete, kam schließlich mit der am 23. April 2014 verkündeten Bilanz des zweiten Fiskalquartals. Dabei waren die Erwartungen an Apples nächstes Zahlenwerk nach schier unzähligen Quartalsenttäuschungen immer weiter gesunken. „Wir rechnen mit einem ‚Schluckauf', wenn Apple seine März-Quartalszahlen vorlegt", gab sich etwa Analyst Brin Blair von der Investmentbank Wedge Partners skeptisch. „Alles in der Zulieferkette deutet auf eine Schwäche in der iPhone-Nachfrage hin."

Doch als Tim Cook nach Handelsschluss das neuste Zahlenwerk für das abgelaufene erste Kalenderquartal vorlegte, das bereits zweite des laufenden Fiskaljahres, trauten Anleger und Analysten ihren Augen nicht. Endlich gab es aus Sicht der Aktionäre wieder ein sogenanntes „Blowout"-Quartal zu bejubeln – Apple schien in den Modus der Steve-Jobs-Ära zurückzukehren.

Die Medizin hatte gleich doppelt gewirkt: Die immer massiveren Aktienrückkäufe reduzierten die handelbaren Aktien und ließen damit den Gewinn je Aktie endlich wieder steigen, während der Vertriebskanal über China Mobile sofort zusätzliche iPhone-Absätze in Millionenhöhe zu generieren schien. Statt der erwarteten 38 Mio. iPhones verkaufte Apple zwischen Januar und März 2014 tatsächlich 43,7 Mio. Stück – ein Plus von 17 % gegenüber dem Vorjahreszeitraum.

Das deutliche Übertreffen der Analystenschätzungen spiegelte sich in der Konzernbilanz wieder, obwohl die Problemsparte iPad mit einem Einbruch von 16 % wieder schrumpfte. Statt der befürchteten Umsätze unter dem Vorjahresniveau legte der Tech-Pionier zwischen Anfang Januar und Ende März mit Erlösen in Höhe von 45,6 Mrd. $ um immerhin noch 5 % zu. Vor allem jedoch der Nettogewinn sprang endlich wieder an: Nach 9,5 Mrd. $ im Vorjahreszeitraum verdiente Apple nunmehr 10,2 Mrd. $ – ein Plus von 7 %. Der Gewinn je Aktie legte im Zuge der Aktienrückkäufe noch deutlicher zu: von 1,44$ auf 1,66$ je Anteilsschein, was einem Plus von 15 % entsprach.

Endlich wuchs Apple wieder! „Wir sind sehr stolz auf unsere Quartalsergebnisse, speziell auf die starken iPhone-Verkäufe und einen Rekordumsatz aus Services," freute sich Tim Cook. Der Tech-Pionier war aus seinem eineinhalbjährigen Abwärtsstrudel entkommen und zeigte wieder altbekannte Stärke. Und das ausgerechnet vor dem bevorstehenden zweiten Halbjahr, in dem Apple nach Jahren der verpassten Gelegenheiten endlich große iPhones und sogar eine neue Produktkategorie auf den Markt bringen würde, wie Tim Cook vor Analysten bestätigte: „Wir freuen uns sehr darauf, mehr neue Produkte und Services vorzustellen, die nur Apple auf den Markt bringen kann", lockte der Vorstandschef.

Doch der Apple-CEO hatte noch mehr gute Nachrichten im begleitenden Statement zur Quartalsbilanz versteckt. „Wir kündigen eine signifikante Erhöhung unseres Programms zur Kapitalrückzahlung an", erklärte Cook. „Wir sind von der Zukunft von Apple überzeugt und sehen in der Aktie von Apple einen enormen Wert. Daher werden wir auch weiterhin den Großteil der Erhöhung unseres Programms zur Kapitalrückzahlung für Aktienrückkäufe verwenden. Wir freuen uns zudem, die Dividende zum zweiten Mal in weniger als zwei Jahren zu erhöhen."

In Dollar und Cent kam die Anhebung der Ausschüttungen nicht weniger als der größten Kapitalrückführung in der Wirtschaftsgeschichte gleich. Der Aufsichtsrat autorisierte eine Erhöhung des Aktienrückkaufs von den im letzten Jahr bekannt gegebenen 60 Mrd. $ auf nunmehr 90 Mrd. $ – die Quartalsdividende wurde zudem um 8 % auf 47 Cent je Aktie angehoben.

Der Applaus von Großaktionär Carl Icahn war Cook mit seinen Kapitalrückführungsmaßnahmen, die im angelsächsischen Sprachgebrauch so gerne mit *financial engineering* umschrieben werden, wenig überraschend gewiss. „Stimmen vollkommen mit Apples erhöhten Aktienrückkäufen überein und sind sehr erfreut über die Quartalsergebnisse", twitterte Icahn.

Zu guter Letzt war da noch eine lapidare Anmerkung in der Pressemeldung, die ganz dem Lehrbuch der Wall-Street-Legende entnommen zu sein schien: „Der Aufsichtsrat hat darüber hinaus einen Aktiensplit im Verhältnis sieben zu eins genehmigt", teilte Apple mit. Über die vermeintlich kosmetische Maßnahme, der sich Steve Jobs zuletzt vor neun Jahren bedient hatte, war seit Jahren spekuliert worden: Die Aktie wurde durch einen Split optisch verbilligt. Aber nicht wie so oft im Verhältnis 1:2, sondern im sehr ungewöhnlichen Verhältnis von 1:7. Jeder Anleger, der am 2. Juni 2014 bei Börsenschluss als Inhaber von Apple-Aktien verzeichnet war, erhielt für jede Aktie sechs zusätzliche neue Anteilsscheine, die am nächsten Handelstag zu einem Siebtel des bisherigen Kurses notierten.

MEEDIA: Carl Icahns Medizin wirkt: Apple mit starkem Quartal und Aktiensplit
http://meedia.de/2014/04/24/carl-icahns-medizin-wirkt-apple-mit-starkem-quartal-und-aktiensplit/

Die unzähligen Einflüsterungen von Großaktionär Carl Icahn schienen Wirkung hinterlassen zu haben: Aktiensplits gelten bekanntlich als probater psychologischer Kunstgriff, um den Aktienkurs, der künftig optisch weitaus günstiger und damit für Kleinanleger erschwinglicher erschien, nach oben zu treiben.

Gleichfalls war es Tim Cooks Art der Wall Street zu signalisieren, dass er die alten Hochs wiedersehen wollte: Wenn die Apple-Aktie, die unmittelbar nach Bekanntgabe der Quartalsbilanz um 7 % auf 566$ (split-bereinigt 81$) hochschoss, die alten Allzeithochs aus dem September 2012 einstellen würde, die bei 700$ gelegen hatten, begänne dann bei der psychologischen Schallgrenze von 100$ ein neues Spiel. Es schien, als wollte Tim Cook damit einen Schlussstrich unter die leidigen Vergleiche mit seinem Vorgänger, aber auch der vorangegangen Ära ziehen und damit deutlich machen, dass inzwischen eine neue Epoche angebrochen war und die 100$-Marke zur Nulllinie werden sollte, an der sich das Apple der Tim-Cook-Ära messen lassen wollte.

# Drei Milliarden Dollar für Beats: Tim Cook wagt die Großübernahme

Als wollte Cook unterstreichen, wie ernst er es mit einem Neustart Apples meinte, folgte nur zwei Wochen nach der Bilanzüberraschung nach Handelsschluss eine Meldung, die so gar nicht zum Kultkonzern zu passen schien, der bislang nie größere Summen für M&A in die Hand genommen hatte: Apple wollte Beats Electronics kaufen – und zwar für 3,2 Mrd. $.

Keine Frage: Apple hatte das Geld. „Wenn wir in Zukunft einmal jemanden übernehmen müssen, um das fehlende Puzzlestück zu finden, um etwas ganz Großes Wirklichkeit werden zu lassen, dann könnten wir dafür einfach einen Scheck ausstellen", hatte der damalige Konzernchef Steve Jobs schon vor Jahren am Rande einer Aktionärsversammlung verkündet – seinerzeit saß Apple schon auf Barreserven von 40 Mrd. $, die inzwischen auf die enorme Summe von über 150 Mrd. $ angestiegen waren.

Aber hatte Cook mit Beats nun zumindest ein mittelgroßes Puzzlestück gefunden? Das acht Jahre zuvor gegründete US-Unternehmen stellte WiFi-fähige Kopfhörer im Retro-Look her, die zu Premiumpreisen zwischen 100 und 300$ angeboten wurden und es nicht zuletzt wegen des Co-Eigentümers, Hip-Hop-Legende Dr. Dre, zu Kultstatus gebracht hatten, dabei aber qualitativ nicht unbedingt als Goldstandard galten.

Was um alles in der Welt wollte der iPhone- und iPad-Konzern, dem zuletzt sogar Pläne um eine Smartwatch nachgesagt wurden, mit einem Relikt aus einer anderen Zeitschiene: klobigen Kopfhörern? 2004, als der iPod noch Apples größter Kassenschlager war und die Musikindustrie noch eine weitaus größere Bedeutung für Apples besaß, hätte das Investment in einen kultigen Kopfhörerhersteller zweifellos Sinn gemacht – aber anno 2014?

Die Branche schüttelte den Kopf – nicht zuletzt wegen der enormen Zukunftswetten, die in der Tech- und Internet-Branche in den vergangenen Monaten eingegangenen worden waren. Erzrivale Google hatte sich für den gleich hohen Preis von 3,2 Mrd. $ Smartphone-Anbieter Nest gesichert, der auch noch vom geistigen Vater des iPod, Tony Fadell, geführt wurde. Facebook drückte unterdessen bei seiner Expansionsstrategie massiv auf die Tube und griff zwei Jahre nach der Übernahme der beliebten Foto-App Instagram nunmehr nach dem kommenden Messenger-Dienst WhatsApp und zwar für die enorme Summe von 22 Mrd. $. Und was machte Apple – schluckte den Accessoire-Anbieter Beats, der in den vergangenen Jahren wie ein Wanderpokal den Besitzer gewechselt hatte?

Ursprünglich hatte der Mobilfunkgerätehersteller HTC 2011 die 50-Prozent-Mehrheit an Beats für 300 Mio. $ erworben, um sie nach nicht mal zwei Jahren 2013 für 425 Mio. $ wieder an Beats Electronics zurückzureichen, das sich seinerseits wenig später den Private-Equity-Investor Carlyle ins Boot holte. Carlyle erwarb im Herbst 2013 für 500 Mio. $ die Hälfte an Beats, was die Bewertung damit auf eine Mrd. Dollar hochschraubte. Gerade mal eineinhalb Jahre später war Apple nun bereit, den dreifachen Preis zu bezahlen? Wenn Apple mit seiner fast vier Jahrzehnte währenden Tradition brach und nicht nur „von Zeit zu Zeit kleinere Unternehmen erwarb, die zu uns passen", sondern nun offenkundig auch gewillt war, Milliarden aufzuwenden, um Konzerne zu übernehmen, die etwas außerhalb von Apples DNA agierten, warum griff man dann nicht nach Dropbox, Netflix oder gar Tesla?

CURVED: Statt Beats: Fünf Unternehmen, die Apple kaufen sollte
https://curved.de/news/statt-beats-fuenf-unternehmen-die-apple-kaufen-sollte-62243

Als der iKonzern Ende Mai schließlich nach wochenlangen Spekulationen das Pressestatement zur Übernahme verschickte, wirkte die mit Abstand größte Übernahme der Firmengeschichte nicht gerade wie die Akquisition, auf die Apple seit Jahrzehnten gewartet hat, sondern wie ein Deal aus einem anderen Jahrzehnt. Die Kopfhörer konnten kaum der Kaufgrund sein. War die Strahlkraft von Beats-CEO Jimmy Iovine, der als enger Freund von Steve Jobs galt und schon einige Male im Hintergrund die Fäden zwischen der Musikindustrie und Cupertino gezogen hatte, am Ende mit ausschlaggebend?

In diese Kerbe schlug etwa der Steve-Jobs-Biograf Walter Isaacson, der dem Musikmagazin *Billboard* diktierte, dass Iovine zum neuen Impulsgeber in Sachen Content werden könnte. Der 61-jährige Chef des Labels Interscope hatte Apple schließlich bereits beim Launch der Musikplattform iTunes 2002/2003 maßgeblich dabei unterstützt, die Deals mit den vier großen Plattenfirmen einzufädeln.

Auf einen anderen, am Ende viel augenscheinlicheren Grund stießen Branchenexperten erst auf den zweiten Blick. Beats bot gleichermaßen den Schlüssel zur kriselnden Distributionsstrategie der in die Jahre gekommenen Musikplattform iTunes. Erstmals seit dem Launch 2003 musste Apple 2013 sinkende Download-Umsätze beklagen – und das, obwohl mit Exklusiv-Formaten wie Beyoncés visuellem Überraschungsalbum gegengesteuert wurde. Doch die Tendenz war eindeutig: Immer mehr Nutzer wollten Musik hören, ohne für die Songs einzeln zu bezahlen.

Streaming-Dienste wie Spotify boomten seit Jahren. Musik-Fans hatten hier die Möglichkeit, auf das Angebot gegen eine Abo-Gebühr von 9,99$ im Monat unbegrenzt zuzugreifen oder es unter Werbeeinblendungen sogar kostenlos zu nutzen. Apple brauchte eine Antwort auf den Streaming-Boom – und das Zusatz-Feature iTunes Radio, das bislang nur in den USA angeboten wurde, war es offenbar nicht. Das Apple-Management fand vielmehr Gefallen am erst Anfang des Jahres gestarteten Streaming-Angebot Beats Music, das mit seinen gerade 500.000 Nutzern natürlich weit hinter den Konkurrenten Spotify, Pandora & Co zurückhing, unter Einbettung in iTunes aber über Nacht zum Giganten werden konnte.

„Der Dienst ist so gut, dass ich die ganze Nacht nicht schlafen konnte, als ich ihn getestet habe", bekannte Apple-CEO Tim Cook im Nachhinein. „Wir glauben, es ist der erste Dienst, der die Sache wirklich richtig macht", diktierte Cook dem *Wall Street Journal*. Wenige Tage vor der Entwicklerkonferenz WWDC verkündete Apple dann endlich den Deal. „Musik ist so ein wichtiger Teil in unserer aller Leben und besitzt einen ganz besonderen Platz in unserem Herzen bei Apple", erklärte CEO Tim Cook im Presse-Statement. „Das ist der Grund, warum wir immer weiter in Musik investiert haben und nun diese außergewöhnlichen Teams zusammenbringen, um weiter die innovativsten Musikprodukte und -dienste der Welt anbieten zu können."

Für Beats-Chef Jimmy Iovine war die Übernahme ein logischer Zusammenschluss zweier Unternehmen, die wie gemacht füreinander schienen. „Unsere Grundidee, als wir Beats starteten, entsprang Apples einzigartiger Gabe, Technologie und Popkultur miteinander zu verbinden. Apples enge Bindung an Musikfans, Künstler, Songschreiber und der Musik-Industrie im Allgemeinen ist etwas ganz Besonderes", verteilte Iovine Lobeshymnen. „Ich habe in meinem Herzen immer gewusst, dass Beats zu Apple gehört", feierte Iovine die Übernahme, die mit exakt 3 Mrd. $ – 2,6 Mrd. $ wurden in bar, 400 Mio. $ in Apple-Aktien gezahlt – doch noch 200 Mio. $ günstiger wurde als zunächst kolportiert. Tatsächlich ging die Begeisterung für den Kultkonzern so weit, dass der Musikmogul in seinem siebten Lebensjahrzehnt noch einmal das Arbeitsverhältnis wechselte: Wie Mitbesitzer Dr. Dre wurde Iovine zu einem Apple-Angestellten.

MEEDIA: Apple übernimmt Beats für 3 Mrd. $
http://meedia.de/2014/05/29/apple-uebernimmt-beats-fuer-3-milliarden-dollar/

Auf der Entwicklerkonferenz WWDC wenige Tage später musste sich der Gangsta-Rapper, der seinen Zahltag – die Übernahme machte Dr. Dre etwa eine halbe Milliarde Dollar reicher – in einem trunkenen Video sehr zum Missfallen des Apple-Managements ausgiebig gefeiert hatte („Hip Hops erster Milliardär direkt von der verdammten Westküste") von Softwarechef Craig Federighi scherzhaft belehren lassen, was künftig auf ihn zukäme. „Wenn Du Tim treffen willst, empfehle ich, ab 4.30 Uhr im Büro zu sein. Die Einführungsveranstaltung mit Gratis-T-Shirts beginnt um 9 Uhr." Dr. Dre, reichster Rapper der Welt und nun Dauergast auf dem Apple Campus – Tim Cook hatte zweifellos eine neue Trophäe für seine Ära gefunden.

# Teil VIII

## Die Rückkehr der Rekorde

# iPhone-6-Mania: „Diesmal ist alles anders"

Der Wirbel um die Beats-Übernahme überlagerte eine relativ geräuschlose Entwicklerkonferenz (WWDC) im Juni 2014, auf der Apple keine neue Hardware vorstellte und folgerichtig Softwarechef Craig Federighi die wenigen Akzente setzte. Zum eigentlichen Highlight der knapp zweistündigen Keynote wurde wieder einmal die Vorschau auf die nächste Generation des mobilen Betriebssystems iOS, das nach der massiven Überarbeitung im vergangenen Jahr nur marginal modifiziert wurde.

Es war gleichermaßen der Startschuss auf das Großereignis, dem Apple-Fans seit Jahren entgegenfieberten: Der Countdown zum Launch der neuen iPhones war eingeläutet. Ganze vier Monate waren es noch bis zum Start der großen iPhones, die endlich die Lücke schließen sollten und mutmaßlich in zwei Versionen herauskommen würden – in einem 4,7 Zoll großen Modell und sogar einem 5,5 Zoll großen Phablet. Nach sieben Jahren mit einem Formfaktor zwischen 3,5 und 4 Zoll wollte Apple damit endlich zur Konkurrenz aus Asien aufschließen, die nach dem überwältigenden Erfolg von Samsungs Galaxy S3, S4 und S5 standardmäßig längst die 5 Zoll-Marke erreicht hatte und immer größere Smartphone auf den Markt brachte.

MEEDIA: Auch das große iPhone 6 kommt im Herbst
http://meedia.de/2014/06/24/alles-nach-plan-auch-das-grosse-iphone-6-kommt-im-herbst%E2%80%A8/

N. Jacobsen, *Das Apple-Imperium 2.0*,
DOI 10.1007/978-3-658-09548-2_31, © Springer Fachmedien Wiesbaden 2016

Die Aussicht auf das iPhone 6 und 6 Plus versetzte Aktionäre in Vorfreude. Die Aktie stieg nach der WWDC den ganzen Frühsommer über an und näherte sich im Juli bei Bekanntgabe der jüngsten Geschäftszahlen für das abgelaufene Juni-Quartal immer weiter der magischen 100-Dollar-Marke an, die nach dem erfolgten Aktiensplit Anfang Juni schier unvermeidlich schien.

MEEDIA: Apples Aktiensplit: plötzlich wieder zweistellige Kurse
http://meedia.de/2014/06/10/apples-aktiensplit-ploetzlich-wieder-zweistellige-kurse/

Tatsächlich entwickelten sich die Geschäfte selbst in den letzten Monaten der kleinen Modelle iPhone 5s und 5c noch erstaunlich robust. Zwischen April und Juni verkaufte Apple 35,2 Mio. Geräte, was einem Absatzanstieg von nochmals 13 % entsprach. Unterm Strich verlief das Juni-Quartal durchweg solide und weitgehend im Rahmen der Erwartungen: Die Umsätze legten um 6 % auf 37,4 Mrd. $ zu, der Nettogewinn um 11 % auf 7,7 Mrd. $, während der Gewinn je Aktie in Höhe von 1,28 $ je Aktie durch die verringerte Aktienanzahl gar um 20 % anzog – die Aktienrückkäufe und der neue Vertriebskanal über China Mobile hatten also erneut das Quartal gerettet, das im Kerngeschäft mit weiter fallenden iPad-Absätzen (–9 %) eher durchwachsen ausgefallen war.

Anleger hielten sich nicht lange mit dem Zahlenwerk aus der jüngeren Vergangenheit auf und schickten die Aktie in Erwartung des bevorstehenden iPhone-Launch immer weiter nach oben. Mitte August war es schließlich so weit: Fast zwei Jahre, nachdem die Apple-Aktie im Erwartung des iPhone 5 auf Allzeithochs bei seinerzeit über 700 $ gesprintet war, die nun nach dem Aktiensplit 100 $ entsprachen, durchstieß der iKonzern am 19. August 2014 erneut die historische Marke und stellte bei 100,53 $ auf Schlusskursbasis ein neues Allzeithoch auf.

Würde sich nun aber wie vor zwei Jahren auch das Drama nach dem iPhone-Launch wiederholen? „Diesmal ist alles anders", nahm Morgan-Stanley-Staranalystin Katy Huberty Anlegern in einer Studie die Sorge vor einem neuerlichen Kurseinbruch. Der Grund: Das Verkaufspotenzial der neuen, großen iPhones schien nach jahrelang aufgestauter Nachfrage immens. So prognostizierte Huberty einen Absatzzuwachs des iPhone 6 gegenüber dem Vorgängermodell iPhone 5s von zumindest 20 %. Die taiwanische Wirtschaftszeitung *Business Weekly* wollte kurz vor der Keynote sogar schon Apples exakte Bestellmenge bis Jahresende erfahren haben: 68 Mio. neue iPhones soll der Konzern in Auftrag gegeben haben.

MEEDIA: Apple: 68 Mio. iPhone 6 und die iWatch im November erwartet
http://meedia.de/2014/07/11/apple-68-millionen-iphone-6-und-die-iwatch-im-november-erwartet/

Als Apple schließlich am 9. September im Flint Center zur mit Spannung erwarteten Keynote lud, auf der auch endlich die Enthüllung eines neuen Produkts – mutmaßlich der iWatch – erhofft wurde, hatten die Erwartungen ihren Siedepunkt erreicht. Wie vor zwei Jahren betrat Tim Cook die Bühne nahe der Allzeithochs wie ein Popstar, doch es war ein anderer Auftritt als 2012, als der Nachfolger von Steve Jobs gerade erst ein Jahr im Amt war und in den kommenden Monaten nach dem Börsenabsturz eine wahre Höllenfahrt durchstehen musste, bei der sogar der Rücktritt des Apple-Chefs verlangt wurde. Man merkte Cook in der zweistündigen Keynote an fast jeder Stelle sein neu gewonnenes Selbstvertrauen an: Der 54-Jährige hatte die Schwächephase des Vorjahres überlebt, Apple umgekrempelt, und er war nun gewillt, Millionen Fans auf der Welt das zu geben, worauf sie seit Jahren warteten: endlich große iPhones! In Gestalt des iPhone 6 und iPhone 6 Plus präsentierte Cook der Weltöffentlichkeit das, was sie seit Monaten bereits erwartet hatte: ein 4,7 und sogar ein 5,5 Zoll großes Smartphone. Optisch hatte Apple das iPhone vollkommen runderneuert und schien sich mit den abgerundeten Ecken am iPad mini zu orientieren.

Beide iPhone-6-Modelle wurden nicht nur größer, sondern auch schlanker – nur noch 6,9 mm war das iPhone 6 dick, während es das iPhone 6 Plus auf 7,1 mm brachte. Die Vorgängermodelle Phone 5 und iPhone 5s maßen noch 7,6 mm. Natürlich besserte Apple auch unter der Oberfläche deutlich nach: Beide iPhones wurden mit einem A8-Chip ausgeliefert, der nach Angaben von Marketingchef Phil Schiller 50-mal schneller takten sollte als das erste iPhone bzw. 25 % schneller das iPhone 5s. Wie das Vorgängermodell kamen die neuen iPhones mit einer 8-MP-Kamera, aber einem verbesserten Fotosensor daher – die Zeitlupen- und Zeitrafferfunktion in iOS 8 komplettieren das Video-Vergnügen.

Wichtig für Hobbyfotografen und -filmer, die sich nicht von ihren Aufnahmen und anderen Speicherplatzfressern trennen konnten: Nach drei Jahren mit 64 GB stockte Apple endlich den Speicherplatz von 64 auf 128 GB auf. Bei den Wahlmöglichkeiten zwischen den verschiedenen Modellen nutzten die kühlen Rechner in Cupertino die Upgrade-Möglichkeit dann umgehend zu ihren Gunsten, um etwas für ihre Gewinnmarge zu tun: Die neuen iPhones wurden in Auswahlmöglichkeiten zwischen 16, 64 und 128 GB angeboten – für jeweils 100$/€ mehr. Durch den Verzicht auf die bislang mittlere Größe von 32 GB legte Apple an Käufer den sanften Druck an, sich mindestens für das mittelgroße Modell zu entscheiden – und auf diese Weise schnelle 100$/€ extra einzustreichen.

Für 699 €/$ kam die günstigste Version des iPhone 6 in den Handel; für das Einstiegsmodell des 5,5 Zoll iPhone wurden schon 100 €/$ mehr fällig – wer sich für das Apple-Phablet in maximaler Ausstattung mit einer Speicherkapazität von 128 GB entschied, musste ohne Mobilvertrag erstmals gar stolze 999 €/$ hinlegen. Die treuen Apple-Fans störten sich an den stolzen Preisen ebenso wenig wie am mutmaßlichen Knick-Problem, das als „#bendgate" durch die sozialen Medien geisterte: zwei britische Teenager hatten der Weltöffentlichkeit einmal vorführen wollen, dass das iPhone 6 Plus unter Kraftanwendung – große Überraschung – tatsächlich zu verbiegen war.

MEEDIA: iPhone 6, iPhone 6 Plus, Apple Watch, iOS 8: Das hat Apple heute vorgestellt
http://meedia.de/2014/09/09/iphone-6-iwatch-ios-8-das-hat-apple-heute-vorgestellt

Zehn Tage nach der Keynote verkündete Apple-Chef Tim Cook stolz einen neuen Verkaufsrekord binnen der ersten 72 h. „Die Verkäufe von iPhone 6 und iPhone 6 Plus haben unsere Erwartungen für das Verkaufsstartwochenende übertroffen. Wir könnten nicht glücklicher sein", jubelte Cook über die 10 Mio. verkauften Einheiten binnen der ersten drei Tage, in denen das iPhone in Deutschland, den USA, Australien, Kanada, Frankreich, Großbritannien, Hong Kong, Japan, Puerto Rico und Singapur erhältlich war.

Wie nachhaltig die Nachfrage nach dem iPhone 6 und 6 Plus werden würde, sollten Anleger erst Ende Januar 2015 überprüfen können. Schätzungen von 60 Mio. verkauften Einheiten im Weihnachtsgeschäft machten als neue Hausnummer die Runde, während an der Wall Street neue Allzeithochs bei 104$ nach dem Launch aufgestellt wurden. Die neuen Rekordkurse hatten nicht ausschließlich mit dem iPhone-6-Launch, sondern auch mit der Fantasie um ein neues Produkt zu tun, das Apple ebenfalls auf der Keynote enthüllt hatte, aber in der Euphorie um die neuen iPhones zunächst einmal fast unterging: die Apple Watch.

# Die Apple Watch: Das erste neue Produkt in fünf Jahren

Das Warten auf ein neues Produkt „designed in Cupertino" ging bereits ins fünfte Jahr. Gleich zu Beginn der neuen Dekade, am 27. Januar 2010, hatte der seinerzeit bereits schwer kranke Apple-Gründer Steve Jobs das iPad vorgestellt, das von Jahr zu Jahr in seinen Spezifikationen verfeinert und 2012 mit einer 7,9 Zoll kleinen Version in Form des iPad mini ergänzt wurde.

Eine neue Produktkategorie ließ indes Jahr für Jahr auf sich warten. Dass 2014 endlich zum Jahr werden würde, in dem die Welt ein neues Apple-Gadget zu Gesicht bekommen sollte, deutete CEO Tim Cook bereits im Februar gegenüber dem *Wall Street Journal* an. „Es wird neue Produktkategorien geben. Mehr kann ich im Moment nicht sagen, aber wir arbeiten an einigen wirklich großartigen Dingen", lockte Cook.

Internet-Chef Eddy Cue legte Ende Mai auf der vom Tech-Portal *re/code* veranstalteten Digitalkonferenz „Code" nach: „Wir verfügen über die beste Produkt-Pipeline, die ich in meinen 25 Jahren bei Apple gesehen habe", erklärte Cue den Tech-Reportern Kara Swisher und Walt Mossberg. Klar war damit, dass Cue nicht nur neue iPhones oder iPads gemeint haben konnte, sondern tatsächlich ein brandneues Produkt, das in Form einer Smartwatch erwartet worden war. Die Spekulationen über eine mögliche iWatch reichten tatsächlich bis in den Februar 2013 zurück. Die traditionell gut vernetzte *New York Times*, die bekanntlich zu Steve Jobs' Lieblingslektüre zählte, überraschte plötzlich mit der Meldung, Apple würde intern ein neues Produkt testen, das man aus früheren Science-Fiction-Filmen kannte: eine intelligente Uhr, die aus gekrümmtem Glas gefertigt sein könnte – die iWatch.

MEEDIA: New York Times: Apple arbeitet an der iWatch
http://meedia.de/2013/02/11/nyt-apple-arbeitet-an-der-iwatch/

Das Szenario klang eher nach einem James-Bond-Film oder Inspector-Gadget-Comic: Eine Uhr als tragbarer Computer? Genau das galt schließlich als nächster Milliardenmarkt, der es 2013 bereits auf ein Umsatzvolumen von drei bis fünf Mrd. $ bringen sollte. In den nächsten zwei bis drei Jahren könnte der Markt der Wearables auf rasante 30 bis 50 Mrd. $ ansteigen, schätzte die Schweizer Investmentbank Credit Suisse.

Vollkommen futuristisch erschien die Boom-Prognose der tragbaren Kleinstcomputer nicht mehr: Nike oder Adidas boten bereits Armbänder als Fitness-Aktivitäts-Tracker an, von denen Marathonläufer Tim Cook, der zudem im Aufsichtsrat von Nike sitzt, angetan war. Der Finanzinformationsdienst Bloomberg vermeldete wenig später, bei Apple würde bereits ein Designteam von 100 Mitarbeitern unter der Führung von Jony Ive an einer Armbanduhr arbeiten, die die Funktion eines tragbaren iPhones gepaart mit zusätzlicher Bio-Sensorik besitzen sollte.

Tatsächlich schien darin der nächste mobile Quantensprung der Technologiebranche zu bestehen: Die Frage, was nach dem Smartphone-Boom kommt, der seinen Reifegrad in den nächsten Jahren erreichen dürfte, war naheliegend. „Armbanduhren oder Smartwatches werden so intim wie es das Smartphone geworden ist", sagte sogar Aufsichtsratsmitglied Bill Campbell der nächsten Gadget-Generation eine große Zukunft voraus – vom notorisch verschwiegenen Kultkonzern ein klares Indiz dafür, dass Apple tatsächlich ein großes Interesse am Smartwatch-Markt haben könnte.

Analysten teilten den Optimismus: „Das ist für Apple eine 6-Milliarden-Dollar-Gelegenheit, wenn sie mit etwas total Neuem aufwarten wie dem iPod", rechnete beispielshalber Citigroup-Analyst Oliver Chen mit Blick auf das erste Verkaufsjahr vor. Die Credit Suisse sah noch mehr Potenzial: Auf 10 Mrd. $ taxierte das Schweizer Geldhaus die Erlösmöglichkeiten. Der hochlukrative Uhrenmarkt, dessen Umsatzvolumen die Citigroup per 2013 auf 60 Mrd. $ taxierte, schien genau in Apples Konzept passen: Nettomargen bis zu 60 % seien nicht unüblich. Apple erzielt beim iPhone etwa die Traumgewinnrendite von 50 %. So schien Apples Einstieg in den Smartwatch-Markt fast vorprogrammiert.

Doch wie so oft in der Geschichte des Tech-Pioniers ging nach dem ersten Gerücht viel Zeit ins Land. Ausgerechnet der ärgste Hardware-Rivale Samsung kündigte bereits 2013 seinen Markteintritt an: „Wir bereiten ein Uhrenprodukt schon lange vor", diktierte Konzernpatriarch Lee Young Hee dem Finanzinformationsdienst *Bloomberg* im Frühjahr. „Wir arbeiten sehr hart daran, damit fertig zu werden. Wir bereiten einige Produkte für die Zukunft vor, und die Uhr ist definitiv eines davon." Der Ankündigung folgten im September 2013 dann tatsächlich bereits Taten: Auf der IFA in Berlin stellte Samsung mit der Galaxy Gear seine erste Smartwatch vor, die von der Kritik jedoch wegen mangelhafter Funktionen verrissen wurde.

Damit war der nächste große Showdown in der Tech-Branche fest skizziert: Nach dem Smartphone war vor der Smartwatch. Reflexartig brachten sich auf dem Mobile World Congress in Barcelona im Februar 2014 die üblichen Verdächtigen mit den ersten Modellen in Stellung: Samsung besserte seinen ersten Wurf nur ein halbes Jahr später mit der Gear 2 und der Gear 2 Neo gleich doppelt nach, Wearable-Pionier Pebble schickte ebenfalls gleich mehrere Varianten ins Rennen, LG brachte die G Watch auf den Markt, Huawei setzte mit dem TalkBand B1 eher auf einen Fitness-Tracker denn auf eine Smartwatch, während es die frühere Google-Tochter Motorola, die inzwischen an Lenovo weitergereicht wurde, in Form der Moto 360 mit einer Anleihe an die klassische Armbanduhr versuchte.

Apple arbeitete unterdessen im Verborgenen weiter an seinem nächsten großen Coup. „Apple wird den Markt revolutionieren, wenn es bereit ist", erklärte Tech-Reporter Rocco Pendola die übliche Gelassenheit, nicht das erste, aber später das meistverkaufte Produkt auf den Markt zu bringen. So war es schließlich schon beim iPod, iPhone und iPad gewesen: MP3-Player, Smartphones und Tablets gab es schon Jahre vor Apples Markteintritt, doch das tat den Verkaufserfolgen der neuen Kultprodukte bekanntlich keinen Abbruch.

Im September 2014 war der große Augenblick nach dreijähriger Entwicklung, wie sich später herausstellen sollte, endlich gekommen. Als die Einladung zur nächsten Apple Keynote Ende August verschickt wurde, deutete schon die Location an, dass Besucher ein vermeintlich historisches Ereignis erwartete. Nicht wie gewöhnlich im Yerba Buena Center for the Arts in San Francisco, sondern ins dreimal größere Flint Center for the Performing Arts im heimischen Cupertino lud der Tech-Pionier – ein symbolischer Brückenschlag in die Vergangenheit. Erst dreimal hatte Apple im Flint Center eine Keynote abgehalten: Zuletzt 1999, als der iMac SE vorgestellt wurde, ein

Jahr zuvor, als der erste iMac nach der Rückkehr von Steve Jobs zu Apple präsentiert wurde und – tatsächlich – 1984 zur der geschichtsträchtigen Präsentation des ersten Macintosh.

Dass Apple 30 Jahre nach der Präsentation seines epochemachenden Personal Computers nun wieder das Flint Center wählte, das Tage zuvor mysteriös in Weiß gehüllt wurde, war als deutlicher Fingerzeig zu verstehen: Am 9. September 2014 würde wieder etwas Historisches passieren. Entsprechend schnell hatte Apple CEO Tim Cook die neuen iPhones in seiner über zweistündigen Keynote bereits nach 45 min abgehandelt und sich selbst für ein bahnbrechendes neues Feature ganze zehn Minuten Zeit genommen: Mit Apple Pay, das im Oktober zunächst in den USA startete, betrat der iKonzern den Markt der Bezahldienste – bei Disney, McDonalds oder Subway konnte künftig mit iPhone 6 und 6 Plus mobil bezahlt werden.

Die ganze Aufmerksamkeit hatte sich Cook für die zweite Stunde seiner Keynote aufgespart, in der dann die lang erwartete neue Produktkategorie tatsächlich als „one more thing" enthüllt wurde. „Wir lieben es, Produkte herzustellen, die das Leben bereichern", erklärte der sichtlich gut gelaunte Apple-CEO. „Wir lieben es, Technologie persönlicher zu gestalten und den Nutzern die Möglichkeit zu geben, damit zu tun, was sie sich nie hätten träumen lassen. Wir haben unglaublich hart für eine lange Zeit an einem komplett neuen Produkt gearbeitet, das neu definieren wird, was man von seiner Kategorie erwartet. Es ist das nächste Kapitel in der Geschichte von Apple ..."

Doch statt wie Steve Jobs 2007 das iPhone und 2010 das iPad mit viel Pathos in einem Schlüsselsatz anzukündigen, wählte Cook einen neuen Weg – er ließ Bilder sprechen. Ein zwei Minuten langes Video flimmerte über die überdimensionale Bühnenleinwand des Flint Centers. Zunächst sah es aus wie in einem Science-Fiction-Film: Die Erdoberfläche schien aus dem All zu sehen zu sein, abgelöst von einer geschwungenen Linie, die dann die Umrandungen des neuen Gadgets erkennen ließ – eine Uhr.

In Jubelpose kehrte Tim Cook schließlich auf die Bühne des Flint Centers zurück, ein Arm in die Höhe gereckt, am Handgelenk das neue Gadget. Die 2500 Besucher erhoben sich zu einem tosenden Applaus. Cook ließ sich feiern, jubelte und streckte die Hände in die Höhe wie Mario Götze nach dem WM-Treffer: Dies war Cooks großer Moment, dies war sein Weltmeistertitel. Drei lange Jahre hatte sich der 54-Jährige Tirade nach Tirade anhören müssen, dass er nur den Erfolg verwalte, lieber die Aussicht genieße, statt den Flug zu steuern, dass es in der schnelllebigen Tech-Branche einfach zu lange mit einem neuen Produkt dauere – nun konnte Cook endlich beweisen, dass Apple unter ihm keinesfalls untätig war, sondern etwas vermeintlich gänzlich Neues anzubieten hatte: die Apple Watch.

MEEDIA: iPhone 6, iPhone 6 Plus, Apple Watch, iOS 8: Das hat Apple heute vorgestellt
http://meedia.de/2014/09/09/iphone-6-iwatch-ios-8-das-hat-apple-heute-vorgestellt

Der Name war eine Überraschung – alle Welt hatte sich schließlich längst auf iWatch eingestellt. Bis heute ist ungeklärt, ob die Markenrechte besetzt waren oder sich Cook bewusst vom eineinhalb Jahrzehnte währenden iZyklus seines überlebensgroßen Vorgängers Steve Jobs absetzen wollte, dem mit iMac, iPod, iPhone und iPad vier der erfolgreichsten Produkte in der Geschichte der Verbraucherelektronik gelungen waren und nun mit der Apple Watch seine eigene Ära definieren wollte. Als „das persönlichste Produkt, das Apple kreiert hat", pries Cook die neue Uhr an, die keine Smartwatch sein wollte, sondern eine eigene Kategorie definieren sollte.

Designchef Jony Ive erklärte gewohnt per Video Funktionsweise und Verkaufsanspruch: „Mit der Apple Watch haben wir mehrere Technologien und eine völlig neue Benutzeroberfläche speziell für ein Gerät entwickelt, das designt wurde, um getragen zu werden. Wir haben eine ganze Reihe an Produkten gestaltet, die eine beispiellose Personalisierung ermöglichen", positionierte Ive das neue Gadget.

Damit war die Überraschung beim Namen genannt. Statt wie gewohnt minimalistisch in einem oder zwei Modellen wurde die Apple Watch in unzähligen Variationsmöglichkeiten und in einer so großen Preisspanne wie nie zuvor angeboten – vom Einsteigermodell für 349 $ bzw. 399 € bzw. bis hin zur mit 18 Karat vergoldeten Luxusversion, die bei 10.000 $ startete, wie Tim Cook auf der Keynote mit einem leichten Anflug von Unbehagen erklärte, ohne den Höchstpreis zu nennen. In drei Kategorien wurde die Apple-Uhr mit einer Displaygröße von 38 und 42 mm angeboten: Die Einstiegsklasse „Sport Edition" mit einem Aluminiumgehäuse in fünf verschiedenen Plastikarmbändern, was bei zwei unterschiedlichen Gehäusegrößen zehn verschiedene Kombinationsmöglichkeiten ergab, die Hauptkategorie „Apple Watch" mit einem Edelstahlgehäuse und zehn verschiedenen Armbandvariationen (von Plastik-, über Leder-, Glieder- bis zu feingliedrigen Metallarmband) bzw. zwanzig verschiedenen Modellen und die Luxusklasse Apple Watch Edition mit einem Gehäuse aus 18 Karat Gold in acht Modellen.

Bedient wurde die Apple Watch vermeintlich ähnlich wie bereits iPhone und iPad: per Touchscreen, auf dem die von iOS bekannten quadratischen Apps-Symbole nun zu kleinen bunten Kugeln wurden. Und doch sollte die Benutzerführung eine andere sein: „Wir haben nicht einfach das User Interface des iPhone genommen und geschrumpft", beeilte sich Tim Cook auf einen eigenen Weg hinzuweisen, den Apple mit seiner Uhr eingeschlagen hatte. Er bestand maßgeblich in der Bedienung durch eine Krone am rechten, oberen Gehäuserand, das Armbanduhr-Träger seit Jahrhunderten zum mechanischen Aufziehen der Uhr kannten. Bei der Apple Watch wurde die Krone nun zur „Digitalen Krone" *(digital crown)* umgetauft, mit der sich zwischen verschiedenen Anwendungen navigieren ließ, wie Apples neuer, ein Jahr zuvor von Adobe abgeworbener Technikchef Kevin Lynch etwas uninspiriert auf der Bühne des Flint Centers demonstrierte.

Doch ehe die Fans das neue Gadget ums Handgelenk schnallen konnten, würden zumindest vier Monate verstreichen. Erst „Anfang 2015" würde die Apple Watch auf den Boommarkt der Wearables aufmischen, gab Tim Cook gegen Ende der Präsentation zu, die – wie seinerzeit bei der Enthüllung des ersten iPhone und iPad – mehr zu einer Produktankündigung denn zum eigentlichen Produkt-Launch wurde. Am Ende der zwei Stunden und drei Minuten langen Keynote, die mit einem skurrilen Auftritt der Altocker von U2 endete, dominierten die Bilder und die Botschaft: Endlich hatte Apple wieder ein neues Produkt in den Startblöcken, das zumindest optisch aus dem Guss der Designwerke iPhone, iPad und iPod zu sein schien. Was die Apple Watch am Ende tatsächlich konnte und wozu sie genau gut sein sollte, war eine andere Frage, die sofort von den unzähligen Apple-Experten in Blogs, sozialen Medien und der Tech-Presse heiß diskutiert wurde.

# Ein glanzvoller Jahresendspurt auf neue Allzeithochs

Das Echo auf den neuen Wurf aus Cupertino fiel erwartungsgemäß höchst unterschiedlich aus. „Der erste Eindruck macht zumindest schon mal deutlich, dass dies die am besten aussehende Smartwatch auf dem Markt ist", befand das *Wall Street Journal* nach einem Hands-on am Rande der Keynote. Ganz anderer Meinung war Henry Blodget vom *Business Insider*. „Ich habe null Interesse daran, vor allem, weil ich ein iPhone zur Nutzung brauche", drückte der Chefredakteur des Blogkonglomerats seine Enttäuschung in einem Tweet aus.

Das Apple-Management nahm den Kampf um die Deutungshoheit unterdessen selbstbewusst auf. Apple-Watch-Besitzer würden stolz sein, eine zu tragen, gab sich CEO Tim Cook gegenüber TV-Talker Charlie Rose erfolgssicher. Und seinem verstorbenen Mentor würde das erste neue Produkt seit seinem Ableben gefallen, war sich Cook sicher: „Ich glaube, Steve Jobs wäre sehr stolz zu sehen, was das Unternehmen, das er uns hinterlassen hat und eines der größten Geschenke der Menschheitsgeschichte ist, heute leistet. Ich glaube, er würde heute lächeln", erklärte der neue Apple-CEO dem US-Nachrichtensender ABC direkt nach der Keynote.

MEEDIA: Tim Cook im ABC Interview: Emanzipation mit Steve Jobs-Nostalgie
http://meedia.de/2014/09/11/tim-cook-im-abc-interview-emanzipation-mit-steve-jobs-nostalgie/

Einblicke in die Entstehung lieferte unterdessen Designchef Jony Ive: Tatsächlich sei der Design-Prozess komplexer gewesen als bei der Kreation des iPhone, räumte Ive ein. Viele verschiedene kulturelle und historische Implikationen und Erwartungen hätten die Entwicklung der Apple-Uhr, die sich von der ersten Idee bis heute etwa drei Jahre hinzog, „so herausfordernd" gemacht, ließ Ive am Rande einer Preisverleihung im Museum of Modern Art in San Francisco durchblicken. „Das Handgelenk ist ein bemerkenswerter Platz für Anwendungen", lockte der 48-jährige Brite gleichermaßen und deutete als Nutzungsszenario ein „gelegentliches Draufschauen und schnelle Interaktionen" an.

MEEDIA: Jony Ive: Apple Watch in der Produktion herausfordernder als iPhone
http://meedia.de/2014/11/03/jony-ive-apple-watch-in-der-produktion-herausfordernder-als-iphone/

Weniger bahnbrechende Veränderungen nahm Apple unterdessen beim in die Jahre gekommenen Vorläuferprodukt vor: Das inzwischen schon über vier Jahre alte iPad erhielt auf einer zweiten Keynote binnen fünf Wochen, die Mitte Oktober 2014 abgehalten wurde, seine bereits fünfte Auffrischung. Das iPad Air wurde in Form des iPad Air 2 nochmals um 18 % dünner und taktete dank A8X-Chip nochmals schneller, während das iPad mini bereits in der dritten Generation nun endlich mit Fingersensor ausgestattet wurde. In anderen Worten: Die Upgrades waren eher kosmetischer Natur.

Wie sehr das Apple-Tablet, das im Sommer durch eine Kooperation mit IBM gestärkt wurde, indes bereits in die Jahre gekommen war, wurde eine Woche später bei Bekanntgabe der neuen Geschäftszahlen für das vierte und letzte Quartal des Fiskaljahres 2014/2015 deutlich. Die iPad-Absätze gaben schon wieder nach – diesmal um 13 % auf nur noch 12,3 Mio. verkaufte Einheiten im Vergleich zum Vorjahresquartal. Das iPhone sprang jedoch erneut in die Bresche und machte mit dem abermaligen Rückenwind des Vertriebskanals China Mobile und den ersten iPhone-6-Verkäufen alle Wachstumssorgen vergessen – die Absätze wurden um 16 % auf 39,3 Mio. Einheiten gesteigert, die iPhone-Umsätze gar um 21 %.

MEEDIA: iPhone und iPad im Business-Einsatz: Apple verbündet sich überraschend mit IBM
http://meedia.de/2014/07/16/iphone-und-ipad-im-business-einsatz-apple-verbuendet-sich-ueberraschend-mit-ibm/

Unterm Strich zogen Apples Erlöse zwischen Anfang Juli und Ende September 2014 nun wieder zweistellig an: nämlich um 12 % auf 42,1 Mrd. $. Der Nettogewinn legte unterdessen mit 13 % auf 8,5 Mrd. ähnlich robust zu, während der Gewinn je Aktie sogar um 20 % haussierte. Im Fiskaljahr 2014, das bei Apple turnusmäßig bereits im September zu Ende ging, konnte der Tech-Pionier nach dem problematischen Vorjahr nun wieder die Rückkehr in die Wachstumszone feiern: Die Nettogewinne legten auf Jahressicht um 7 % auf 39,5 Mrd. zu, während der Gewinn je Aktie um 13 % auf 6,49$ anzog, und die Erlöse unterdessen ebenfalls um 7 % auf 182,7 Mrd. $ wuchsen.

Die Wall Street feierte in den letzten Wochen des Jahres vor allem, was in 2015 vor ihr lag: üppiges Wachstum dank iPhone 6 und mutmaßlich der Apple Watch. Bis auf 120$ je Aktie schoss AAPL empor und markierte damit Ende November 2014 ein neues Allzeithoch, auf dem der iKonzern bereits mit über 750 Mrd. $ bewertet wurde; per Schlusskurs zum Jahresende sollten es 110$ sein.

Tim Cook konnte mit seinem bereits dritten Amtsjahr als Vorstandschef vollauf zufrieden sein: Der Apple-CEO, der sich kurz nach dem iPhone-6-Launch zudem öffentlich zu seiner Homosexualität bekannte, hatte die Krise des Vorjahres hinter sich gelassen, Apple mit dem China-Mobile-Deal wieder zurück auf den Wachstumspfad gebracht, Aktionäre mit *financial engineering* aus dem Lehrbuch von Carl Icahn bei Laune gehalten und am Ende ein stolzes Plus von knapp 60 % an der Börse eingefahren. Und das Beste würde schließlich noch kommen, wenn Cook der Welt mit der nächsten Quartalsbilanz im Januar präsentierte, wie begehrt die neuen, großen iPhones im abgelaufenen Weihnachtsgeschäft tatsächlich waren …

# Teil IX

## Aufbruch ins Apple-Watch-Zeitalter

# Quartalsweltrekord: der höchste Gewinn der Wirtschaftsgeschichte

Der Auftakt ins neue Jahr konnte für Apple nicht furioser verlaufen. Die Erwartungen vor Bekanntgabe der neusten Geschäftszahlen für das abgelaufene Weihnachtsquartal waren angesichts der offenkundig starken Nachfrage nach dem iPhone 6 immer weiter in die Höhe geschossen. 51 Mio. iPhones hatte Apple im Weihnachtsquartal noch vor einem Jahr abgesetzt: Würde es nun dank des neuen Vertriebskanals über China Mobile und der neuen Modelle iPhone 6 und iPhone 6 Plus zu 60, 65 oder gar unglaublichen 73 Mio. verkauften Einheiten reichen, wie zuletzt der stets gut informierte KGI-Securities-Analyst Ming-Chi Kuo prognostizierte?

Anders als in den beiden Vorjahren enttäuschte Apple die Erwartungen der Wall Street nicht. Mit 74,6 Mio. verkauften iPhones in gerade mal 91 Tagen pulverisierte Apple die zuletzt immer hochfliegenderen Analystenschätzungen förmlich. Tim Cook war ein absolutes *Blowout*-Quartal gelungen, das an das Weihnachtsquartal vor drei Jahren erinnerte, als Apple-CEO Tim Cook kurz nach der Amtsübernahme des Vorstandspostens das letzte Mal Fabelzahlen gelungen waren.

Enorme 46 % mehr iPhones konnte Apple absetzen, die Umsätze mit dem Kult-Smartphone zogen wegen des teureren Modells 6 Plus und des Speicherplatztricks sogar um 57 % an. Da das iPhone weiterhin den Löwenanteil von Apples Geschäftsentwicklung ausmachte, konnten sich Anleger über ein absolutes Rekordquartal freuen, in dem so viel verdient wurde wie nie: Die Umsätze zogen um stolze 30 % auf von Apple bisher nie erreichte 74,6 Mrd. $ an, während sich der Nettogewinn gar in Sphären für die Geschichtsbücher bewegte. Sage und schreibe 18 Mrd. $ blieben zwischen Anfang Oktober und Ende Dezember in den Geldspeichern von Apple hängen – so viel hatte noch nie ein Unternehmen in einem Quartal verdient. Tim Cook war ein neuer Weltrekord gelungen: Er hatte die bisherigen Spitzenergebnisse der Energiemultis Gazprom, Royal Dutch Shell und ExxonMobil überboten und die Bestmarke um knapp zwei Mrd. $ verbessert.

MEEDIA: http://meedia.de/2015/01/27/18-milliarden-in-88-tagen-apple-mit-groesstem-gewinn-der-wirtschaftsgeschichte/

Da spielte es auch keine Rolle, dass die iPad-Sparte erneut schwächelte und die Verkäufe nochmals um 22 % zurückgingen. Analysten hielten sich nicht lange mit dem Niedergang der jüngsten Produktsparte auf und applaudierten mit immer neuen Kurszielen. 140$, 150$, 160$ oder gar 170$, womit Apple als erster Konzern der Welt die Billionen-Bewertungsgrenze knacken würde, machten die Runde, schließlich würde der Tech-Pionier nach fünf langen Jahren ja auch noch bald sein neues Produkt auf den Markt bringen.

Doch nach den Quartalszahlen ging das Warten zunächst weiter. Nun erst im April 2015 werde die Apple Watch erscheinen, erklärte Tim Cook auf der anschließenden Analystenkonferenz und führte dazu eine neue Lehre der Jahreszeiten ein: Der „Jahresanfang", zu dem Cook die Apple Watch noch im September angekündigt hatte, umfasse die ersten vier Monate, auf den wiederum vier weitere Monate in der Mitte folgten, die von den letzten vier Monaten zum Jahresende abgeschlossen würden …

Nicht weniger nebulös schien weiterhin, wofür das Apple-Gadget nun eigentlich gemacht worden sei. Zwei Wochen nach der Bekanntgabe der stolzen Quartalsbilanz drehte Tim Cook auf der Investorenkonferenz von Goldman Sachs vor der Wall Street eine Ehrenrunde, um ein Plädoyer für die Apple Watch zu halten. Es war eine triumphale Rückkehr an jenen Ort, an dem er 2013 noch so blass ausgesehen hatte und sich mit Fragen von Hedgefonds-Managern zur Bargeldverwendung herumschlagen musste und „neue, aufregende Produkte" nur andeuten konnte, obwohl die Smartwatch bereits seinerzeit in der Entwicklung war.

„Wir waren nicht die Ersten, die einen MP3-Player und auch nicht die Ersten, die ein Tablet auf den Markt gebracht haben", erklärte Cook auf der Investorenkonferenz. „Und genauso wird es bei der sogenannten Smartwatch-Kategorie sein, die bisher kaum das Leben verändert hat". Das werde nun aber mit der Apple Watch passieren. „Die Leute werden überrascht sein, was man mit der Apple Watch alles anstellen kann", machte der Apple-Chef Investoren den Mund wässrig. „Es gibt einige neue, innovative Arten zu kommunizieren, die es vorher nicht gab. Ich benutze ständig Siri mit meiner Uhr. Sie können Benachrichtigungen auf Ihre Uhr bekommen. Wenn Sie daran interessiert sind, über Sportergebnisse, Finanzmärkte oder was auch immer auf dem Laufenden gehalten zu werden, lässt Ihnen die Uhr diese Informationen zukommen und schaltet sich ein", trommelte Cook.

Vor allem jedoch sollte die Apple Watch zu einem ständigen Begleiter werden, der das Leben verbesserte. „Viele Ärzte glauben, Sitzen ist der neue Krebs", hob Cook in markigen Worten an. „Wenn Sie eine Stunde gesessen haben, gibt Ihnen die Apple Watch mit einem Klopfen am Handgelenk einen Hinweis", erklärte er das Nutzungsszenario und gab sich zuversichtlich: „Ich glaube, Sie werden nicht mehr ohne sie leben können."

MEEDIA: http://meedia.de/2015/02/11/neue-allzeithochs-tim-cook-trommelt-fuer-apple-watch-vor-investoren/

Denselben Optimismus versprühte Cook wenig später auf seiner Europareise, auf der der Apple-CEO auch einen Stopp in Berlin bei Bundeskanzlerin Merkel („Was mich am meisten erstaunt hat, war ihr tiefes Wissen zu sehr vielen verschiedenen Themen") und dann im Newsroom der *Bild Zeitung* einlegte. „Wahrscheinlich der wertvollste Gast, der je bei Bild zu Besuch war: Herzlich willkommen, lieber Tim Cook!" feierte Chefredakteur Kai Diekmann den hohen Besuch aus Cupertino im Facebook-Zeitalter standesgemäß mit zahlreichen Schnappschüssen in staatsmännischer Pose ab, während der Apple-CEO ein weitgehend belangloses Exklusiv-Interview gewährte.

MEEDIA: http://meedia.de/2015/02/25/deutschland-tour-tim-cook-besucht-bild-newsroom/

Gehaltvoller war für Apple-Fans ein Hinweis, den ein Apple-Store-Mitarbeiter bei Cooks Besuch des neuen Flaggschiff-Stores am Berliner Kurfürstendamm aufgeschnappt hatte: Der Apple-Chef erklärte dabei auf Nachfrage, er trage die Apple Watch überall – „auch beim Duschen". Unterdessen rollte die erste Welle der Werbeoffensive an: Die *Vogue* buchte Apple gleich für eine zwölfseitige Hochglanzstrecke, die deutlich machte, als was Cook das neue Edel-Gadget aus Cupertino auch verstanden wissen wollte – als Accessoire für die modebewusste und zahlungskräftige Kundschaft.

MEEDIA: http://meedia.de/2015/02/26/apple-watch-werbe-offensive-startet-mit-12-seiten-strecke-in-us-vogue/

# Apple Watch: das „persönlichste" Gadget aller Zeiten

Um den Rummel vor dem Start noch weiter anzuheizen und die neue Produktkategorie klarer zu positionieren, beraumte Apple für Anfang März 2015 überraschend eine weitere Keynote an. Unter dem Motto „Spring forward" – ein Verweis auf die Zeitumstellung in den USA und damit die Apple-Uhr, die im April in den Handel kommen soll –, lud der Konzern am 9. März 2015 zu einer erneuten Presseveranstaltung.

Wieder im Yerba Buena Center in San Francisco angekommen, präsentierten CEO Tim Cook und Marketingchef Phil Schiller ein neues ultraflaches, ultraleichtes MacBook mit einem hochauflösenden Bildschirm (Retina Display) in 12 Zoll, das wie ein ausgedünntes, geschrumpftes und vor allem generalüberholtes MacBook Air aussah, aber mit 1299$ bzw. 1449 € teurer war als das Einstiegsmodell.

Doch natürlich gehörte die Hauptrolle der eineinhalbstündigen Veranstaltung erneut der Apple Watch, die Cook abermals als das „persönlichste Gerät" vorstellte, das Apple je erfunden habe. Das Gadget solle zum Ausdruck dessen werden, was einem gefalle und man darstellen wolle, positionierte Cook die Uhr eindeutig als Mode-Accessoire. Aus gutem Grund: In keiner anderen Branche ließ sich für guten Geschmack so viel Geld verlangen wie in der höchst subjektiven Modegüterindustrie, in der ein Schal 5 oder 500 € kosten konnte, ohne dass man auf den ersten Blick den Unterschied sah. Desselben Musters bediente sich Cook nun bei der Apple Watch, die in so vielen Ausführungen wie kein Apple-Produkt zuvor auf den Markt kam, nämlich in 38 Versionen.

Den Preis des Einstiegsmodells – der Sportversion mit Plastikarmband – hatte Tim Cook bereits bei der Enthüllung sechs Monate zuvor angedeutet. Bei 349$ ging es in den USA mit der 38-mm-Variante los, die sich in Europa durch die Dollarstärke auf 399 € verteuert hatte; wer sich für das 4 mm größere Display entschied, musste noch mal 50 € drauflegen. Weitaus größer fielen die preislichen Unterschiede bei den 20 verschiedenen Versionen des Mittelklassemodells mit Edelstahlgehäuse und Saphirglasdisplay aus – die Spanne reichte von 650 bis 1400 €. Und dann waren da noch die acht

Luxusklassenmodelle der Serie Apple Watch Edition, die mit einem Gehäuse aus 18 Karat Gold ausgeliefert wurden und zwischen 11.000 und 18.000 € (18 Karat Gelb- oder Roségold mit modernem Lederarmband) variierten. In anderen Worten: Die Apple Watch war nicht „das persönlichste Gerät", das der Kultkonzern bis dato auf den Markt gebracht hatte, sondern auch das Gadget mit der mutmaßlich größten nach oben offenen Gewinnmarge.

Doch noch andere Fragen als die der Modellauswahl blieben offen. Anders als jedes der großen neuen Apple-Produkte der vergangenen eineinhalb Jahrzehnte war die Apple Watch nicht autonom nutzbar; es bedurfte des iPhone, um die Smartwatch sinnvoll zum Einsatz bringen zu können. Doch was war mit den Apps zum Start? Facebook, so war zu hören, hielt sich anders als beim Launch des App Store für das iPhone 2008 zunächst mit einer eigenen App zurück. Und wie ausgereift waren die Fitness- und medizinischen Anwendungen, die Cook noch in den Monaten zuvor als Killerfeature angepriesen hatte? Plötzlich war nicht mehr die Rede von einem Blutdruck-, einem Herzaktivitätsmesser und einem Stresssensor – zahlreiche Anwendungen, die für den Gesundheitsbereich gedacht waren, fielen in letzter Minute Schwierigkeiten bei der Produktion zum Opfer. Technikchef Kevin Lynch präsentierte so in gewohnter Weise lediglich die Pulsmessung, die in Form eines blinkenden Herzens an seinen Partner verschickt werden konnte, sofern er oder sie denn auch Apple-Watch-Träger war. Reichte das, um Millionen und Abermillionen treue Apple-Kunden zu aktivieren?

MEEDIA: Der ultimative Apple Watch-Praxistest: Fitness-Gadget mit Frust-Faktor
http://meedia.de/2015/05/27/der-ultimative-apple-watch-praxistest-fitness-gadget-mit-frust-faktor/

# Ein endloser Launch

Dass sich die Markteinführung der Apple Watch unterdessen lang und länger zog, warf weitere Fragen auf. Über Engpässe bei Zulieferern und Probleme in der Produktion und wurde spekuliert. Designchef Jony Ive befeuerte die Spekulationen zusätzlich durch seine Äußerungen im großen Porträt in *The New Yorker*, in dem der 48-Jährige offen über sein schwierigstes Jahr bei Apple sprach und eingestand, dass die Herstellung der Apple Watch „extrem herausfordernd" gewesen sei – so herausfordernd, dass er die Entwicklung als Prozess beschrieb, der „demütig" gemacht habe.

Am 10. April 2015 war es dann endlich so weit: Das erste neue Apple-Produkt seit 2010 konnte vorbestellt werden und würde 14 Tage später ausgeliefert werden, oder auch nicht: Apple-Fans, die auch nur ein paar Minuten zu spät auf die Webseite von Apple klickten, trauten bei Eingang ihrer Bestellbestätigung ihren Augen nicht: In „fünf bis sechs Wochen" bzw. im Juni erst würde die Apple Watch verschickt werden, obwohl sie doch eigentlich am 24. April in den Läden zu haben sein sollte?

MEEDIA: Apples seltsamer Marketingstunt: Apple Watch sofort "ausverkauft"
http://meedia.de/2015/04/11/apples-seltsamer-marketingstunt-apple-watch-sofort-ausverkauft/

Doch daraus wurde nichts. Zwar konnten die Fans das neue Apple Gadget pünktlich zu Vorbestellungsbeginn in den Apple Stores ansehen und sogar anprobieren, wenn sie dafür im Vorwege einen Termin vereinbart hatten – nur kaufen und mitnehmen konnten Kunden die Apple Watch aus dem Apple

Store nicht – weder zum eigentlichen Verkaufsstart am 24. April noch in den Wochen darauf. Damit brach der Kultkonzern mit einem Ritual, das seinen Mythos in den vergangenen Jahren bei iPhone-Launches zunehmend begründet hatte. Die langen Schlangen echter Fans, die tagelang vor dem Verkaufsstart, der längst religiös zum „iDay" verklärt worden war, vor den Apple Stores rund um den Globus kampierten, blieben aus, weil es nichts zu kaufen gab: Die Apple Watch war offiziell auf dem Markt – doch niemand hatte sie. Etwas war offenkundig sehr falsch gelaufen, wie die von Burberry abgeworbene neue Chefin der Apple Stores, Angela Ahrendts, in einer Botschaft an Mitarbeiter eingestand. „Wir erwarten, dass sich der Zustand im Mai nicht ändert", räumte Ahrendts zerknirscht ein. Erst Ende Juni 2015 war die Apple Watch tatsächlich im Apple Store erhältlich.

Glaubte man den Testberichten, lohnte sich das Warten ohnehin kaum. „Die Apple Watch ist kein Allheilmittel, es ist kaum die Uhr, die man seinen Enkeln vererben wird. Es ist ein schickes Stück Technologie, das eine Menge Software-Updates durchlaufen wird, bis die Lithiumbatterie eines Tages nicht mehr lädt und die Apple Watch keinen Wert mehr besitzt", formulierte Lauren Goode vom Tech-Portal *re/code* mit spitzer Feder.

MEEDIA: Die ersten Apple Watch-Testberichte: „Kaum die Uhr, die man seinen Enkeln vererben wird"
http://meedia.de/2015/04/09/die-ersten-apple-watch-testberichte-kaum-die-uhr-die-man-seinen-enkeln-vererben-wird/

Andere Tech- und Traditionsmedien äußerten sich unisono: „Es ist noch kein gutes Kommunikationsgerät", fand etwa *The Verge*. Die *New York Times* fand vor allem kein Anwendungsszenario für die Apple-Uhr: „Der Zynismus bei der Apple Watch ist der: Sie befreit einen tatsächlich vom Smartphone – doch die Befreiung ist eine Illusion. Man flieht nur zu einem anderen Bildschirm und ist weiter mit der digitalen Welt verbunden. Ist das wirklich eine positive Entwicklung – für einen persönlich und die Gesellschaft?" wetterte die Zeitung. Auch der von der *New York Times* zu *Yahoo* gewechselte Gadget-Guru

David Pogue war bestenfalls hin- und hergerissen vom neuen Apple-Produkt: „Am Ende des Tages ist sie ein weiteres Gadget, das man kauft, um das man sich kümmern und jede Nacht laden muss. Man muss ein weiteres Kabel mit sich herumschleppen und die Batterieleistung macht es zudem kaum nutzbar. Am Ende ist die Apple Watch daher Genuss, Luxus. Etwas, das einem eine Freude bereitet – wie ein schönes Auto, schöne Kleidung oder ein wirklich tolles Entrée."

Getreue des Kultkonzerns waren unterdessen vom Verkaufserfolg überzeugt: „Apple hat so viele gute Produkte auf den Markt gebracht, dass jeder, der ein Apple-Produkt besitzt, die Apple Watch kaufen wollen wird. Das bedeutet, Millionen Kunden werden die Uhr gleich zum Start kaufen. Damit ist schnell die kritische Masse erreicht", glaubte etwa Mitbegründer Steve Wozniak.

Die Wall Street war unterdessen ziemlich uneins über das Absatzpotenzial der Apple-Uhr. Während Staranalyst Gene Munster von Piper Jaffray lediglich mit zehn Mio. verkauften Einheiten im ersten Jahr ausging, prognostizierte Morgan Stanley-Staranalystin Katy Huberty für den ersten vollen 12-Monatszyklus sogar die Marke von 30 bis 40 Mio. Einheiten.

Obwohl Apple anders als beim iPhone- und iPad-Launch keine Auskunft über die ersten Verkaufszahlen gab, wollten Marktforscher erste Indikationen ausgemacht haben. *Slice Intelligence* aus Palo Alto prognostizierte etwa basierend auf einer Erhebung unter 9080 Online-Käufern in den Vereinigten Staaten, dass 957.000 Vorbestellungen allein am Freitag in den USA bei Apple online eingegangen seien. Demnach hätte der Durchschnittskäufer 1,3 Apple Watches zu einem Durchschnittspreis von 503,83 $ vorbestellt – wenig überraschend lag das Einstiegsmodell, die Apple Watch Sport, damit in der Käufergunst angeblich weit vorn.

Fakten in Dollar und Cent schuf Apple erneut Ende April bei der Bilanzvorlage für das Auftaktquartal des Kalenderjahres 2015, das bereits das zweite des laufenden Fiskaljahres darstellte. Der Dreimonatszeitraum von Anfang Januar bis Ende März stand im ganz im Zeichen des chinesischen Neujahrsfestes am 19. Februar 2015. Das Weihnachtsgeschäft im Reich der Mitte wurde durch den Vertriebskanal China Mobile zum ganz großen Treiber: Erstmals seit Einführung des Apple-Smartphones 2007 setzte der iKonzern in einem Quartal mehr iPhones im Reich der Mitte ab als im Heimatmarkt USA. Mit Gesamterlösen von 16,8 Mrd. $ avancierte China zudem vor Europa zum zweitwichtigsten Absatzmarkt.

Unterm Strich blieben in den ersten 90 Tagen des Kalenderjahres 2015 bei Erlösen in Höhe von 58 Mrd. $ satte 13,6 Mrd. $ hängen – das entsprach dem fünfthöchsten Gewinn, der in der Wirtschaftsgeschichte jemals erzielt wurde. Tim Cook konnte sich erneut über ein kräftiges, zweistelliges Wachstum freuen: Die Umsätze zogen um stattliche 27 % an, die Nettogewinne legten um 33 %, der Gewinn je Aktie gar um 40 % zu. Hauptverantwortlich für die starke Quartalsbilanz war erneut Apples Wachstumsmotor, der auch im achten Jahr nach seinem Debüt wie geölt schnurrte: Das iPhone verkaufte sich 61 Mio. Mal und konnte damit seinen Absatz nochmals um beachtliche 40 % steigern.

MEEDIA: Quartalsbilanz: Apple übertrifft Erwartungen mit 61 Mio. iPhones
http://meedia.de/2015/04/28/quartalsbilanz-apple-uebertrifft-erwartungen-mit-61-millionen-iphones/

# Teil X

## Gefechte um die Zukunft

# WWDC 2015: Apple entdeckt das Streaming mit Apple Music

Nach dem iPhone war bekanntlich vor dem iPhone. Diese Logik hält sich Jahr für Jahr: Wenn das Frühjahr anbricht und die Konkurrenz aus dem Android-Lager nach dem turnusmäßigen Mobile World Congress in Barcelona ihre neuen Smartphones auf den Markt bringt, beginnt für Apple traditionell eine kritische Phase – sechs, sieben Monate ist das jüngste Modell auf dem Markt, knapp ein halbes Jahr vergeht aber noch bis zur nächsten Generation. Kein Wunder, dass die Absätze von Quartal zu Quartal nachlassen, weil Apple-Fans ihren Kauf zurückstellen, bis sich die aufgestaute Nachfrage von iPhone-Kunden und solchen, die es werden wollen, schließlich eruptiv nach dem September-Launch im Weihnachtsquartal entlädt.

Die am 8. Juni 2015 in San Francisco abgehaltene Keynote zur alljährlichen Entwicklerkonferenz WWDC lieferte bereits einen Ausblick auf das neue mobile Betriebssystem iOS 9, das im Herbst mit den neuen iPhones im Markt eingeführt werden würde. Wie erwartet spendierte Apple Nutzern seiner iPhones und iPads in der nächsten Generation seines mobilen Betriebssystems eher unspektakuläre Neuerungen.

MEEDIA: WWDC am 8. Juni: Apple lädt zur iOS 9- und Apple TV-Vorschau
http://meedia.de/2015/04/15/wwdc-am-8-juni-apple-laedt-zur-ios-9-vorschau/

Die Karten-App Maps etwa sollte verbesserte Funktionen inklusive der Integration der Abfahrtszeiten von öffentlichen Verkehrsmitteln („Transit") ausweisen. Die Notiz-App Notes wurde durch neue Features wie Erinnerungslisten oder Formatierungsoptionen aufgewertet, wie man sie seit Jahren von Evernote oder Microsofts OneNote kannte. Zudem launchte Apple mit Proactive so etwas wie eine Antwort auf Google Now: Die persönliche Sprachassistentin Siri sollte auf Basis des gelernten Nutzerverhaltens buchstäblich „proaktiv" antizipieren, was der Nutzer als Nächstes vorhatte und so etwa Playlisten vorschlagen oder etwa an Termine erinnern. Auch neu: Apple wollte in iOS 9 die Option „Low Power Mode" anbieten, die die Akkuleistung mit einem Klick optimieren sollte. Ebenfalls kündigte Apple eine personalisierbare News-App an, die stark an den Reader Flipboard erinnert: Apple News. Leser bekommen nach Interessen neue Artikel angezeigt, die sie mit einem Klick in den Social Networks teilen oder auch speichern können. Apple News sollte unter iOS 9 im Herbst in den USA, Australien und Großbritannien mit Angeboten der Verlage New York Times, Time, CNN, Bloomberg, Condé Nast, ESPN und der Hearst-Gruppe starten

MEEDIA: Apple News: Jetzt will auch der iKonzern stärker auf Verlags-Inhalte setzen
http://meedia.de/2015/06/09/apples-news-app-new-york-times-startet-mit-30-kostenlosen-artikeln-pro-tag/

Als eigentliches Highlight enthüllte Internet-Chef Eddy Cue jedoch die überfällige Weiterentwicklung der Musikplattform iTunes. 15 Jahre nach dem Start von iTunes kündigte Apple nun ebenfalls einen Musik-Streaming-Dienst nach dem Vorbild von Spotify an, der Beats Music integrierte und als „Apple Music" ab dem 30. Juni 2015 in 100 Ländern der Welt (inklusive Deutschland) den Betrieb aufnehmen sollte. Vorgestellt wurde Apple Music, das wie erwartet gegen eine Abo-Gebühr von 9,99 $/€ im Monat für einen Nutzer oder in der Familienoption für 14,99 $/€ im Monat für bis zu sechs Nutzer bezogen werden konnte, von Beats-Mitbegründer Jimmy Iovine.

# WWDC 2015: Apple entdeckt das Streaming mit Apple Music

MEEDIA: WWDC: Apple stellt iOS 9, OS X 10.11, Apple Music und News-App vor
http://meedia.de/2015/06/08/wwdc-apple-stellt-ios-9-os-x-10-11-apple-music-und-news-app-vor/

„Die Möglichkeiten, wie Leute Musik genießen, werden in einer App vereint, die drei Dinge umfasst: einen revolutionären Streaming-Dienst, ein weltweites Live-Radio und einen spannenden Weg für Fans, mit Künstlern in Kontakt zu treten", erklärte Beats-Mitbegründer Jimmy Iovine in seinem ersten öffentlichen Auftritt als Apple-Angestellter. In Form des Features „Connect", das Künstlern mit Fanpages eine MySpace-ähnliche Präsenz ermöglichte, leistete sich Apple eine nostalgische Anleihe an sein eigenes, 2012 eingestelltes Social Network Ping, während mit *Beats 1* ein globaler Nonstop-Internet-Radiosender mit Star-DJs wie Zane Lowe, Ebro Darden oder Julie Adenuga in 100 Ländern der Welt etabliert wurde.

MEEDIA: Apple Music: Meine Stunde Null als Musiknostalgiker – es ist nicht mehr so leicht, ein Junge zu sein
http://meedia.de/2015/07/01/apple-music-meine-stunde-null-als-musiknostalgiker-es-ist-nicht-mehr-so-einfach-ein-junge-zu-sein/

Das Echo fiel indes zunächst verhalten aus: Nach der Apple Watch wurde auch der neue Streaming-Dienst äußerst reserviert aufgenommen – selbst größte Apple-Fans wandten sich nach haarsträubenden Softwarefehlern entgeistert ab. „Apple Music ist ein Albtraum – und ich bin fertig mit ihm", tobte etwa der langjährige Fürsprecher Jim Dalrymple, der den viel gelesenen Apple-Blog *The Loop* betreibt. Grund für seinen Ausraster: Apple Music hatte mal eben 4700 eigene Songs aus Dalrymples iTunes-Archiv gelöscht, während sich andere Song-Titel aus der iCloud verdoppelten.

MEEDIA: Nächster Flop-Verdacht: Apple Music kommt nicht aus der Kritik
http://meedia.de/2015/08/03/naechster-flop-verdacht-apple-music-kommt-nicht-aus-der-kritik/

Trotz eines dreimonatigen Probezeitraums und Apples milliardenschwerer Marketingpower verlief der Start holprig: Nur 15 von 800 Mio. potenziellen iTunes-Kunden meldeten sich bei Apples Musik-Dienst an – und lediglich 6,5 Mio. blieben nach Ablauf der Testphase als zahlende Kunden erhalten. Streaming-Rivale Spotify lag weiter mit 75 Mio. Nutzern, 20 Mio. davon zahlend, weiter unangefochten vorn.

# iPhone 6s und 6s: Wie lang läuft die Lebensversicherung noch?

Auf das Rollout von iOS 9 mussten Apple-Fans indes noch vier Monate warten – genau wie auf die neuen iPhones. Wie schon in den Vorjahren leisteten Gerüchte in der Zulieferkette aber ganze Arbeit: Bereits Monate vor dem alljährlichen Launch im September galt ein weniger bahnbrechendes Upgrade in der iPhone-Historie auf das iPhone 6s und 6s Plus als gesichert. Und die neuen Modelle konnten plötzlich nicht schnell genug kommen. Bereits bei den Geschäftszahlen für das dritte Quartal, die Ende Juli 2015 und damit sechs Wochen vor der Keynote bekannt gegeben wurden, verlangsamte sich der Absatz von iPhone 6 und 6 Plus überraschend stark. Apple konnte von seinem Kult-Smartphone zwischen Anfang April und Ende Juni 47,5 Mio. Einheiten absetzen und damit um 35 % mehr als im Vergleichszeitraum im Vorjahr. Analysten hatten jedoch mit zumindest 50 Mio. verkauften Einheiten gerechnet. Tatsächlich überraschte die Dynamik, mit der der iPhone-6-Hype abebbte: Im Rekordquartal zu Weihnachten hatte Apple noch 74,5 Mio. iPhones verkaufen können, im März-Quartal 61 Mio. Stück – und nun nochmals 13,5 Mio. Geräte weniger.

MEEDIA: 47,5 Mio. iPhones waren nicht genug: Apple verliert über 50 Mrd. an Börsenwert
http://meedia.de/2015/07/22/apple-verliert-ueber-50-milliarden-boersenwert-nach-soliden-quartalszahlen-%E2%80%A8/

Aktionäre und Analysten reagierten mit Kopfschütteln: Anleger zeigten sich von den Verkäufen schwer enttäuscht und schickten die Apple-Aktie im nachbörslichen Handel in der Spitze um 9 % nach unten. Es sollte der Auftakt zu einem ungemütlichen Börsensommer für Apple werden, an dessen Ende die größten Kursverluste seit Anfang 2013 stehen sollten.

MEEDIA: 120 Mrd. Börsenwert verbrannt – und vier weitere erstaunliche Fakten zum Apple-Crash
http://meedia.de/2015/08/05/120-milliarden-boersenwert-verbrannt-und-vierweitere-erstaunliche-fakten-zum-apple-crash/

12 % oder 90 Mrd. $ Börsenwert gingen allein im dritten Quartal verloren, in dem Apple nach weltweiten Kursturbulenzen im Sog der chinesischen Aktienmärkte sogar kurzzeitig wieder unter die 100-Dollar-Marke stürzte und Apple-CEO Tim Cook zum ziemlich ungewöhnlichen Mittel einer E-Mail an CNBC-Moderator James Cramer griff, um für Kursberuhigung zu sorgen.

MEEDIA: Diese E-Mail von Apple-CEO Tim Cook ist 60 Mrd. $ wert
http://meedia.de/2015/08/25/tim-cook-e-mail-an-us-boersenjournalisten-rettet-apple-60-milliarden-dollar/

Am 9. September 2015 stand Tim Cook im Bill-Graham-Auditorium in San Francisco bei seiner alljährlichen iPhone-Keynote des Jahres nun plötzlich wieder unter Druck. Doch zusammen mit Marketingchef Phil Schiller präsentierte der Apple-CEO lediglich neue iPhones, die haargenau so aussahen wie die alten. Die beiden Kassenschlager blieben als iPhone 6s und 6s Plus optisch praktisch unverändert (tatsächlich legten beide Geräte gegenüber den Vorgängermodellen um 14 bzw. 20 g zu und wurden 0,2 mm dicker ausgeliefert) und sollten nur unter der Oberfläche in Form des neuen A9-Chips eine spürbare Performance-Verbesserung erfahren. Als Hauptverkaufsargument wartete Apple mit einer verbesserten Kamera mit nunmehr 12 Megapixeln und mit den von der Apple Watch bekannten Features 3D Touch und Taptic Engine auf, mit denen Nutzer zusätzliche Steuerungsmöglichkeiten bei Gesten (3D Touch: fester Druck auf das Display) und Vibrationen (Feedback-Funktion wie bei der Apple Watch bei Status- und Aktivitätsmeldungen) bekamen.

MEEDIA: Blasse Keynote: Apple stellt wie erwartet iPhone 6s, iPad Pro und neues Apple TV vor
http://meedia.de/2015/09/09/ernuechternde-keynote-apple-stellt-wie-erwartet-iphone-6s-ipad-pro-und-neues-apple-tv-vor/

Ein Jahr nach dem großen Sprung vom 4 Zoll kleinen iPhone 5s auf die neuen iPhones, die in 4,7 und 5,5 Zoll und einem völlig neuen Formfaktor daherkamen, fiel dieses iPhone-Upgrade ziemlich unspektakulär aus. Die eigentliche Innovation, die Marketingchef Phil Schiller nebenbei erwähnte, war ein Upgrade-Programm für US-Kunden, die sich für ab 32 $ im Monat die Option sicherten, jedes Jahr ein neues iPhone zu erhalten – ein klarer Kunstgriff für die Wall Street, um ein paar Prozent mehr Absatzpotenzial herauszuholen.

MEEDIA: Apple-Keynote: Mittelmaß ist der neue Goldstandard
http://meedia.de/2015/09/10/apple-keynote-mittelmass-ist-der-neue-goldstandard/

Dass Apple auch nach dem iPhone-6-Zyklus beim eher marginalen Upgrade in Form des iPhone 6s, 6s Plus weiterhin ein ungebrochen hohes Käuferpotenzial besäße, versuchte Apple-CEO Tim Cook gegenüber Analysten immer wieder herauszuarbeiten. Für den Kultkonzern sprach die unvergleichlich hohe Loyalität von Apple-Kunden, die – je nach Untersuchung – bei 90 % liegen soll. Zudem will der Apple-Chef eine steigende Wechselbereitschaft von Android-Kunden beobachtet haben. Um den Wechselwilligen den Weg zum iPhone noch ein bisschen zu erleichtern, hat Apple inzwischen ein Verrechnungsprogramm („Trade-in-Programm") aufgelegt, für das sich nicht nur wie bisher alte iPhones qualifizieren, sondern auch ausgewählte Android-Modelle und inzwischen sogar einige Blackberry- und Windows-Phone-Smartphones.

Den Start des neuen iPhones konnte Apple Ende September erneut als Erfolg verbuchen. Nach 10 Mio. verkauften Einheiten am ersten Verkaufswochenende im Vorjahr feierte Konzernchef Cook nun 13 Mio. abgesetzte neue Apple-Smartphones binnen der ersten 72 h. „Die Verkäufe von iPhone 6s und iPhone 6s Plus sind phänomenal gewesen und übertreffen sämtliche früheren Verkaufsergebnisse an einem ersten Wochenende in der Geschichte von Apple", jubelte der Apple-CEO.

MEEDIA: Warum Apples iPhone 6s-Verkaufsrekord die Wall Street enttäuscht
http://meedia.de/2015/09/29/warum-apples-iphone-6s-verkaufsrekord-die-wall-street-enttaeuscht/

Hatte es der Tech-Pionier seinen notorischen Skeptikern mit einer Steigerung von 30 % nicht wieder einmal gezeigt? Jedoch: Der Vergleich zum Vorjahr hinkte. „Ohne China wären die iPhone-6s-Vorbestellungen wahrscheinlich eine große Enttäuschung", legte das Wirtschaftsportal *Quartz* den Finger in die Wunde. Anders als im Vorjahr flossen in die Verkaufszahlen vom ersten Wochenende nämlich auch Millionen iPhones aus dem Reich der Mitte ein, die im vergangenen Jahr noch gefehlt hatten, als Apple seine iPhones erst einen Monat später in China auf den Markt brachte. In anderen Worten: Der neben den USA wichtigste Absatzmarkt der Welt schönte die Verkaufsbilanz erheb-

lich. Davon wollte Apple-CEO Tim Cook Ende Oktober nichts wissen, als er die abschließende Quartalsbilanz für das Fiskaljahr 2015 verkündete. Noch einmal konnte Cook zweistelliges Wachstum präsentieren: Die Umsätze legten um 22 % auf 51,5 Mrd. $ zu, die Gewinne gar um 31 % auf 11,1 Mrd. $ oder 1,96 $ je Aktie – angetrieben erneut von der Lebensversicherung iPhone, das sich zwischen Juli und September 48 Mio. Mal verkaufte.
Für das Geschäftsjahr 2014/2015 konnte Cook eine wahre Fabelbilanz präsen-

MEEDIA: Apple verkauft 48 Mio. iPhones im September-Quartal
http://meedia.de/2015/10/27/apple-verkauft-48-millionen-iphones-im-september-quartal/

tieren: Bei Umsätzen von 234 Mrd. $ blieben schier unglaubliche 53 Mrd. $ in den Geldspeichern Apples hängen. Und doch war die Börse erneut wenig beeindruckt und schickte die Aktie nach der Bilanzverkündung um gerade mal 0,5 % nach oben. Trotz des mit Abstand besten Geschäftsjahres in der Wirtschaftsgeschichte geriet die Apple-Aktie immer mehr unter Druck und beendete 2015 erstmals ein Börsenjahr seit der Finanzkrise 2008 wieder mit einem Minus (–5%).

Der Verdacht, dass es sich um Abschiedszahlen auf dem absoluten Gipfel handeln könne, war im Herbst 2015 häufiger zu hören: Nicht wenige

MEEDIA: Apple-Aktie beendet 2015 im Minus – Aktienrückkäufe bleiben wirkungslos
http://meedia.de/2016/01/04/apple-aktie-beendet-2015-im-minus-aktienrueckkaeufe-bleiben-wirkungslos/

Branchenexperten und Analysten stellten sich die Frage, wie lange Apple das mit Abstand wichtigste Produkt seiner Unternehmenshistorie eigentlich noch ausreizen konnte? Vermögensverwalter Doug Kass etwa wurde nicht müde zu betonen, dass es sich beim iPhone 6 um „den letzten bedeutenden Upgrade-Zyklus" handele, nach dessen Auslaufen Apple die Wachstumsimpulse fehlen würden. Henry Blodget vom *Business Insider* teilt Kass' Einschätzung: „Wenn dieser letzte große Upgrade-Zyklus ausläuft, dürften die iPhone-Umsätze erstmals sinken – besonders, wenn Apple an seiner Hochpreispolitik von 800 $ und mehr pro Smartphone festhält", zeichnete Blodget unmittelbar nach dem iPhone-6-Launch für die mittelfristige bis spätere Zukunft ein eher skeptisches Szenario auf. „Wir glauben, dass die iPhone-Absätze in den nächsten Quartalen bedeutend nachlassen, was der Aktie Gegenwind bescheren dürfte", formulierte auch Analyst Abhey Lamba von der japanischen Investmentbank Mizuho sein Unbehagen. „An den Marktrealitäten kommt Apple nicht vorbei", stimmte Toni Sacconaghi von der Investmentbank Bernstein Research zu. „Es ist höchst fragwürdig, ob das iPhone im nächsten Jahr noch wachsen kann", sprach der renommierte Analyst gegenüber dem Finanzportal *Marketwatch* eine unbequeme Hypothese aus, die die Wall Street kurz vor Beginn des so wichtigen Weihnachtsgeschäfts umtrieb. Glaubte man der Investmentbank Pacific Crest, musste sich Apple auf eine Zeitenwende einstellen. Analyst Andy Hargreaves rechnete zwischen Oktober und Dezember nur noch mit 67 Mio. verkauften iPhones: Das würde einem happigen Minus von 10 % entsprechen und tatsächlich den ersten Verkaufsrückgang seit der Einführung des Kult-Smartphone in 2007 bedeuten.

So weit kam es im Weihnachtsquartal 2015 noch nicht: Noch einmal konnte Apple-CEO Tim Cook Anlegern unter Aufgebot aller Anstrengungen – der Verkaufsstart des iPhone 6s erfolgte eine Woche später, so dass mehr Einheiten im Weihnachtsquartal verbucht wurden – marginal steigende Phone-Absätze präsentieren. Der Vorjahresbestwert von 74,5 Mio. verkauften iPhones wurde im Weihnachtsquartal 2015/16 hauchdünn auf 74,8 Mio. gesteigert – und mit ihm der Nettogewinn auf den Quartalsrekord von 18,4 Mrd. $, während die Umsätze auf 75,9 Mrd. $ anzogen und damit ebenfalls einen neuen Bestwert in Apples 40-jähriger Unternehmenshistorie markierten.

Doch zum Feiern war an der Wall Street niemandem zumute – im Gegenteil. Erstmals seit 2014 fiel die Apple-Aktie wieder unter die psychologisch wichtige Marke von 100 $ zurück, während Analysten den Abgesang anstimmten: Das „Peak iPhone"-Szenario wurde zum „Peak

Apple"-Szenario – Apple hatte seine beste Zeit vermeintlich hinter sich. Was sich 2013 andeutete und 2014/15 noch einmal durch den Run auf große, neue iPhones aufgeschoben wurde, schien sich nun mit voller Wucht zu entfalten.

Das Ende der iÄra: Warum Apples Glanzzeit vorbei ist – und so nie wiederkommt
http://meedia.de/2016/01/27/das-ende-der-iaera-warum-apples-glanzzeit-vorbei-ist-und-so-nie-wiederkommt/

„Ja, die iPhone-Absätze werden im März-Quartal schrumpfen—, musste Tim Cook in der anschließenden Analystenkonferenz den Satz aussprechen, vor dem sich Apple-Aktionäre fürchten wie der Teufel vor dem Weihwasser. Das Ausmaß indes überraschte Anleger wie Analysten: Gleich zehn Millionen iPhones weniger setzte Apple im ersten Kalenderquartal 2016 – dem zweiten von Apples Fiskaljahr 2016 – im Vergleich zum Vorjahreszeitraum ab. Die Umsätze gaben um 13 % auf 50,5 Mrd. $ nach, die Gewinne brachen gar um 15 % auf 10,5 Mrd. $ ein. Die Apple-Aktie taumelte in den folgenden Handelstagen bis auf unter 90 $, während Großinvestor Carl Icahn wegen zunehmender Bedenken im Wachstumsmarkt China, wo Apples Absätze plötzlich um 26 % erodierten, seine Anteile nach über zweieinhalb Jahren wieder verkaufte.

Tatsächlich beschleunigte sich Apples Absturz in der Folge weiter, so dass sich die Wall Street im Juni-Quartal nach einem enttäuschenden Ausblick auf eine regelrechte „Horrorshow— einstellte. Tim Cook musste Ende Juli nicht nur den bislang größten Umsatz- und Gewinnrückgang seiner Amtszeit eingestehen, sondern sogar seit Beginn des Jahrhunderts: Wegen anhaltender Verkaufsschwäche des iPhone 6s, aber auch rückläufiger Absätze des iPads, der Mac-Sparte und Apple Watch sanken die Erlöse um 15 Prozent auf 42,4 Mrd. $, während der Nettogewinn gar um 27 % auf 7,8 Mrd. $ oder 1,42 $ je Anteilsschein einbrach.

manager magazin: Apples Horrorshow - werden Anleger Gewinneinbruch verkraften?
http://www.manager-magazin.de/unternehmen/artikel/apple-zweistelliger-rueckgang-bei-umsatz-und-gewinn-a-1104654.html

Auch das im Frühjahr gelaunchte Mittelklasse-Gerät iPhone SE, das einer Wiederauflage des vier Zoll großen iPhone 5s mit Komponenten des iPhone 6 / 6s gleichkam, konnte die Erosion nicht aufhalten – das iPhone befand sich neun Jahre nach seinem furiosen Marktdebüt plötzlich im Abwärtstrend, der sich Analysten zufolge auch mit der nächsten Generation, die abermals wie iPhone 6 und 6s aussehen soll und nach Redaktionsschluss im September erscheint, fortsetzen dürfte.

**MEEDIA:** Analyst: Das iPhone 6s verkauft sich schlechter als erwartet
http://meedia.de/2015/10/13/analyst-das-iphone-6s-verkauft-sich-schlechter-als-erwartet/manager

Nichts währt bekanntlich für die Ewigkeit – schon gar nicht in der schnelllebigen Welt der Verbraucherelektronik. 2017 wird das Kult-Gadget schließlich bereits seinen zehnten Geburtstag erleben. Wenn das Smartphone per se von einer neuen, überlegenen Geräteklasse abgelöst wird oder zumindest an Bedeutung verliert, hat Apple angesichts der Abhängigkeit von der iPhone-Sparte ein gehöriges Problem. Entsprechend viel diskutiert ist die Frage, welche Produktkategorie den Kassenschlager iPhone in den kommenden Jahren einmal beerben könnte.

# Hoffnungsträger iPad Pro: Wer will einen Pencil?

2010 war es, als Steve Jobs an der Zukunft nachbesserte, bevor sie begonnen hatte: Das iPad war geboren, obwohl das iPhone noch gar nicht annähernd sein volles Potenzial entfaltet hatte. Das iPad startete so stark wie kein anderes Produkt in Apples Geschichte und schien auf dem Weg, das iPhone einmal beerben zu können, sollte es denn schwächeln.

Doch weder das Eine noch das Andere trat ein: Was bereits drei Jahre später zu schwächeln begann, war das iPad. Plötzlich gingen im dritten Quartal 2013 die Lichter aus – die iPad-Verkäufe brachen zweistellig ein und sollten sich nur im anschließenden Weihnachtsquartal noch einmal mit der Einführung des iPad Air erholen. In sieben der darauffolgenden acht Quartale schrumpfte das Apple-Tablet und fiel nach Umsätzen sogar wieder hinter die älteste Konzernsparte zurück – die Macintosh-Unit. Nicht mal die groß angelegte Kooperation mit IBM verhalf dem iPad bislang zur Renaissance.

MEEDIA: iPhone und iPad im Business-Einsatz: Apple verbündet sich überraschend mit IBM
http://meedia.de/2014/07/16/iphone-und-ipad-im-business-einsatz-apple-verbuendet-sich-ueberraschend-mit-ibm/

Das Tablet war offenbar eine Geräteklasse, die sich schnell überlebt hatte. Im Geschäftsjahr 2015 verkaufte Apple insgesamt nur noch 53 Mio. iPads – und damit so wenig wie seit 2011 nicht mehr. Zum Vergleich: 231 Mio. iPhones konnte Apple im gleichen Zeitraum absetzen. Tatsächlich ist eine Korrelation erkennbar: Mit dem Aufkommen des Phablets begannen die Tablet-Verkäufe zu schwächeln. Wer etwa ein 5,5 Zoll großes iPhone 6 Plus besitzt, wird sich genau überlegen, ob er wirklich zusätzlich noch ein 7,9 Zoll iPad mini benötigt.

MEEDIA: Droht das iPod-Schicksal? Staranalyst sagt iPad-Sterben voraus
http://meedia.de/2015/02/09/droht-das-ipod-schicksal-staranalyst-sagt-ipad-sterben-voraus/

Und doch wurde Tim Cook in Analystenkonferenzen nicht müde zu betonen, dass er weiter an die Geräteklasse glaube und die immer kräftigeren Absatzeinbrüche lediglich als Bremsschwelle betrachte. „Das ist keine große Sache. Die Leute besitzen ein iPad länger als ein iPhone. Wir sind erst vier Jahre im Tablet-Geschäft und kennen den Erneuerungszyklus noch nicht", erklärte der Apple-Chef, um dann unmissverständlich klarzumachen, dass das iPad noch das Beste vor sich habe. „Wir wollen, dass es wächst. Uns gefällt kein Negativwachstum. Langfristig hat das iPad eine große Zukunft vor sich. Ich bin sehr zuversichtlich, was wir mit dem iPad anstellen können."

Tatsächlich ließ der Apple-Chef wenig später Taten folgen. Auf der iPhone-Keynote im September 2015 präsentierte Apple die erste Veränderung am iPad seit 2012. Nachdem es drei Jahre zuvor mit der Verkleinerung zum iPad mini noch um zwei Zoll geschrumpft war, wuchs es jetzt wieder. Als iPad Pro stellte Marketingchef Phil Schiller ein 12,9 Zoll großes Apple-Tablet vor, das 5,6 Mio. Pixel darstellen konnte – die Business-Variante des Apple-Tablet war geboren. Apple hatte sich offenkundig ausgerechnet vom alten Rivalen Microsoft inspirieren lassen, der seit 2012 mit dem Surface Pro ein hybridartiges Maxi-Tablet anbot, das mit einer magnetisch ansteckbaren Tastatur, die in die Rückseite der Schutzabdeckung eingearbeitet war, zum Laptop umfunktioniert werden konnte.

„Das iPad Pro ist bei Weitem das schnellste iOS-Gerät, das wir je gemacht haben – der A9X Chip schlägt die meisten mobilen PCs sowohl bei der CPU als auch bei Grafikanwendungen, ist aber dennoch dünn und leicht genug, um es den ganzen Tag in der Hand zu halten", jubelte Phil Schiller über die neue Erfindung. „iPad Pro ist das fortschrittlichste und leistungsstärkste iPad, das wir jemals gemacht haben", feierte Apples Marketingchef den neuen Wurf. Entsprechend kostete das iPad Pro, das im November 2015 in den Handel kam: Schon für die Einstiegsversion mit 32 GB Speicher wurden 799 $ bzw. 899 € fällig. Die größte Version mit 128 GB in Mobilfunkausstattung war für 1079 $ bzw. 1229 € zu haben und kostete damit mehr als das kleinste MacBook Air. Doch wer echtes Laptop-Feeling nicht missen wollte, musste für ein sogenanntes Smart Keyboard noch einmal stolze 169 $ bzw. 179 € drauflegen. Und wem 1248 $ bzw. 1408 € für ein Tablet – und damit fast so viel wie das im Frühjahr frisch eingeführte MacBook – noch nicht genug waren, konnte noch mal 99 € bzw. 109 € für ein Zusatzgerät drauflegen, das noch acht Jahre zuvor undenkbar schien: einen digitalen Stift.

MEEDIA: Blasse Keynote: Apple stellt wie erwartet iPhone 6s, iPad Pro und neues Apple TV vor
http://meedia.de/2015/09/09/ernuechternde-keynote-apple-stellt-wie-erwartet-iphone-6s-ipad-pro-und-neues-apple-tv-vor/

„Wer will einen Stylus?", frotzelte Steve Jobs 2007 auf seiner legendären Keynote zur Enthüllung des iPhone. „Man muss einen kaufen und mit sich tragen und verliert ihn. Keiner will einen Stylus." Keiner? Tim Cook und Phil Schiller waren offenbar anderer Meinung und boten 2015 nun genau das unter einem anderen Namen an: einen „Pencil". Anwendung findet der digitale Kugelschreiber etwa beim Zeichnen und Erstellen von Skizzen – Künstler und Kreative sollten sich vom großen iPad offenbar ebenfalls angesprochen fühlen.

Bleibt nur die Frage, ob das teuerste iPad, das Apple je vorgestellt hat, auch dazu taugt, der schwindsüchtigen Konzernsparte wieder Leben einzuhauchen. Lediglich 2 Mio. verkaufte iPad Pro traut der notorisch treffsichere KGI-Securities-Analyst Ming-Chi Kuo Apple im Weihnachtsquartal zu – zu wenig, um für eine Trendwende zu sorgen. Trotz der neuen Geräteklasse setzte die zweitjüngste Konzernsparte ihren Schrumpfkurs in den ersten drei Quartalen des Fiskaljahres 2016 fort. In anderen Worten: Als Hoffnungsträger der Zukunft kommt die iPad-Unit kaum mehr infrage ...

# Goodbye, iTV: Der ausgeträumte Traum vom Apple-Fernseher

Seit Übernahme der Amtsgeschäfte als Vorstandschef von Apple verbreitete Tim Cook eine Botschaft mit Nachdruck: die Innovationskraft des Tech-Pioniers sei ungebrochen. „Wir haben einige unglaubliche Pläne, an denen wir schon seit einer Weile arbeiten. Wir haben unglaubliche Ideen", erklärte Tim Cook einst auf der Digitalkonferenz D11 des *Wall-Street-Journal*-Ablegers *AllThingsD*. „Ich glaube, wir haben mehrere Game Changer in uns", hielt Cook die Spannung hoch. Das war im Mai 2013.

Die neue Produktkategorie, die der Apple-CEO immer wieder anzudeuten schien, hatte Gründer Steve Jobs bereits posthum in der Biografie von Walter Isaacson vorweggenommen: „Ich möchte ein integriertes Fernseh-Set entwickeln, das ganz einfach zu bedienen ist. Es wäre vollständig mit allen anderen Geräten und mit iCloud synchronisiert." Der Mythos vom Apple-Fernseher ist so naheliegend wie omnipräsent. Seit Jahren überboten sich Analysten mit Mutmaßungen über ein vermutliches „iTV". Piper-Jaffray-Staranalyst Gene Munster war der Erste, der bereits 2010 die neue Produktkategorie für das kommende Jahr voraussagte und seine Prognose seitdem jedes Jahr wiederholte. „Ein Apple TV ist Wirklichkeit", erklärte der langjährige Kenner der Branche dem Finanzinformationsanbieter *Bloomberg* nach Informationen von Zulieferern im Frühjahr 2012. „Es wird die größte Sache auf dem Markt der Verbraucherelektronik seit dem Smartphone sein,", so Munster in Anspielung auf das iPhone-Debüt 2007. „Es wird dem Hype gerecht werden und für den Endverbraucher sehr interessant werden. Apple TV wird anders aussehen – wie ein Stück Glas, keine Ecken und Kanten", weckte Munster die höchsten Erwartungen.

Doch das Warten auf das nächste „one more thing" ging Jahr für Jahr weiter. Dabei schien für den Start eigentlich seit Jahren alles bereit: Bereits 2006 verkündete Steve Jobs ein neues „Hobby" des Kultkonzerns – die Set-Top-Box Apple TV. 99 $ kostet das 10 cm breite Software-Quadrat gerade mal – ein Selbstkostenpreis für ein Produkt, mit dem Apple offenkundig noch einiges vorhatte.

Apple TV hat in den vergangenen Jahren systematisch Inhalte des Macintosh an das Fernsehgerät herangeführt: Erst Fotos, Videos und Filme, dann schließlich über die iCloud den automatischen Abgleich über alle iGeräte, die dank der Airplay-Anbindung über WiFi zur kinderleichten Steuerung des TV wurden. Was läge nun näher, als die Software direkt in das TV-Display zu verbauen, wenn Apple mit State-of-the-art-Bildschirmen jahrzehntelange Erfahrung hat? Man kann sich beim Ende 2012 auf den Markt gebrachten ultradünnen iMac, der für den Schreibtisch fast zu schade ist, kaum des Eindrucks erwehren, dass hier bereits der Vorläufer für den Fernseher zum Einsatz kommt.

Es schien, als würde Apple TV gestartet, weil der Technologiekonzern glaubte: „Es gibt etwas da draußen. Aber wir brauchen noch etwas für den Massenmarkt", deutete Tim Cook zunächst wenige Monate nach seinem Amtsantritt an. Ende 2012 schien der Apple-CEO im TV-Interview mit NBC dann schon deutlicher zu werden: „Wir haben ein großes Interesse an der Fernsehindustrie. Wir finden, dieser Markt wurde lange im Stich gelassen."

MEEDIA: Apple-TV-Spekulationen: Es wird konkreter
http://meedia.de/2012/03/06/apple-tv-spekulationen-es-wird-konkreter/

Fast identisch hatte sich auch Steve Jobs über die Mobilfunkindustrie geäußert, bevor das iPhone auf den Markt kam. Wenige Monate später legte Cook auf der Digitalkonferenz D11 dann noch mal nach: „Wir haben eine große Vision vom Fernsehmarkt." Auch ein weiteres Jahr später erneuerte der Apple-Chef sein unverkennbares Interesse an der TV-Branche. „Fernsehen ist in den 70er Jahren stehen geblieben. Denken Sie mal an all die Dinge, die sich seitdem geändert haben, Fernsehen dagegen fühlt sich an, als würde man eine Zeitreise zurück antreten, die Benutzerführung ist grausam", heizte Cook gegenüber Talkmaster Charlie Rose auch im Herbst 2014 nochmals die Spekulationen an.

MEEDIA: http://meedia.de/2014/09/15/fernsehen-ist-in-den-70er-stecken-geblieben-die-neuen-tv-andeutungen-des-apple-chefs/

Tatsächlich scheint die ganze Branche bereits auf den Apple-Fernseher, der in der eigenen Terminologie nur „iTV" heißen kann, zu warten. „Ich hoffe, Apple bringt einen Fernseher heraus. Sie sind ein großartiger Gerätehersteller. Sie bringen ein tolles Interface und eine tolle Benutzerführung mit", erklärte zum Beispiel Time-Warner-Chef Jeff Bewkes.

Doch an dieser Stelle dürfte das eigentliche Problem sitzen: So weit Apple technisch längst sein müsste, so sehr dürfte der Teufel doch im Detail stecken – und an dieser Stelle tatsächlich das Verhandlungsgeschick von Steve Jobs fehlen. Die extrem mächtige Fernsehindustrie, deren Multis Disney (ABC), Time Warner (CNN), News Corp. (Fox) und CBS bzw. Viacom (MTV) vor Werbemilliarden nur so strotzen, ist schließlich ein ganz anderes Kaliber als die Not leidende Musikindustrie beim Start von iTunes zum iPod-Launch oder die darbende Verlagsbranche zum Start des iPad.

Es sprach einiges dafür, dass Apple nur noch die Inhalte von einem Launch abhalten. So wurde immer wieder kolportiert, Apples iTunes-Chef Eddy Cue würde sich mit Fernsehgesellschaften in Verhandlungen über Content-Pakete befinden, die Streaming-Anbietern wie Netflix überlegen sein müssten. Im Zentrum dürfte dabei Apples Ökosystem iTunes stehen, das das zeitgebundene Sehen aufheben und vielmehr die von Apps bekannte Nutzung nach Bedarf anbieten dürfte. „Damit zerstört Apple allerdings die Grundlage der heutigen TV-Industrie", sah Henry Blodget ein ähnliches Problem für die Inhalteanbieter wie für die Plattenindustrie beim Start des iTunes Stores vor zehn Jahren.

Das Potenzial erschien immens: „iTV ist für Apple eine 13 Mrd.-Dollar-Gelegenheit", prognostizierte die Tech-Analystin Katy Huberty von Morgan Stanley allein für das erste Verkaufsjahr, nachdem die US-Investmentbank 1568 US-Haushalte befragt hatte. Ergebnis: 11 % der Befragten seien demnach am Kauf eines Apple-Fernsehers „extrem interessiert". Für den Vermögensverwalter Eric Jackson war das Potenzial indes ungleich höher: „iTV wird definitiv schneller 100 Mio. Einheiten verkaufen als das iPad, das sich wiederum schneller verkauft hat als das iPhone", glaubte der Fondsmanager, der den in die Jahre gekommenen Fernsehmarkt mit der Einführung von Smart-

TVs als künftiges Boom-Segment einschätzte und bis 2015 das Potenzial von 400 Mio. verkauften Geräten prognostizierte.

Einziges Problem der wilden Spekulationen: Ein Apple-Fernseher ist auch bis heute nicht auf den Markt gekommen. Stattdessen verabreichten nach Jahren des Wartens „gut unterrichtete Kreise" dem Projekt im Frühjahr 2015 eine kalte Dusche: Die Entwicklung eines TV-Gerätes habe Apple in Ermangelung eines Killerfeatures im Vorjahr auf Eis gelegt, steckten dem *Wall Street Journal* die üblichen „mit dem Vorgang vertrauten Personen". Demnach habe Apple jahrelang an einer Integration von Videotelefonie gearbeitet, das Feature aber schließlich auf seinen anderen Geräten – dem iPhone, iPad und dem Mac – in Form von FaceTime auf den Markt gebracht.

Selbst Gene Munster kapitulierte nach der unermüdlichen Fanfare für den Apple-Fernseher in einem von Analysten selten gesehenen Eingeständnis, jahrelang falsch gelegen zu haben. „Dies ist ein harter Tag für mich. Es ist hart, das zu akzeptieren, aber die Realität ist wohl: Der Fernseher ist auf Eis gelegt", erklärte der Staranalyst von Piper Jaffray, der über fünf Jahre ein TV-Gerät vorhergesagt hatte. „Wenn ich die zurückblicke, würde ich wieder zu den gleichen Schlüssen kommen, denn es gab so klare Hinweise, dass sie daran arbeiten. Der Fernseher hat es nur nicht bis zur Produktion geschafft", stellte Munster fest.

MEEDIA: „Fernsehen ist in den 70ern stecken geblieben": Die neuen TV-Andeutungen des Apple-Chefs
http://meedia.de/2015/05/19/wall-street-journal-apple-hat-fernsehplaene-aufgegeben/

War ein TV-Gerät damit für alle Tage vom Tisch? Zumindest in den kommenden Jahren schien die Vision ins Reich der Fantasie zu rücken. Was blieb, war das einstige „Hobby" Apple TV, das im neunten Jahr immerhin ernster zu werden schien, wenn man Gerüchten im Vorfeld der Entwicklerkonferenz WWDC trauen durfte, die durch die Einladung zum Event in Form eines abgerundeten Quadrats, das unschwer nach einer neuen Version von Apple TV aussah, als „Epizentrum der Veränderung" weiter befeuert wurden.

Doch Tim Cook, Eddy Cue und Craig Federighi präsentierten den gespannten Beobachtern im Moscone Center im Juni 2015 jede Menge

Software-Updates – nur keine neue Set-Top-Box. Die vierte Generation von Apple TV ließ weiter auf sich warten, obwohl sie zumindest US-Nutzern den bislang größten Quantensprung in ihrer fast zehnjährigen Historie bescheren sollte: Endlich würden auch Premiuminhalte auf Apples Set-Top-Box hinzubuchbar, verhießen die Gerüchte. Nachdem Seriensender HBO seine Stand-alone-App bereits im April auf Apple TV gelauncht hatte, wurden nun die Angebote der großen US-Fernsehgesellschaften ABC, CBS und Fox in einem integrierten TV-Bündel erwartet. Damit nicht genug: Das neue Apple TV sollte endlich auch einen eigenständigen App Store, Gaming-Angebote und ein integriertes HomeKit, die Schnittstelle für Heimautomatisierungslösungen, umfassen. In anderen Worten: Apple TV schien das Tor zur Smart-Home-Welt zu werden – und damit gleichzeitig die Antwort auf den von Google übernommenen Raumthermostat- und Rauchmelder-Anbieter Nest.

MEEDIA: Was der Kauf von Nest für Google bedeutet
http://meedia.de/2014/01/14/was-der-kauf-von-nest-fur-google-bedeutet/

Bis zum Herbst mussten sich Apple-Fans jedoch noch auf die nächste Generation der Set-Top-Box gedulden. Wie die *New York Times* berichtete, verwarf Apple in letzter Minute den Plan, auf der Entwicklerkonferenz WWDC die nächste Generation zu präsentieren. Der Hauptgrund dafür lag offenbar in der geplatzten Ankündigung des erwarteten Premium-Streaming-Dienstes, nachdem die Gespräche über eine Kooperation mit den großen US-Fernsehgesellschaften immer noch nicht zu einem Abschluss gekommen waren.

Daran hatte sich auch bis zum Spätsommer nichts geändert: Auf der mit Spannung erwarteten iPhone-Keynote im September 2015 präsentierte Apple neben dem neuen iPhone 6s, 6s Plus und dem iPad Pro auch die generalüberholte vierte Generation seiner Set-Top-Box – nur ohne den neuen TV-Abo-Dienst. Tim Cook pries das neue Apple TV als „Grundlage für die Zukunft des Fernsehens an", die allerdings ebenfalls wenige Überraschungen bot. Die neuen Features inklusive einer Sprachsteuerung mit Siri und der Integration eines App Store, der auf dem neuen dafür entwickelten Betriebssystem tvOS basiert, kursierten bereits seit Monaten.

MEEDIA: Wieder kein Deal: Apple muss TV-Streamingdienst auf Eis legen
http://meedia.de/2015/08/14/wieder-kein-deal-apple-muss-tv-streamingdienst-auf-eis-legen/

„Apps sind die Zukunft des Fernsehens", wiederholte Cook das Erfolgsgeheimnis der iÄra. Nach und nach hatten Sender wie ABC, der Finanznachrichtenanbieter Bloomberg, Kulturkanal arte, aber auch digitale Anbieter wie der Musikvideodienst Vevo, der Konzertkanal Cello sowie die amerikanische Basketball- und Eishockey-Liga NBA und NHL bereits maßgeschneiderte App-Angebote gelauncht – nur die großen TV-Gesellschaften ließen weiter auf sich warten.

Zum Herzstück des neuen Apple TV wurde die komplett überarbeitete Fernbedienung mit Touch-Oberfläche aus Glas und der Möglichkeit zur Sprachsteuerung über die digitale Assistentin Siri. Auf den Wunsch „Zeige mehr Filme von Robert Redford" reagiert Siri ebenso wie auf den Befehl „Untertitel anzeigen" und die Frage „Wer hat in *The Wolf Of Wall Street* Regie geführt?". Inhalte der iCloud wie Fotos und Videos wurden ebenso benutzerfreundlicher integriert wie der neue Musik-Streaming-Dienst Apple Music ergänzt. Erhältlich war Apples neuerlicher Angriff aufs Wohnzimmer schließlich im November. Und das zu sehr stolzen Preisen von 149 $ für die 32-GB- bzw. 199 $ für 64-GB-Version. In Europa langte Apple wegen der anhaltenden Euro-Schwäche noch mal stärker hin: 179 bzw. sogar 229 € müssen Fans für die Aufrüstung ihres Fernsehers bezahlen – in der Spitze das Dreifache gegenüber dem bisherigen Modell.

Nach Jahren als Hobby könnte das deutlich verteuerte Apple TV damit endlich zu einem Faktor in der Geschäftsbilanz werden. Bislang 25 Mio. Einheiten hat Apple in den neun Jahren zuvor verkauft und könnte 2016 mit der neuen Set-Top-Box fast dieselbe Menge absetzen, prognostiziert JP-Morgan-Analyst Rod Hall. Zum nächsten Kassenschlager in der Tradition des iPhone oder iPad taugt das TV-Accessoire dennoch kaum. Nur rund 3 % zum Konzerngewinn und lediglich 2 % zum Gesamtumsatz könnte das neue Apple TV im laufenden Geschäftsjahr beitragen, rechnet Hall vor. Die Sehnsucht nach einem „one more thing" – sie hält sich beständig …

# Apple 2020: Mit dem iCar in die neue Dekade?

Wie wird die Welt in fünf, in zehn, in fünfzehn Jahren aussehen? „Prognosen sind schwierig, besonders wenn sie die Zukunft betreffen", witzelte schon der große amerikanische Romancier Mark Twain im 19. Jahrhundert. In den sozialen Medien kursierte zur Jahreswende unterdessen ein rechnerisch unstrittiger Hinweis: Das Jahr 2030 war genauso weit entfernt wie die Jahrtausendwende. Der Versuch, in die Glaskugel zu blicken und auch nur etwas valide Prognosen über die kommenden Jahre zu treffen, erweist sich vor allem in der Technologieindustrie, die sich so schnell verändert wie keine andere Branche der Welt, als höchst vages Unterfangen. „Bei den meisten Dingen im Leben liegt der Unterschied zwischen dem Besten und Durchschnitt bei 30 %. Der beste Flug, das beste Essen sind vielleicht 30 % besser als der Durchschnitt. Als ich dann Woz traf, erlebte ich jemanden, der fünfzig Mal besser war als der durchschnittliche Ingenieur", beschrieb Steve Jobs bereits 1995 den enormen Hebel in der Technologiebranche.

Bis heute hat sich das Gesetz der kreativen Zerstörung lückenlos fortgesetzt. „Alle paar Jahre kommt ein revolutionäres Produkt daher, das alles verändert", kündigte der Apple-Gründer im Januar 2007 das iPhone an. Und genau so sollte es dann kommen. Im Jahr 2006 gab es noch kein iPhone und erst recht kein iPad: Dennoch galt Apple bereits seinerzeit aufgrund des überwältigenden Erfolgs des MP3-Players iPod, der damals für 55 % der Gesamterlöse verantwortlich war, als Unternehmen der Zukunft, dabei hatte die noch gar nicht richtig angefangen.

Tatsächlich besteht Apples Geheimnis seines enormen Erfolgs im irrwitzigen Übertrumpfen vorangegangener Bestleistungen. „Jedes neue iPhone-Modell verkauft sich so gut wie alle früheren Modelle zusammen", rezitierte Marketingchef Phil Schiller im Patentprozess gegen Samsung einen internen Witz, der noch bis zur Einführung des iPhone 5 Bestand hatte. Dabei hat Apple kein Problem damit, sich mit eigenen Produkten selbst anzugreifen. Das iPhone beendete die enorme Erfolgsstory des iPod, weil seine Funktion als Feature im hoch überlegenen neuen Kult-Smartphone verbaut wurde – man konnte mit dem iPhone eben auch Musik hören. Im übertragenen Sinne galt die Konkurrenzsituation auch für Computeranwender, die ihr MacBook zunächst gegen ein iPad eintauschten, weil sie in erster Linie passiv das Internet nutzen, anstatt auf einer physischen Tastatur lange Texte zu schreiben.

Dass neue Tablet-Kunden plötzlich zum günstigeren iPad mini als zum drei Zoll größeren Tablet-Mac griffen, kalkulierte Tim Cook beim Launch 2012 durchaus ein – es ging vielmehr darum, Kunden nicht an die Billigkonkurrenz der Android-Tablets zu verlieren. Zwei Jahre später wirkte die Kannibalisierung wieder anders herum: Das 5,5 Zoll große iPhone stahl dem iPad, dessen Absätze von Quartal zu Quartal zweistellig schrumpften, fraglos Käufer. Apple plant den Effekt indes bewusst seit jeher ein: „Wenn du dich nicht selbst kannibalisiert, wird es jemand anderes tun", lautet ein viel zitiertes Steve-Jobs-Bonmot, das Apples Firmenphilosophie auf den Punkt bringt.

Wie könnte nun diese Selbstkannibalisierung im Jahr 2020 aussehen? Wiederholt sich die Geschichte, steht Tim Cook, wenn er denn so lange als CEO im Amt bleibt, etwas nahezu Unheimliches bevor: Apple muss jene beiden Unternehmensteile, die es zum ehemals „wertvollsten Konzern der Welt" gemacht hatten, erfolgreich ersetzen – die iPhone- und vor allem die immer schwindsüchtigere iPad-Sparte, die viel früher als gedacht ihren Höhepunkt überschritten zu haben scheint.

Der große Hoffnungsträger der kommenden Jahre ist fraglos die 2015 eingeführte Apple Watch, deren Verkaufserfolg zum Zeitpunkt der Beendigung des Buches noch völlig offen erscheint. Glaubt man Analysten, wird der Markt für vor allem tragbare Computer in den kommenden Jahren massiv an Bedeutung gewinnen. Die renommierte Internet-Aktienanalystin Mary Meeker, die inzwischen beim Wagnisfinanzierer Kleiner Perkins angeheuert hat, sagt den Wearables eine goldene Zukunft voraus: Bis zum Jahr 2020 könnten bis zu 10 Mrd. Geräte verkauft werden, schätzt Meeker – das wäre das Zehnfache der heutigen Smartphone-Absätze. Doch was kommt danach? In fünf Jahren könnte der Apple Watch, vor allem wenn sie nicht zum durchschlagenden Erfolg wird, ein ähnliches Schicksal bevorstehen wie dem iPad heute und sich bereits wieder im Abschwung befinden.

Piper-Jaffray-Analyst Gene Munster hat bereits tiefer in die Kristallkugel geschaut und im nächsten Jahrzehnt den 3D-Druck und die automatisierte Technologie als große Tech-Trends identifiziert. Letzteren Bereich hat Google bereits ebenfalls für sich entdeckt: „Selbstfahrende Autos erscheinen wie eine Spielerei, aber wenn man die Zeit berücksichtigt, die man dadurch spart, dass Menschen nicht mehr in den Rückspiegel sehen müssen, und die Effizienz, die dadurch entsteht, dass Autos zwischen Besorgungen losfahren, statt irgendwo auf einem Parkplatz zu stehen, lässt die Welt zu einem anderen Ort werden", schwärmt Google-Mitbegründer Sergey Brin vom viel beachteten Forschungsprojekt des autonomen Google-Autos. „Ein Auto zu besitzen, wird überflüssig, wenn dein Auto zum Taxi wird, das bei Bedarf vorfährt.

Ältere und blinde Menschen würden ganz anders in unsere Gesellschaft integriert werden. Tödliche Verkehrsunfälle könnten ausgerottet werden. Jeder Mensch könnte verlorene Stunden fürs Arbeiten, Lesen, Sprechen oder die Suche im Internet zurückgewinnen", träumt Brin von einer besseren Welt.

MEEDIA: Google I/O: Autonome Autos für eine bessere Welt
http://meedia.de/2013/05/28/autonome-autos-fur-eine-bessere-welt/

„Die Autoindustrie befindet sich am Wendepunkt – das wird nicht nur ein evolutionärer Wandel", war auch Apple-CEO Tim Cook Jahre später auf der Bühne der Digitalkonferenz WSJD des *Wall Street Journals* vom Anbruch einer neuen Ära überzeugt. Ob Apple die Zeitenwende mit vorantreiben würde? Längst mythisch verklärt war ein „iCar" zweifellos: „Bevor wir das iPhone gemacht haben, haben wir darüber diskutiert, was wir als Nächstes entwerfen können", erklärte Marketingchef Phil Schiller bei der Anhörung im Samsung-Prozess 2012. „Die Leute haben so ziemlich jede Idee vorgeschlagen: Baut eine Kamera oder ein Auto – verrücktes Zeug!" Doch plötzlich schien das „verrückte Zeug" gar nicht mehr so vollkommen abwegig zu sein: In den Straßen San Franciscos wurde im Februar 2015 ein mysteriöser schwarzer Minivan gesichtet, der auf Apple zugelassen wurde. Sofort kochten die Gerüchte hoch: Arbeitete Apple heimlich auch an einem selbstfahrenden Auto wie Google?

Wenige Tage später erhielten die Spekulationen von einem Apple-Auto neue Nahrung, nachdem sich ein nicht genannter Apple-Mitarbeiter gegenüber dem Tech-Blog *Business Insider* äußerte. Mitarbeiter vom Elektroautohersteller Tesla würden überlaufen, „weil Apples neuestes Projekt einfach zu spannend ist, um es sausen zu lassen", wurde die Quelle zitiert. „Es wird die Branche verändern und Tesla herausfordern", äußerte sich der Unternehmensinsider zum Apple-Auto. Demnach hätten bei Apple bereits 50 ehemalige Mitarbeiter von Tesla angeheuert.

Dann vermeldete gar die renommierteste Wirtschaftszeitung der Welt Erstaunliches: „Apple schaltet beim Elektroauto einen Gang höher, um Tesla herauszufordern", titelte das *Wall Street Journal*. Wie das WSJ berichtete, stehe ein Elektroauto bei Apple als Zukunftsprojekt hoch im Kurs. „Apple hofft, dass es dem Markt für Elektroautos ähnlich den Stempel aufdrücken kann wie der Smartphone-Industrie mit dem iPhone", zitierte das *Wall Street Journal* einen nicht genannten Insider. So würden beim iPhone-Hersteller nach Angaben des Murdoch-Blattes bereits seit einem Jahr etliche Hundert Mitarbeiter in einer geheimen Unit namens „Titan" an einem Elektroauto arbeiten, das aktuell wie ein Minivan aussehen sollte. Auf bis zu tausend Mitarbeiter könnte das Team aufgestockt werden, hieß es. Geleitet würde die Entwicklung von Apple-Manager Steve Zadesky, ehemals in Diensten des Autobauers Ford. Apple-Angestellte hätten bereits Produktionsstätten unter die Lupe genommen, darunter das österreichische Werk von Magna Steyr in Graz.

Ob sich es beim neuen, geheimen Apple-Projekt tatsächlich um ein richtiges Auto handelte, blieb offen. Der *Business Insider* etwa spekulierte über eine tiefere Software-Integration wie CarPlay, die das iPhone mit dem Auto verbindet. Klar schien zumindest: Apple hat selbst ein großes Interesse, dass die Weltöffentlichkeit von den Autoplänen erfuhr. Warum, verdeutlicht die Erfahrung aus dem Krisenjahr 2013: „Die Zweifel bestanden damals darin, dass Apple keine weiteren bahnbrechenden Produkte in der Pipeline hatte. Die Aussicht von einem Auto könnte Anleger nun von neuen Apple-Projekten träumen lassen."

MEEDIA: Apple gibt Vollgas: Das iCar könnte schon 2020 losbrettern
http://meedia.de/2015/02/20/apple-gibt-vollgas-das-icar-koennte-schon-2020-los-brettern/

Wie *Bloomberg* berichtete, sollte die Produktion des Elektroautos bereits 2020 beginnen. Damit würde Apple den typischen Branchenzyklus unterbieten: die Autoindustrie braucht normalerweise fünf bis sieben Jahre, um ein neues Modell zu entwickeln. Das Techportal *The Information* berichtete Monate später mit Verweis auf die üblichen „vertrauten Kreise—, dass sich der Start nach dem Abschied von Projektchef Steve Zadesky, dem Apple-Urgestein Bob Mansfield nachfolgt, auf 2021 verschobenen habe.

MEEDIA:iCar: Apple-Urgestein Bob Mansfield soll Elektroauto-Projekt „Titan— retten
http://meedia.de/2016/07/26/icar-apple-urgestein-bob-mansfield-soll-elektroauto-projekt-titan-retten/

Doch selbst, wenn der Tech-Pionier kurz vor Beginn des neuen Jahrzehnts tatsächlich den Automobilmarkt betreten sollte, erscheinen die Erfolgsaussichten zunächst vage. Um überhaupt zu einem nennenswerten Faktor in der Geschäftsbilanz zu werden, müsste ein iCar etwa den Sportwagenhersteller Porsche deutlich hinter sich lassen, der im vergangenen Rekordgeschäftsjahr 162.000 Autos absetzte, dabei 14,3 Mrd. € erlöste und davon unter dem Strich Gewinne von 2,6 Mrd. € einfuhr, was kaum 7 % von Apples aktuellem Jahresnettogewinn entsprach.

In anderen Worten: Ein iCar müsste also um ein Vielfaches erfolgreicher werden als der erfolgreichste Sportwagen unserer Tage, um für Apple eine wirtschaftliche Relevanz zu besitzen. Ein Apple-Auto wäre also wie alle Produkte des iZyklus zum Massenerfolg verdammt. Doch was gäbe es in der notorisch umkämpften und traditionell margenschwachen Automobilindustrie für Apple eigentlich zu gewinnen? Weltmarktführer Toyota setzte im vergangenen Geschäftsjahr mit 216 Mrd. $ sogar 34 Mrd. $ mehr um als Apple, fuhr mit 18 Mrd. $ aber nicht einmal die Hälfte der Nettogewinne des iPhone-Herstellers ein.

Selbst unterstellt, dass Apple wie gewohnt höhere Margen erzielen dürfte, erscheint der Anspruch, eine der ältesten Industrien der modernen Wirtschaft binnen weniger Jahre so zu revolutionieren, so dass sich Apple spätestens in einer Dekade mit Toyota um den Spitzenplatz duellieren würde, wie es das heute im Smartphone-Segment mit Samsung tut, als extrem sportlich – von der Annahme, eine über ein Jahrhundert alte Industrie binnen fünf Jahren komplett umzukrempeln, einmal abgesehen ...

So völlig spekulativ die Existenz geschweige denn die Erfolgsaussichten eines iCars sind, so klar ist auch, dass Apple zur totalen Innovation gezwungen ist. Anders als bei Weltkonzernen wie Procter & Gamble, Walmart oder Nike, bei denen noch in zehn Jahren das heutige Kerngeschäft zukunftsweisend sein dürfte, hängt Apples Zukunft maßgeblich von jenem „verrückten Zeug" ab, das auf iPhone, iPad und sogar bald der Apple Watch folgen wird. Ein iPod photo mit dem ersten Farbdisplay aus dem Jahr 2006 besitzt für langjährige Apple-Fans fraglos einen nostalgischen Wert, trägt aber nicht einen Cent mehr zur Apple-Bilanz bei, da der Tech-Pionier das Modell seit vielen Jahren nicht mehr herstellt – genau wie iPhones der ersten sechs Generationen und inzwischen sogar das erst 2012 eingeführte erste iPad mini.

Nicht anders wird es mit dem iPhone 6 und 6 Plus im Jahr 2020 sein: Die Kassenschlager, die Apple 2014 das triumphale Comeback an der Wall Street und eine Steigerung des Börsenwertes um mehr als 300 Mrd. $ beschert haben, spielen schon in einem halben Jahrzehnt ebenso wenig noch eine Rolle wie heute das iPhone 5, obwohl es fraglos noch bestens zu gebrauchen ist. Hierin liegt das eigentliche Risiko des heute mit Abstand „wertvollsten Konzerns der Welt": Wer Apple-Aktien hält, wettet darauf, dass das Management-Team um Tim Cook und Jony Ive das Innovations-Gen von Steve Jobs geerbt hat, sich Jahr für Jahr neu erfindet – und seine aufkommenden Rivalen sowohl vor der Haustür im Silicon Valley als vor allem in Asien dabei weiter in Schach hält.

# Teil XI

## Apples alte und neue Gegner

# Neue Märkte, neue Rivalen

Es war einmal ein Tech-Unternehmen, das anders war – immer schon. Seit der Gründung 1976 ging Apple gezielt den anderen Weg. In den späten 70er und frühen 80er Jahren verkörperte der Computerpionier den rebellischen Charme des Herausforderers, der für einige Jahre unter John Sculley und seinen unglücklichen Nachfolgern verschüttet wurde.

*Think different* hatte sich Apple 1997 zum Comeback auf die Fahnen geschrieben. Es sollte ein Weckruf für die eigenen Mitarbeiter werden – tatsächlich wurde es zur Unternehmensphilosophie, die das größte Comeback in der Wirtschaftsgeschichte pflastern sollte. „Anders" zu sein, war vielleicht die smarteste Positionierung, die Steve Jobs in seiner drei Jahrzehnte langen Karriere gelungen war: Apple war die hochpreisigere, aber eben bessere Alternative, die eine Nische besetzte. Über Jahrzehnte ließ sich im Windschatten der großen Rivalen so prima leben.

Doch irgendwann erreichte die Nische den Massengeschmack. Dann katapultierten Apple mit dem iPhone und dem iPad zwei Bestsellerprodukte binnen nicht mal einem halben Jahrzehnt von einem der fünfzig wertvollsten zum wertvollsten Konzern der Welt. Erstaunlicherweise veränderte das weder die Selbstwahrnehmung noch die Außendarstellung. Selbst als Nummer eins der Tech-Branche definierte sich Apple weiter als Außenseiter und zog gegen die Konkurrenz gerne vom Leder. Samsung, Amazon, Google oder Blackberry wurden von Steve Jobs in Keynotes oder Quartalskonferenzen in legendären „trash talks" beerdigt.

7-Zoll-Tablets? Waren für Steve Jobs „Totgeburten. Dieses Format ist nutzlos, außer man legt Schmirgelpapier dazu, damit Nutzer ihre Finger um ein Viertel verkleinern können", erklärte Jobs Analysten im Oktober 2010. Zwei Jahre später sollte Apple mit dem iPad mini selbst ein kleineres Tablet anbieten. Netbooks? Seien in keiner Hinsicht ein zukunftsweisender Trend oder gar eine Tablet-Alternative. „Es sind einfach billige Laptops", vernichtete der Apple-CEO bei der Präsentation des ersten iPad 2010 die Konkurrenz.

MEEDIA: Apple-Bilanz: Gute Zahlen, schlechte Kurse
http://meedia.de/2011/08/28/apple-bilanz-gute-zahlen-schlechte-kurse/

Und die hatte Apples Innovationsschub tatsächlich jahrelang nichts entgegenzusetzen. Microsoft? Der alte Rivale schien sich seit mehr als einem Jahrzehnt im Dornröschenschlaf zu befinden und hatte sich mit jedem seiner Konterversuche – vom MP3-Player Zune bis zum Hochpreis-Tablet Surface – fürstlich blamiert. Dell und Hewlett-Packard? Waren mit Computern und Notebooks plötzlich aus der Mode gekommen und hatten keine Alternativen zu den moderneren MacBooks und iMacs zu bieten.

Google? War als Internet-Konzern weiter fast vollkommen vom Suchmaschinengeschäft abhängig und hatte mit Zukauf des Handy-Herstellers Motorola öffentlich eingestanden, dass Apples All-in-one-Modell, das Hardware und Software miteinander vereinte, am besten funktioniert. Amazon und Facebook? Konnten Apple mit dem, was der Tech-Pionier nicht hatte – ein Social Network oder ein größeres Content-Angebot – in entfernter Zukunft ein bisschen ärgern, im Kerngeschäft jedoch kaum gefährlich werden. Was sollte für den „wertvollsten Konzern der Welt" also schon schiefgehen?

Selbst im Oktober 2011, als Steve Jobs starb, sah es nach einer jahrzehntelangen Regentschaft aus. Dieser Eindruck verfestigte sich in den ersten sechs Monaten der neuen Epoche nur noch: Steve Jobs hatte Tim Cook ein Erbe hinterlassen, wie es die Welt noch nicht gesehen hatte – dieses Königreich von Cupertino schien auf lange Zeit uneinnehmbar. Wer wollte Apple allen Ernstes herausfordern?

Doch wenn die Sonne am höchsten steht und am stärksten strahlt, ist der nächste Regenschauer bekanntlich nicht weit. Die kalte Dusche kam schneller als erwartet. Irgendwann im Frühsommer 2012 müssen Tim Cook und sein damaliger Finanzchef Peter Oppenheimer gemerkt haben, dass der Geldregen plötzlich weniger furios sprudelte als gewohnt und irgendwo in Asien Rivalen immer sattere Profite abzweigten. Die Kundschaft zog zu immer größeren Smartphones weiter, den Phablets, wie sie vor allem Samsung produzierte – Apple hatte mit dem nur 4 Zoll großen iPhone 5 erstmals seit über einer Dekade wieder einen Trend verpasst und bezahlte in den kommenden zwei Jahren teuer dafür. Dem langjährigen Chipzulieferer gelang dank seines Bestsellers Galaxy S3 und S4 sogar das Kunststück, Apple 2013 für einige Quartale beim Nettogewinn zu überflügeln. Und dann war da noch ein Emporkömmling aus dem Reich der Mitte, der ein Jahr später über Nacht auf die große Bühne drängte: Xiaomi, das sehr offenkundig Apple-Produkte kopierte, verkaufte plötzlich in China mehr Smartphones als jeder andere Konzern – Apple hatte über Nacht ernst zu nehmende Gegenspieler bekommen.

# Samsung: Frontalangriff aus Fernost

Relativ unbeachtet hatte sich im fernen Südkorea eine neue Supermacht formiert, deren Truppenstärke wöchentlich zu wachsen schien. Samsung war kein Unbekannter, doch wirklich als Rivale wurde der bereits 1938 gegründete Technologiekonzern lange Zeit nicht ernst genommen, zu fragmentiert erschien das Angebot der Südkoreaner, die die ganze Bandbreite der Verbraucherelektronik bedienten – von Kameras und Notebooks über Mikrowellengeräte, Kühlschränke und Faxgeräte bis zu TV-Displays und Handys.

Tatsächlich sollte es diese mit der Einführung des iPhones revolutionierte Produktkategorie des Smartphones sein, die den schlafenden Tech-Riesen weckte und binnen wenigen Jahren zu neuem Ruhm und nie gesehener Rendite verhalf. Wer 2010 an Bushaltestellen, U-Bahn-Schächten oder an Hausfassaden auf eine Anzeige des ersten Galaxy-Modells blickte, das auf Googles mobilem Betriebssystem Android basierte, und nicht genau hinsah, glaubte ein iPhone zu entdecken – so sehr ähnelte das Flaggschiff Galaxy S in der ersten Generation, die im März 2010 angekündigt und im Juni 2010 veröffentlicht wurde, dem Apple-Bestseller iPhone 3 GS.

Apple war alarmiert – und klagte. Dabei war der Schaden zum Zeitpunkt der Klage, die von Steve Jobs persönlich angestrengt worden war und am 18. April 2011 schließlich eingereicht wurde, noch halbwegs überschaubar. Bis Ende 2010 verkaufte Samsung 10 Mio. Einheiten. Obwohl Apple zeitgleich im Sommer mit dem iPhone 4, das mit einem Glas- und Stahlgehäuse veredelt wurde, die Latte erneut höher gehängt und neue optische Maßstäbe gesetzt hatte, war ein Trend erkennbar: Der langjährige Zulieferer Samsung wilderte „sklavisch" in Apples Territorium, wie der Tech-Pionier in seiner Anklage beanstandete. „Es ist klar in Apples Interesse, Samsung jetzt zu stoppen. Nur so kann Apple sicherstellen, dass sich Kopien nicht wiederholen. Wenn sie den Prozess gewinnen, wird das auch andere Wettbewerber stoppen, sich an Kopien zu versuchen", erklärte Blogger Jim Dalrymple (*The Loop*) Apples Motivation, in den Patentprozess zu ziehen.

Doch der war nicht ohne Risiken: „Indem sie der Öffentlichkeit zeigen müssen, wie sie ihre Produkte designt haben, die zweimal die Elektronikindustrie radikal verändert haben, riskiert Apple, etwas von seiner Magie zu verlieren", mutmaßte etwa Technologiejournalist Nick Bilton von der *New York Times*. „Steve Jobs hätte gehasst, was gerade im Samsung-Patent-Prozess passiert", wunderte sich auch der *Business Insider*.

MEEDIA: Appsung-Prozess: Einblicke ins Apple-Reich
http://meedia.de/2012/09/06/appsung-prozess-einblicke-ins-apple-reich/
Siehe oben

Doch die Anstrengungen schienen sich gelohnt zu haben. Unerwartet deutlich triumphierte der iPhone-Hersteller Ende August 2012 im „Jahrhundert-Prozess" gegen Samsung. Die neun Geschworenen stellten in sechs von sieben Fällen Patentrechtsverletzungen des südkoreanischen Rivalen fest. Samsung wurde daraufhin zu einer Schadenersatzzahlung von 1,05 Mrd. $ verurteilt, die 2013 jedoch halbiert wurde. Das Urteil gilt angesichts der unzähligen Patentstreitigkeiten in der Branche indes als wegweisend. „Die Werte haben gewonnen, und ich hoffe, dass die ganze Welt zuhört", brach Apple-CEO Tim Cook in der Stunde des großen Triumphs in regelrechtes Siegesgeheul aus. „Ich bin sehr stolz auf die Arbeit, die jeder Einzelne von Euch tut."

Doch der hart erkämpfte juristische Erfolg kam in gewisser Weise zu spät. Nachdem sich Samsung mit dem Ritt auf der iPhone-Welle unter die führenden Smartphone-Hersteller geschoben hatte, folgten zwischen 2011 und 2012 binnen gerade mal zwölf Monaten wie aus dem Nichts gleich zwei Quantensprünge. Mit dem Launch des Galaxy S2 und vor allem des größeren S3 im Juni 2012 wurde Apple plötzlich seine neue Verwundbarkeit vor Augen geführt. Samsung hatte etwas Neues zu bieten, mit dem Apple nicht gerechnet hatte: Das Galaxy S3 ließ das iPhone mit einem Gardemaß von 4,8 Zoll plötzlich klein und alt aussehen. Das Galaxy Note war mit 5,3 Zoll noch größer.

Plötzlich war ein neuer Smartphone-Trend geboren: Das „Phablet" (als Wortschöpfung aus Phone und Tablet) war das neue, heiße Ding. Größer war besser – und Samsung bediente den Hype auch noch mit günstigeren Angeboten für die Massen. Sage und schreibe 37 verschiedene Smartphone-Modelle schickte Samsung 2012 ins Rennen und zog zumindest nach Stückzahlen plötzlich aus dem Windschatten am scheinbar unangreifbaren Champion vorbei.

MEEDIA: Warum Apple wirklich gegen Samsung klagt
http://meedia.de/2012/09/06/warum-apple-wirklich-gegen-samsung-klagt/

Lagen Apple und Samsung im Weihnachtsquartal 2011 mit 37 und 36 Mio. verkauften Smartphones noch praktisch gleichauf, starteten die Südkoreaner 2012 den Turbo: Enorme 63,7 Mio. Smartphones setzte der mit Abstand wertvollste Technologiekonzern Asiens im Weihnachtsquartal ab und ließ Apple mit seinen 47,8 Mio. verkauften iPhones plötzlich wie einen chancenlosen Verfolger aussehen. So schnell konnte es gehen: Binnen knapp einem halben Jahr hatten die Rollen in der hart umkämpften Mobilfunk-Industrie komplett gewechselt.

Als Samsung Mitte März jenes Jahres schließlich den hoch gewetteten Nachfolger seines Bestsellers Galaxy S3 vorstellte, geriet die Präsentation zu einer regelrechten Demonstration der neuen Kräfteverhältnisse. Tief ins Feindesland wagte sich Samsung vor, um seine neue Macht in einer Broadway-Show am New Yorker Times Square, wenige Hundert Meter vor Apples Flagship Store an der Fifth Avenue zu demonstrieren – die ultimative Demütigung für den US-Rivalen. Im Stil eines Musicals präsentierte Samsung in der altehrwürdigen Radio City Hall, in der schon viele Legenden der Showbranche geboren wurden, ziemlich krude seinen neuen Blockbuster – das Galaxy S4. „Bizarr" nannte etwa der *Business Insider* die einstündige Veranstaltung. „Samsung hat keinen Geschmack", lästerte Star-Blogger John Gruber (*Daring Fireball*).

Auch der eigentliche Hauptdarsteller des Abends konnte nicht vollends überzeugen. Das S4 sah dem Vorgänger S3 sehr ähnlich (das Display war gerade mal um 2 mm auf nun 5 Zoll gewachsen), kam wieder in wenig hochwertigem Plastikgehäuse daher – trotzdem schickte Samsung die 16-GB-Version mit 699 € auf iPhone-5-Niveau ins Rennen. Unter der Oberfläche hatte Samsung aufgerüstet und einige neue Funktionen anzubieten: einen Temperatursensor, einen Schrittzähler, einen Textübersetzer, der auch im Sprach-Modus funktionieren soll oder eine im Winter praktische Handschuhbedienung – dazu eine Kamera, die nun schon in 13-Megapixel-Qualität Fotos schoss.

„Das S4 ist schneller, aber auch schwerer, dicker und weniger edel als das iPhone 5", merkte Analyst Brian White von Topeka an. „Wir glauben, dass sich das S4 gut verkaufen wird und daher für Apple zunehmend negativ zu bewerten ist – aber: das Gerät ist eher evolutionär als revolutionär", fand Peter Misek von Jefferies. Auch wenn dem Galaxy S4 der Wow-Faktor fehlte, entwickelte es sich schnell zum erwarteten Kassenschlager und verkaufte sich mit abgesetzten 10 Mio. Exemplaren in knapp einem Monat so schnell wie kein anderes Android-Smartphone. Apples Probleme verschlimmerten sich mit dem sofortigen Kassenschlager aus Seoul: Der global immer noch wertvollste Tech-Konzern war weiter Opfer seiner Produktstrategie und würde den Trend zu einem größeren Smartphone erst 2014 kontern können, mutmaßten Analysten nach Produktionschecks bei Zulieferern. Alles, was Apple seinen Fans in den kommenden Monaten anzubieten hatte, war eine Modifikation seines Bestsellers iPhone 5, der dennoch weiter seltsam klein gegen die beliebten Samsung-Phablets aussehen würde. Der Trend war verpasst, die Lücke erst einmal nicht zu schließen.

„Ich schaue auf mein iPhone-5-Display und bin traurig, dass es nicht so groß wie ein Samsung-Smartphone ist", brachte das Tech-Portal *Business Insider* die Stimmung auf den Punkt. Gründer und Chefredakteur Henry Blodget ging weiter: „Ich habe noch nicht mit dem S4 gespielt, aber es klingt ganz danach, als ob sie Apple nun Meilen voraus wären. Was ist nur mit Apple passiert? Wie konnten sie das zulassen?" schimpfte der frühere Internet-Aktienanalyst. Sechs Jahre nach der Einführung des ersten iPhones fand sich Apple erstmals in der Defensive wieder und musste an einer Comeback-Strategie feilen.

Bis es so weit war, ritt Samsung auf einer Welle des Triumphs: Im zweiten Quartal 2013 konnte der inzwischen mit Abstand weltgrößte Smartphone-Hersteller 8,5 Mrd. $ einfahren – und Apple damit erstmals seit über einem Jahrzehnt wieder überrunden. Zahlenmäßig hatten sich die Kräfteverhältnisse auf dem Smartphone-Markt längst in erstaunlichen Dimensionen im Richtung Südkorea verschoben: Während Apple zwischen April und Juni gerade mal 31 Mio. iPhones absetzte, konnte Samsung 71 Mio. Smartphones an die Käufer bringen – vom neuen Flaggschiff Galaxy S4 gingen allein in den ersten zwei Monaten nach dem Launch 20 Mio. Einheiten über die Ladentische.

maclife.de: Samsungs Sommer: Apple verliert den Tech-Thron
http://www.maclife.de/panorama/leute/kolumnen/samsungs:sommer-apple-verliert-den-tech-thron

Keine Frage: Es war Samsungs Sommer. In den Monaten vor Apples iPhone 5s, das Ende September 2013 in derselben kleine Größe mit lediglich 4 Zoll ausgeliefert wurde, rissen sich Smartphone-Fans um Samsung-Phablets: Unglaubliche 89 Mio. Einheiten aus der Galaxy-Reihe standen im dritten Quartal gerade mal 33,8 Mio. iPhones gegenüber. Samsung verkaufte inzwischen die dreifache Menge – und verdiente erneut besser als Apple: Mit 9,6 Mrd. $ erzielten die Südkoreaner den größten Quartalsgewinn in ihrer 75-jährigen Unternehmensgeschichte und ließen Apple nun schon um mehr als zwei Mrd. hinter sich.

Doch es sollten gleichzeitig Abschiedszahlen auf dem Gipfel sein. In den Folgemonaten verebbte Samsungs Momentum, während Apple, beflügelt durch den neuen Vertriebskanal China Mobile, wieder an Fahrt aufnahm. Ende 2013 erkannte Samsungs Führung um Konzernpatriarch Lee Kun-hee das drohende Ungemach. „Wir müssen uns von überkommenen, auf Hardware basierten Geschäftsmodellen der vergangenen fünf bis zehn Jahre trennen", schwor der legendäre Vorstandschef, der den größten Elektronikkonzern Asiens seit 1987 führte, die Belegschaft in seiner Neujahrsansprache auf eine Zeitenwende ein. „Unsere Forschungsabteilung muss ab sofort rund um die Uhr arbeiten."

Yahoo: Samsung: Geht die Ära der Galaxy-Vormachtstellung zu Ende?
https://de.finance.yahoo.com/blogs/rise-and-fall/samsung-geht-die-ära-der-galaxy-vormachtstellung-zu-160638350.html

Warum, wurde wenige Wochen später deutlich. Samsungs Gewinne wuchsen plötzlich nicht mehr: Ausgerechnet im so wichtigen Weihnachtsquartal schrumpften sie tatsächlich – und das überraschend deutlich. Um gleich 18 % brach der Gewinn im Vergleich zum vorausgegangenen Dreimonatszeitraum auf 7,8 Mrd. $ ein. Der Erfolgszyklus schien nun auszulaufen. Auf dem Mobile World Congress in Barcelona versuchte der wertvollste Technologiekonzern Asiens mit der fünften Generation seines Smartphone-Bestsellers vergeblich für Aufbruchsstimmung zu sorgen: Samsung stellte das 5,1 Zoll große Galaxy

S5 vor, das wasserdicht war und nun ebenfalls wie das iPhone 5s mit einem Fingersensor und sogar einer 16-Megapixel-Kamera daherkam.

Und doch fehlte die Magie – und die Käufer hielten sich zurück. Wenn der eigene Finanzchef zurückhaltende Töne anstimmte, wusste man gewöhnlich, was die Stunde geschlagen hat. „Es sieht nicht gut aus", warnte Samsungs Finanzchef Lee Sang-Hoon Mitte 2014 gegenüber dem *Wall Street Journal* mit Blick auf das abgelaufene Quartal. Wie wenig „gut" der Dreimonatszeitraum verlaufen war, bekamen Aktionäre wenige Wochen später in Dollar und Cent zu lesen: der Smartphone-Champion musste einen drastischen Gewinnrückgang um 20 % auf das schwächste Niveau seit zwei Jahren eingestehen und hatte erstmals seit vielen Jahren wieder weniger Smartphones als im Vorjahreszeitraum abgesetzt.

Doch das war erst der Auftakt zu einem beispiellosen Chaosjahr. Parallel zur Erosion der Geschäfte erlebte Samsung eine Führungskrise: Konzernpatriarch und CEO Lee Kun-hee erlitt im Mai einen Herzinfarkt und musste sich einer Notoperation unterziehen. Samsungs Erfolg war ähnlich eng mit Lee Kun-hee verbunden wie Apples Aufstieg, Fall und Wiederaufstieg mit Steve Jobs. Der inzwischen 72-Jährige leitete die Familiendynastie Samsung seit 1987, als er die Führung von seinem Vater übernommen hatte, der den heute wertvollsten Konzern Koreas 1938 einst als Handelsunternehmen gegründet hatte. In einem ersten Statement teilte Samsung nun nach dem Herzinfarkt mit, der Gesundheitszustand sei „sehr stabil" – doch in den Folgemonaten trat Kun-hee nicht mehr öffentlich in Erscheinung. Das Führungsvakuum, vor allem aber das nachlassende Momentum seiner Galaxy-Bestseller schien Samsung ähnlich zu lähmen wie Apple in der Übergangsphase um Steve Jobs' Tod 2011. Nach dem Launch der großen iPhones im Herbst erodierten Samsungs Gewinne durch Smartphone-Verkäufe vollends.

Bereits das Quartal vor der iPhone-6-Einführung, in dem Käufer ihre Dollar, Euro und Yuan für die neuen, großen Apple-Smartphones zurückzuhalten schienen, wurde für Samsung zum totalen Fiasko – zwischen Juli und September halbierte sich das Konzernergebnis auf nur noch 4 Mrd. $. Die Smartphone-Sparte, die in der Vergangenheit mehr als zwei Drittel zu den Konzerngewinnen beigesteuert hatte, erlebte einen erdrutschartigen Gewinneinbruch von 73 % von 6,7 Mrd. $ auf nur noch 1,7 Mrd. $. Atemberaubend erschien der Aderlass in der einst wichtigsten Konzern-Unit vor allem vor dem Hintergrund, dass Samsung erstmals in einem Quartal mehr als 100 Mio. Handys – darunter 73 Mio. Smartphones – verkaufte. In anderen Worten: Obwohl Samsung nach Marktanteilen sogar noch leicht wuchs, kollabierten die Gewinne so dramatisch, weil sich Käufer immer öfter für Billig-Modelle und nicht für die hochpreisige Galaxy-Serie entschieden.

Im Weihnachtsquartal 2014/2015 dann erlebte Samsung nur rund Jahr, nachdem es noch mehr als Apple verdient hatte, die totale Demütigung durch Apple: Ganze 1,5 Mrd. $ verdiente der koreanische Tech-Veteran noch mit seiner Mobilsparte, zu der Smartphones den Löwenanteil der Gewinne beisteuerten – das war das schwächste Niveau seit vier Jahren. Insgesamt gingen die Konzerngewinne abermals um 27 % auf weniger als 5 Mrd. zurück, während Apple zeitgleich, angetrieben durch den iPhone-6-Boom, mit unglaublichen 18 Mrd. $ den größten Konzerngewinn der Wirtschaftsgeschichte einfuhr.

MEEDIA: Weihnachtsquartal: Samsungs Gewinne brechen weiter ein
http://meedia.de/2015/01/09/weihnachtsquartal-samsungs-gewinne-brechen-weiter-ein/

So schnell konnte es gehen: Das Apple-Imperium hatte zurückgeschlagen und die alte Ordnung der frühen iPhones wiederhergestellt. Für Samsung, das zwei Jahre Apples Schwächephase der zu kleinen iPhones ausgenutzt hatte, hatte sich der Kreislauf von Aufstieg und Fall geschlossen. Maßgeblichen Anteil am Absturz hatte aber nicht nur Apple, sondern auch ein aufstrebender chinesischer Rivale.

# Xiaomi: das neue Apple aus dem Reich der Mitte

Auf dem wichtigsten Wachstumsmarkt der Welt wurde der langjährige Smartphone-Platzhirsch Samsung im Sommer 2014 plötzlich vom Thron gestoßen. Die Zeitenwende hätte kaum symbolischer ausfallen können: Samsung fiel in China im zweiten Quartal mit 13,2 Mio. verkauften Smartphones auf den zweiten Platz zurück – hinter einen gerade mal vier Jahre alten Emporkömmling, der seine Absätze um enorme 287 % auf 15 Mio. Stück steigern konnte: Xiaomi.

Yahoo: Xiaomi: Der nächste Smartphone-Gigant
https://de.finance.yahoo.com/blogs/rise-and-fall/xiaomi-der-nächste-smartphone-gigant-142101847.html

Xiaomi? Positionierte sich als aggressiver Apple-Klone höchst erfolgreich auf dem Heimatmarkt. Das 5 Zoll große Smartphone Mi3, das mit 250 bis 300 € nicht mal halb so viel kostete wie das Galaxy S5, stand Samsungs Flaggschiff technisch in kaum etwas nach. Entsprechend anfällig erschien Samsung mit seinen 600 € teuren Highend-Smartphones der Galaxy-Reihe.

Im zweiten Halbjahr 2014 konterte dann Apple mit dem iPhone 6 und entriss Xiaomi wieder die Krone in China, während Samsung weiter zurückfiel. Immerhin schon 61 Mio. Smartphones konnte „das Apple Chinas" im vergangenen Jahr bereits absetzen, wie Konzernchef Lei Jun stolz vermeldete: „2014 war ein Jahr voller Meilensteine für Xiaomi. Wir kamen aus dem Nichts und wurden Marktführer in China."

Doch dem notorisch ehrgeizigen Firmengründer, der sich bei Produktvorstellungen gerne inszenierte wie Steve Jobs, reichte das natürlich nicht: 2015 sollen sogar schon 80 bis 100 Mio. Einheiten verkauft werden. Damit schien sich Xiaomi nachhaltig als dritte Kraft hinter Samsung und Apple zu etablieren, nachdem im ersten Halbjahr 35 Mio. Stück seiner Kassenschlager Mi4 und Mi Note verkauft wurden und sich Xiaomi auf dem Markt im zweiten Quartal 2015 wieder vor Apple auf dem Spitzenplatz schieben konnte.

MEEDIA: Xiaomi stößt iPhone in China vom Thron
http://meedia.de/2015/08/04/xiaomi-stoesst-iphone-in-china-vom-thron-apple-aktie-stuerzt-auf-6-monatstief/

Xiaomis enormes Aufwärtsmomentum machte begehrlich: Ende vergangenen Jahres konnte der 2010 von Lei Jun gegründete Tech-Konzern mit Sitz in Peking eine Finanzierungsrunde über eine Milliarde Dollar abschließen – und zwar zur enormen Bewertung von bereits 45 Mrd. $. Der legendäre Facebook-Investor Yuri Millner von Digital Sky Technologies hält das nur für eine Zwischenstation auf dem Weg in die Champions League – Xiaomis Bewertungspotenzial taxiert der smarte Russe mittelfristig auf 100 Mrd. $. Dabei fielen Xiaomis Gewinne noch erstaunlich überschaubar aus: 2014 noch verdiente Chinas Smartphone-Riese gerade mal 56 Mio. $ bei Umsätzen von 12 Mrd. $, wie aus dem Börsenzulassungsantrag hervorgeht.

MEEDIA: 40 bis 45 Mrd. $: Xiaomi und Uber im Bewertungswettkampf
http://meedia.de/2014/12/22/40-bis-45-milliarden-dollar-xiaomi-und-uber-im-bewertungswettkampf/

Allerdings ist Xiaomis beeindruckender Verkaufserfolg bislang auf den asiatischen Markt begrenzt: Die anziehenden Umsätze werden praktisch ausschließlich in China, Indien und Indonesien erzielt. „Unser Ansatz, Highend-Smartphones praktisch zum Produktionspreis auf den Markt zu bringen, passt mehr zu den wirtschaftlichen und sozialen Rahmenbedingungen der Schwellenländer", gab Xiaomis Vizepräsident Hugo Barra Anfang 2015 in einem Interview mit der BBC zu. Die Folge: Expansionspläne in die weitgehend gesättigten Märkte in Europa und vor allem USA wären aktuell kein Thema: „Es dürfte wahrscheinlich ein paar Jahre dauern, bevor wir hier präsent sind", ließ Barra durchblicken und räumte ein, man wäre „noch nicht auf dem Level", um auf den extrem kompetitiven westlichen Märkten mithalten zu können. Und doch können deutsche Kunden seit einigen Monaten in den Genuss von ersten Xiaomi-Produkten kommen. Ende Mai eröffnete der Online-Store auch in der Bundesrepublik, Frankreich, Großbritannien und den USA. Austauschbare Akkus, Kopfhörer und Fitness-Tracker können bestellt werden – das Mi-Band kostet etwa konkurrenzlose 14,99 $.

Das explosionsartige Wachstum zu Dumping-Preisen ist auch Apple nicht verborgen geblieben. „Wir sind umgeben von anonymen, schlecht produzierten Dingen", watschte Apples Designchef Jony Ive im vergangenen Jahr den Rivalen aus Fernost ab, ohne ihn direkt bei Namen zu nennen. Die offenkundig dreiste Kopie des iPhones brachte Ive in Rage. „Es ist Diebstahl. Und das sehe ich nicht als Form der Schmeichelei." Nicht nur das Design wäre kopiert worden, sondern „die Tausend um Tausend Stunden von Bemühungen, bei denen nie klar ist, ob sie sich auszahlen würden oder nicht. Es sind Jahre des Investments, Jahre des Schmerzes. All diese Wochenenden, die ich deswegen nicht zu Hause bei meiner Familie verbracht habe", wurde Ive direkt.

MEEDIA: Apple-Designer Ive lästert über Rivalen aus Fernost
http://meedia.de/2014/03/18/apple-designer-ive-laestert-ueber-rivalen-aus-fernost/

Angesichts des Tempos, das die chinesische Nummer eins vorlegt, scheint es fast vorprogrammiert, dass Apples Management künftig weitere Überstunden einlegen muss, um auf dem chinesischen Markt, wo für Apple unzweifelhaft der Kampf um die Vorherrschaft in der Zukunft entschieden wird, weiter vorne zu bleiben. Bevor es so weit ist, wird Herausforderer Xiaomi unterdessen selbst herausgefordert. Im Herbst 2015 musste der Emporkömmling den Spitzenplatz auf dem Heimatmarkt recht überraschend an einen anderen nationalen Rivalen abtreten: Huawei verkaufte nach Absatzzuwächsen von mehr als 80 % im dritten Quartal hauchdünn mehr als Xiaomi. „Huaweis Aufstieg in China ist eine bemerkenswerte Heldentat, vor allem angesichts des reiferen Smartphone-Marktes und des Preisdrucks in China", würdigte Analystin Jessie Ding vom Marktforscher Canalys das anziehende Momentum.

MEEDIA: Huawei: Apples neuer Angstgegner in China
http://meedia.de/2015/11/02/huawei-apples-neuer-angstgegner-in-china

Der 1987 in Shenzhen gegründete Telekommunikationsausrüster agiert zudem im Gegensatz zu Xiaomi seit Längerem auch in den westlichen Märkten und dürfte 2015 daher als drittgrößter Smartphone-Hersteller die Nase noch vor dem „Apple Chinas" haben und als erster Konzern aus dem Reich der Mitte die Absatzmarke von 100 Mio. verkauften Smartphones knacken. Weltweit hat sich Huawei mit zuletzt 27,4 Mio. verkauften Smartphones im dritten Quartal inzwischen als dritte Kraft hinter Samsung und Apple etabliert. „Die Zukunft sieht rosig aus", bescheinigte das US-Wirtschaftsmagazin *Fortune* Huawei auch für 2016 blendende Perspektiven.

Tim Cook wird gut daran tun, die neuen Herausforderer aus dem Reich der Mitte ernst zu nehmen. Die entscheidende Schlacht um eine Fortsetzung des iPhone-Wachstums wird schließlich auf dem chinesischen Smartphone-Markt geschlagen, wo sich Apples Absätze dank der Vertriebsvereinbarung mit China Mobile 2015 mehr als verdoppelten. Kann Huawei mit seinen Flaggschiffen Mate S, dem Ascend P8 und dem Mittelklassegerät Honor 7 Apple nun einige Millionen verkaufte Smartphones stehlen, hat CEO Tim Cook bereits ein empfindliches Wachstumsproblem.

# Google: die Supermacht des Internet

Maßgeblichen Anteil am Aufstieg der neuen Smartphone-Supermächte aus Asien hatte ausgerechnet ein früherer Verbündeter aus dem Silicon Valley, der Ende des vergangenen Jahrzehnts selbst Rivale wurde: der Internet-Riese Google. Über ein halbes Jahrzehnt schien es, als würden sich das aufkommende Internet-Schwergewicht und der wiedererstarkte Tech-Pionier in ihrer Allianz gegen die alten Mächte der Tech-Welt ideal ergänzen. Apple und Google: Das passte so gut, dass CEO Eric Schmidt 2005 in den Aufsichtsrat von Apple einzog – einige Blogger spekulierten gar über eine Megafusion der beiden Silicon-Valley-Ikonen der alten und neuen Welt. Tatsächlich sah so die neue Weltordnung in der Tech-Welt aus: Immer mehr Kunden arbeiteten auf Apple-Computern und benutzten Google – zur Internet-Suche, zum E-Mail-Versenden über Gmail und/oder Bearbeiten von Dokumenten über die Kostenlos-Software Google Docs. Der im vergangenen Jahrzehnt wertvollste Technologiekonzern Microsoft hatte zwei aufstrebende Rivalen bekommen.

Erst recht, als sich Mitte des vergangenen Jahrzehnts der nächste große Innovationszyklus ankündigte: Nach dem Desktop-Zeitalter war vor dem Smartphone-Boom. Als Apple 2007 schließlich das iPhone vorstellte, war Google lange eingeweiht und entwickelte zum Debüt Apps seiner beliebten Dienste YouTube und Maps. Apple und Google waren scheinbar noch enger zusammengerückt und würden nun die Zukunft des mobilen Internet gemeinsam prägen – so schien es zumindest 2007, als beide Aktien steil nach oben schossen und beide Unternehmen erstmals nach dem Börsenwert die 100-Mrd.-Dollar-Grenze durchbrachen.

Doch wie im wirklichen Leben werden Freundschaften durch neue Ereignisse auf die Probe gestellt. Es kam zum Bruch, als Google im November 2007 nur wenige Monate nach dem US-Verkaufsstart des ersten iPhones unter der Führung des Gadget-Gurus Andy Rubin praktisch die gesamte Mobilfunkbranche um sich scharte und die Open Handset Alliance ausrief, deren Ziel ein offenes auf Linux basierendes mobiles Betriebssystem war: Android. „Wir wollen eine ganz neue Erfahrung für Mobilfunknutzer kreieren", erklärte der damalige Google-CEO Eric Schmidt.

„Das ist die Rubin-Sache: Man macht etwas aus Selbstzweck und weil es cool ist und bekommt als Ergebnis etwas mit kindlicher Unschuld", erklärte ein früherer Kollege, der mit Rubin in den frühen 90er Jahren bei Apple gearbeitet hatte. Dort brannten nun bei Steve Jobs die Sicherungen durch. Google zielte plötzlich ebenfalls auf einen Markt ab, den Apple für sich besetzt glaubte und für den beide Konzerne eben noch an einem gemeinsamen Projekt gearbeitet hatten – dem iPhone, auf dem Google eine prominente Rolle spielte.

Steve-Jobs-Biograf Walter Isaacson berichtete von einem Treffen des Apple-CEOs mit den Google-Gründern Larry Page und Sergey Brin und Android-Chef Andy Rubin 2008, bei dem es laut zur Sache ging. Jobs bot Google auf dem iPhone-Homescreen Platz für die Maps- und YouTube-App, machte jedoch mit Nachdruck deutlich, dass er die Android-Entwicklung, die von Apple abgekupfert wurde, keinesfalls tolerieren würde. Jobs drohte mit juristischen Folgen.

Doch relativ schnell war klar, dass Google mehr wollte, als nur Software bereitstellen. Schon Ende September 2008 erschien mit dem G1 von HTC das erste Android-Smartphone. 15 Monate später ließ Google die Maske fallen: 2010 startete mit einem Knalleffekt – dem Nexus One, das erste Google-Smartphone, das von HTC gefertigt wurde. Wenige Wochen später legten die Taiwaner selbst mit einem Multitouch-fähigen Smartphone nach, das sich zu auffällig an Apples Entwicklung orientierte.

Einen Tag, nachdem Jobs das iPad präsentiert hatte, versammelte er die Belegschaft in einem seiner legendären Townhall-Meetings, in denen er einmal im Jahr den Korpsgeist schärfte. Den Windschatten des neuen Apple-Kultprodukts im Rücken und die erwachsende Android-Konkurrenz vor Augen, feuerte Jobs seine ikonischen Tiraden ab: „Wir sind nicht ins Suchgeschäft eingestiegen. Sie sind ins Mobilfunkgeschäft eingestiegen. Macht Euch nichts vor: Sie wollen das iPhone killen", redete sich Jobs in Rage. „Aber wir lassen das nicht zu. Das ganze ‚Don't be evil'-Mantra? Kompletter Schwachsinn!" wetterte der Apple-Vorstandschef, der den Google-CEO Eric Schmidt im Sommer zuvor wieder aus den Aufsichtsrat von Apple befördert hatte.

Die trügerische Allianz war in eine offene Rivalität umgeschlagen, die in einen unverhohlenen Krieg zu eskalieren drohte. Am Sterbebett diktierte Jobs Walter Isaacson in einem regelrechten Wutanfall, wie er mit Google umzugehen gedenke: „Unsere Anklage macht klar, dass Google das iPhone verdammt noch mal geklaut und uns im großen Stil abgezockt hat. Schwerer Diebstahl. Ich werde meinen letzten Atemzug und jeden Penny der 40 Mrd., die wir auf der Bank haben, verwenden, um das richtigzustellen", eiferte sich Jobs seinerzeit. „Ich werde Android zerstören, denn es ist ein gestohlenes Produkt.

Ich bin bereit, in den thermonuklearen Krieg zu ziehen. Die haben Todesangst, weil sie wissen, dass sie schuldig sind. Mit Ausnahme der Suche sind Googles Produkte – Android, Google Docs – Müll."

MEEDIA: Apple gegen Google – das nächste Duell
http://meedia.de/2011/11/14/apple-gegen-google-das-nachste-duell/

Jobs ließ seinen Worten Taten folgen. Anfang 2010 verklagte Apple schließlich HTC als ersten Smartphone-Hersteller, der sich Android zu eigen gemacht hatte. Die Klage gegen Samsung folgte nur drei Monate später. Google selbst blieb von Jobs Revanchegelüsten verschont. Tatsächlich nahm sich der schwer kranke Apple-Gründer am Sterbebett noch die Zeit, um Google-Gründer Larry Page einige Ratschläge mit auf den Weg zu geben. Und die schienen in gewisser Weise zu fruchten. Ob es mit den Gesprächen mit Jobs zu tun hatte oder nicht – im Frühsommer 2011 überraschte Google mit der Übernahme des Mobilfunktelefon-Herstellers Motorola, die einem Eingeständnis gleichkam, dass Apples Strategie, Hardware und Software in einem Produkt zu vereinen, sich als richtig erwiesen hatte.

Obwohl der Kauf nie seinen Niederschlag in überzeugenden Hardware-Produkten gefunden hat und der Internet-Riese Motorola 2014 für nur 3 Mrd. $ an Lenovo weiterreichte, hat sich Google mit Abstand zu Apples gefährlichstem Rivalen entwickelt: Androids Marktanteil explodierte trotz Jobs' thermonuklearer Kriegserklärung. „Wie gut läuft das für sie?" fragte Google-CEO Larry Page 2013 in einem bemerkenswert selbstbewussten Interview das Branchenorgan *Wired*. Tatsächlich kann Google inzwischen fast 80 % der Marktanteile bei mobilen Betriebssystemen mit Android auf sich vereinen.

An der Börse fand der Aufstieg Androids auch seinen Niederschlag: Anleger wetteten nach Jahren der Seitwärtsbewegung aggressiv auf den Internet-Konzern – und damit gleichzeitig gegen Apple. In einem bemerkenswerten „Pair Trade" legte die Google-Aktie synchron zum Wertverfall von Apple ab Herbst 2012 massiv zu: Das Kapital floss aus dem scheinbar alternden Tech-Pionier ab und dem aufstrebenden Internet-Riesen zu.

Die Kapitalverschiebung nahm gigantische Ausmaße an: 270 Mrd. $ verlor Apple in der Spitze zwischen September 2012 und März 2013 an Wert – das war exakt der Börsenwert von Google. Tatsächlich schwang sich der Internet-Riese spiegelverkehrt zu Apple zu bemerkenswerten Kurszuwächsen auf und ließ dabei nacheinander IBM, Samsung, Microsoft, General Electric, Walmart und sogar die Rohstoff-Multis BHP Billiton und PetroChina hinter sich. Lohn der Börsenrallye: Im Frühjahr 2013 war Google in der Liste der „wertvollsten Konzerne der Welt" bis auf Platz drei emporgeschossen.

Nur noch ExxonMobil und Apple lagen vor der Internet-Suchmaschine, der eindeutig die Zukunft zu gehören schien. Und Apple schien seinerzeit offenkundig die Vergangenheit zu repräsentieren: Binnen einem Jahr war der Abstand zwischen beiden Rivalen, der 2012 noch enorme 400 Mrd. $ betragen hatte, auf nur noch 50 Mrd. $ zusammengeschmolzen. Auf dem Allzeithoch bei über 600 $ war Google Anfang 2014 dann sogar schon 400 Mrd. $ wert und damit auf den zweiten Platz der Börsenrangliste vorgerückt. Sogar der Börsenthron schien langfristig für den Internet-Riesen in Sichtweite, wenn Apple weiter stagnierte und Google seinen beeindruckenden Lauf fortsetzen könnte.

Ausgerechnet Staranalyst Gene Munster, der in den vergangenen Jahren mit seinen frühzeitig optimistischen Einschätzungen zu Apple regelrechten Popstarstatus in der Investmentbranche erlangt hatte, holte nun zum Ritterschlag für den großen Internet-Rivalen aus: „Auf Sicht der nächsten 10 bis 20 Jahre ist Google mit weitem Abstand am besten in der Unterhaltungselektronikwelt positioniert", schrieb der Piper-Jaffray-Analyst an die Kunden der Investmentbank. Über Jahre hatten sie die Wendung in Bezug auf Apple gelesen.

maclife.de: Apple und Google: Weiter in zwei Welten
http://www.maclife.de/panorama/leute/kolumnen/apple-und-google-weiter-zwei-welten

Nun sah Munster das größere Zukunftspotenzial offenbar in Google: Jahre der Entwicklung von schier absurden Projekten wie einem selbstfahrenden Auto, einem sprechenden Schuh und einer multifunktionalen Datenbrille die von einigen Analysten schon als veritabler iPhone-Nachfolger gesehen wurde, schienen sich auszuzahlen. „Wir glauben, dass sich die Technik dahin entwickelt, dass der Anwender der Zukunft über ein Tablet und einen am Körper tragbaren Computer wie eine Uhr oder eine Brille verfügt", erklärte Gene Munster der *New York Times*.

Damit war das Stichwort des Konkurrenzprodukts genannt, gegen das sich eine Apple Watch, die 2013 noch Spekulation war, in Zukunft wohl beweisen musste – Googles Datenbrille, die sogar von Apples Aufsichtsratsmitglied Bill Campbell gelobt wurde: „Google Glass ist ein phänomenaler Durchbruch", adelte der langjährige Freund von Steve Jobs die Bemühungen des Erzrivalen, der bereits in diesem Jahr seine ersten Modelle zu Testzwecken unter maximalem Medienspektakel auslieferte.

Schnell wurde das Duell zwischen Google Glass und der mutmaßlichen iWatch bereits zur Schlacht um die Vorherrschaft in der Technologiebranche hochstilisiert. Aber sind die beiden tragbaren Computer wirklich miteinander vergleichbar? Google-Mitbegründer Sergey Brin rühmte sich dafür, das Gadget der Zukunft erfunden zu haben: „Es ist magisch, Momente mit meiner Familie und den Kindern einzufangen, die ich nie mit der Kamera oder einem Smartphone hätte einfangen können", erklärte Brin im Frühjahr.

Auf diese vermeintliche Überlegenheit wies auch Googles Produkt-Direktor Steve Lee hin. Durch bewussten Einsatz eines Smartphones oder einer Kamera können authentische Augenblicke verloren gehen, kritisiert Lee: „Ein großes Problem ist die Ablenkung, die Technologieprodukte erzeugen", wähnt sich Google mit Glass im Vorteil, bei der kein Zücken einer Kamera oder Entriegeln des Smartphones nötig ist. Als „unmännlich" kanzelte Brin Smartphones bereits ab, die Google nach der 12 Mrd. $ teuren Übernahme Motorolas mit viel Aufwand selbst herstellte. „Man reibt nur auf einem nichtssagenden Stück Glas herum", schien sich der Google-Mitbegründer seiner Mission offenkundig ziemlich sicher.

Blieb nur die Frage, ob der Verbraucher die Nerd-Brille auch annehmen würde. „Vor dem Verkaufsstart haben die smartesten Leute in der Tech-Branche auch behauptet, der Segway würde die Welt verändern", legte das Fachorgan *Wired* den Finger in die Wunde. Bilder von Alpha-Blogger Robert Scoble unter der Dusche mit Google Glass halfen zudem eher nicht, das vermeintliche Wundermedium der Öffentlichkeit schmackhaft zu machen. „Das Bild hat mir wirklich nicht gefallen", raunzte selbst Google-Gründer Larry Page Scoble betreten auf der eigenen Entwicklerkonferenz I/O an. „Niemand mag Google Glass", hatte das Blogkonglomerat *Business Insider* ein Urteil gefällt, das sich nach und nach durchsetzen sollte.

Als Google Glass im Frühjahr 2013 in der Entwicklerversion für unglaubliche 1500 $ an 7000 ausgewählte Käufer losgelassen wurde, war der Medienhype noch grenzenlos. Doch nach und nach gerieten die Träger ins Abseits. Die Social-Media-Beraterin Sarah Slocum wurde in San Francisco etwa in einer Bar angegriffen, als sie dort mit Google Glass hereinspazierte. „Leute wie Du zerstören die Stadt", wurde Slocum angeblafft und wenig später attackiert.

Auch wenn Übergriffe die Ausnahme waren – der Trend kippte, nicht zuletzt auf Datenschutzgründen. „Wenn man Google Glass trägt, denken die Leute, dass du der größte Schurke der Welt bist", stimmte US-Tech-Guru David Pogue den Negativkanon an. „Wenn Google nicht aufpasst, könnte es so gehen wie beim Segway". Ein Jahr später scheint klar, dass es sogar schlimmer kommen könnte, denn – obwohl ein massiver Flop – ist der Segway zumindest seit über einer Dekade für jedermann käuflich zu erwerben. Wann Google Glass nun als massenmarkttaugliches Produkt in den Handel kommt, ist weiter offen, nachdem Google im Januar den Verkauf, der Monate zuvor häppchenweise in den USA angelaufen war, wieder stoppte. Ob jemals eine zweite Version in den Handel kommt, ist unklar.

MEEDIA: Google Glass-Krise: Mitarbeiter kündigen, Entwickler geben auf
http://meedia.de/2014/11/17/google-glass-krise-mitarbeiter-kuendigen-entwickler-geben-auf/

Für Tim Cook war der Flop keine Überraschung. Google Glass wäre „aufdringlich statt Technologie im Hintergrund zu halten. Wir dachten immer, dass sie floppt, und bisher ist sie das ja auch", erklärte der Apple-Chef Monate vor dem Verkaufsende der Datenbrille. Es war ein symbolischer Tiefschlag in einem Jahr, in dem Google stagnierte: Von Quartal zu Quartal enttäuschte der Internet-Gigant mit seinen Bilanzen die Erwartungen der Wall Street. Die Umsätze zogen noch knapp zweistellig an, während die Nettogewinne zuletzt nur noch um wenige Prozent wuchsen.

Doch es sollte nur eine Atempause sein. Im Sommer 2015 überraschte Google nicht nur wieder anziehenden Quartalsergebnissen, die dem Internet-Riesen im Juli binnen eines Handelstages den größten Wertzuwachs aller Zeiten bescherte – Google gewann beim Sprung auf neue Allzeithochs enorme 65 Mrd. $ in der Marktkapitalisierung –, sondern auch mit einer Umfirmierung. Google würde künftig nicht mehr Google heißen, sondern Alphabet.

„Unser Unternehmen arbeitet heute gut, aber wir glauben, wir können es sauberer und leichter erklärbar machen", schrieb Google Mitbegründer Larry Page in einem offenen Brief an Aktionäre. „Wir kreieren deshalb ein neues Unternehmen, das Alphabet heißt". In der neuen Holding, die Larry Page und Sergey Brin als Vorstandschef und Präsident führen, bündelte der Internet-Riese alle Unterfirmen inklusive Google. Die Suchmaschine behielt ihren Namen weiter bei und bekam gleichzeitig mit Android-Chef Sundar Pichai einen neuen CEO.

MEEDIA: Große Umfirmierung: Google Inc. wird zu Alphabet, Sundar Pichai neuer Google-Chef
http://meedia.de/2015/08/11/grosse-umfirmierung-google-inc-wird-alphabet-sundar-pichai-neuer-google-chef/

Auch unter dem neuen Firmennamen sollten sich die Kräfteverhältnisse nicht verändern: Google alias Alphabet blieb Apples ärgster Rivale: Im Sommer 2016 notierte Alphabet nach seiner jüngsten Quartalsbilanz bei nunmehr schon 800 $ auf neuen Allzeithochs, während Apple dem alten Top vom Frühjahr 2015 weiter deutlich hinterherhechelte. Der Abstand in der Marktkapitalisierung, der Anfang 2015 noch doppelt so groß gewesen war, war bis auf wenige Prozent zusammengeschmolzen: Alphabet brachte es inzwischen auf einen Börsenwert von 550 Mrd. $., Apple nur noch 570 Mrd. $ – im Frühjahr hatte der Suchriese Apple bereits für zwei Handelstage überholt. Es brauchte nicht viel Fantasie, um sich auszumalen, dass die Rivalität zwischen der Nummer eins der Tech-Branche und dem Platzhirsch des Internet-Sektors auch zum Duell um den Thron der Börsenwelt in den kommenden Jahren werde würde.

MEEDIA: Google-Quartalszahlen: Eine Ära endet im Triumphzug
http://meedia.de/2015/10/22/google-quartalszahlen-eine-aera-endet-im-triumph-zug/

# Amazon: das Anti-Apple

Wenn man einen Gegenpol zu Apple suchte, eine Kehrseite der Medaille, was Anleger einem Unternehmen an der Börse zutrauten, das die Zukunft vermeintlich vor sich hat, dann fanden sie es lange Zeit in Amazon. Der boomende Online-Einzelhändler war an der Wall Street zur Anti-Apple geworden, wie die Konzernbilanzen immer wieder aufs Neue bewiesen.

An den Aktienmärkten riefen die Quartalszahlen hysterische Reaktionen hervor – nur jeweils in die entgegengesetzte Richtung. Gewinne? Wie oberflächlich! Bei Erlösen von inzwischen enormen 30 Mrd. $ pro Quartal blieben lange Zeit nur ein paar symbolische Millionen Dollar hängen – oder Amazon verlor auch immer wieder mal 50 bis 100 Mio. $. Anlegern sind Gewinne bei Amazon jedoch seit Jahren komplett egal: Die Wall Street frisst Konzernchef Jeff Bezos förmlich aus der Hand und bewilligt für Amazon Mondbewertungen mit einem Kurs-Gewinn-Verhältnis nördlich der 1000, während für Apple über weite Strecken des Krisenjahres 2013 eine Multiple von 10 oder weniger gezahlt wurde.

MEEDIA: Amazon vs. Apple: das Börsen-Paradoxon
http://meedia.de/2013/02/01/amazon-vs-apple-das-borsen-paradoxon/

Das Urvertrauen der Börse kommt nicht von ungefähr, denn Bezos ist einer von ihnen – ein waschechter Wall-Streeter, der nach dem Studium bei Bankers Trust anheuerte und dort ein Computersystem für Vermögensverwalter entwickelte und dann zum Hedgefonds D. E. Shaw wechselte, wo er die computerwissenschaftliche Grundlage für Quant Fonds lieferte. Anfang der

90er Jahre antizipierte Bezos frühzeitig den Aufstieg des WWW und nutzte die Gunst der Stunde mit der Gründung des Online-Buchversenders Amazon 1994, den er schnell zum globalen E-Commerce-Anbieter aufbaute.

Es ging sehr schnell: Bezos setzte auf Wachstum um jeden Preis und war zur ersten Internet-Blase Ende der 90er Jahre nicht mehr von den Titelblättern wegzudenken – das *Time Magazine* kürte den heute 51-Jährigen bereits 1999 zum „Mann des Jahres". Heute wird Bezos dank seiner charismatischen Ausstrahlung und großen Vision in der Tech-Welt als veritabler Steve-Jobs-Nachfolger gehandelt, der Amazon mit einem Börsenwert von in der Spitze 350 Mrd. $ zum zeitweise zweitwertvollsten Internet-Konzern nach Google aufgebaut hat. Bei Redaktionsschluss lieferte sich Amazon mit Facebook einen harten Kampf um Platz zwei und hat jährlich bereits mehr als 120 Mrd. $ umgesetzt.

MEEDIA: Eigene Filme: Amazon sucht die Konfrontation mit Netflix
http://meedia.de/2015/01/20/eigene-filme-amazon-sucht-die-konfrontation-mit-netflix/

Was hat Apple mit dem Online-Einzelhändler gemein? Auf den ersten Blick wenig – höchstens den Kampf um den digitalen Marktplatz der Musik-, Film- und Bücher-Inhalte, den Apple seit dem Launch des iTunes Store 2003 extrem erfolgreich besetzte. Tatsächlich ist Apples iTunes Division so etwas wie eine unterschätzte Erfolgsstory: Bereits 6 Mrd. $ setzte Apple im zweiten Quartal 2016 mit der Sparte um. Und das, obwohl Amazon mit seinem eigenen Entertainment-Angebot, das mit über 30 Mio. MP3-Titeln auf ein ähnlich großes Song-Angebot kommt wie iTunes, längst zum natürlichen Gegenspieler erwachsen ist, dem keine Rabattschlacht zu aggressiv erscheint. Das bewies nicht zuletzt auch das immer größere Filmangebot, das Amazon den Kunden seines Premium-Lieferdienstes Amazon Prime spendierte. Für 49 € im Jahr bekommt der Amazon-Kunde nicht nur garantiert seine Lieferung immer am Folgetag, sondern auch Zugang zu Amazon Instant Video, das immerhin 25.000 Filme und Serien anbietet, die meisten (älteren) davon kostenlos – bei Apple sind Filme über Apple TV bekanntermaßen immer kostenpflichtig.

Und dann sind da noch die Eigenproduktionen, mit denen sich Amazon als Netflix-Rivale positioniert: Anfang 2015 gab Amazon bekannt, sich gleich zwölfmal im Jahr unter der Regie von Ted Hope an Eigenproduktionen zu wagen, die zunächst auf der Filmleinwand und schon 30 bis 60 Tage später im eigenen Streaming-Dienst zu sehen sein sollen. Tags darauf überraschte Amazon mit dem nächsten Coup: Sogar Altmeister Woody Allen entwickelt im Auftrag des Internet-Riesen aus Seattle seine erste TV- bzw. Web-Serie, die 2016 exklusiv bei Amazons Video-on-demand-Dienst zu sehen sein soll.

MEEDIA: Supermacht Internet: Google, Facebook und Amazon sind so wertvoll wie nie
http://meedia.de/2015/10/26/supermacht-internet-google-facebook-und-amazon-sind-so-wertvoll-wie-nie/

Amazons Content-Bemühungen zeigten sofort Erfolg: Bei der prestigeträchtigen Golden-Globe-Verleihung gewann der Internet-Riese 2015 gleich den Preis für die beste „Fernsehserie einer Komödie" für die Eigenproduktion „Transparent", die sich direkt gegen den Internet-Rivalen Netflix durchsetzte. Apple kann Amazons Inhalte-Offensive zunächst gelassen sehen, besteht doch die Konzernmaxime darin, iTunes und Apple Music als trojanisches Pferd zum Hardware-Kauf von iPhone, iPad und dem iPod einzusetzen, ohne zwangsläufig selbst am Geschäft mit den Content-Verkäufen verdienen zu müssen.

Doch bereits 2011 begann Jeff Bezos den Spieß umzudrehen: „Wir wollen Geld verdienen, wenn die Leute unsere Geräte benutzen, nicht, wenn sie sie kaufen", erklärte Bezos und schickte seinerseits ein trojanisches Pferd ins Rennen, das Apple Ärger bereiten sollte. Nach dem E-Reader Kindle kündigte Bezos nämlich überraschend den Eintritt in den boomenden Tablet-Markt an und zwar zu absoluten Kampfpreisen. Für bemerkenswerte 199 $ griff Bezos zum Weihnachtsgeschäft 2011 mit einem abgespeckten 7-Zoll-Tablet an, das auf Googles mobilem Betriebssystem Android basierte und vom Start weg 17 Mio. Songs und mehr als 100.000 Filme und TV-Serien im Angebot hatte, dafür aber auf vom iPad bekannte Features wie eine Kamera oder ein hochauflösendes Retina-Display verzichtete. Nicht mal ein Jahr später rüstete Bezos mit einer HD- und sogar einer 9-Zoll-Version nach, die mit 299 $ das günstigste iPad-Modell immer noch unterbot.

Apple konnte die plötzliche Konkurrenz gar nicht gefallen. Geschätzte 4,7 Mio. Kindle Fire verkaufte der damals nach Google zweitwertvollste Internet-Konzern in seinem ersten Weihnachtsquartal, 6 Mio. Stück waren es schon ein Jahr später. Mindestens zwei Mio. iPads sollen Apple durch Amazons Kindle Fire durch die Lappen gegangen sein.

So war die 7-Zoll-Variante, die Apple ein Jahr später dann zu Preisen ab 329 $ als iPad mini ins Rennen schickte, eine Reaktion auf den Boom der Billig-Tablets der Konkurrenz (auch Google war mit einem 200-Dollar-Tablet gestartet), die wiederum nachhaltig an den Gewinnen knabberte. Die Profitspanne des iPad mini läge „signifikant unter unserer Gewinnmarge", gab Apples damaliger Finanzchef Peter Oppenheimer in der anschließenden Telefonkonferenz bekannt.

Entsprechend waren die Gewinnrückgänge bei steigenden Umsätzen im Fiskaljahr 2013 zu erklären. Plötzlich sah sich Apple in einen Mehrfrontenkrieg verstrickt, bei dem es nur verlieren konnte: Würde man die Billigkonkurrenz von Amazon und Google nicht mit eigenen vergünstigten Angeboten kontern, verlor man Marktanteile. Drehte man erzwungenermaßen an der Preisschraube, nähme die Konzernbilanz in Form sinkender Gewinne Schaden. So wenig Amazon Apple als Hardware-Hersteller den Rang streitig machen dürfte, so sehr schwächte der aufstrebende Online-Rivale Apple jedoch an der Heimatfront der iPad-Verkäufe, die sich seit nunmehr zwei Jahren im Sinkflug befinden, obwohl auch Amazons Tablet-Absätze inzwischen nachgeben.

2014 versuchte Tausendsassa Jeff Bezos Apple sogar auf dem Heimterritorium herauszufordern: dem Smartphone-Markt. Gelingen sollte das mit dem lang erwarteten Smartphone aus Seattle, das Amazon erwartungsgemäß „Fire Phone" nannte. Es erschien im Sommer mit einem 4,7 Zoll großen Display mit einem 3D-Effekt, ohne dafür eine spezielle Brille zu benötigen. Möglich wurde das durch ein Feature, das Amazon „Dynamic Perspective" nennt: Mittels Gesichtserkennung von vier Infrarotkameras, die an den Ecken des Smartphone montiert waren, passte das Fire Phone das Bild der Augenposition des Nutzers an.

„Es ist Zeit, die Krone von Apple zu stehlen", teilte Bezos gleich zu Beginn seiner Keynote aus, die jedoch auf wenig positive Resonanz in der Tech-Presse stieß. Amazons Zuneigung der Wall Street tat das indes wie immer kaum Abbruch. „Apple stellt ein Smartphone vor, das die Leute mögen, und die Aktie fällt. Amazon stellt ein Smartphone vor, das die Leute hassen, und die Aktie steigt", brachte Vermögensverwalter Eric Jackson das Phänomen via Twitter auf den Punkt und am Ende noch einmal auf ein Schlagwort: „#bezosmagic".

Doch das Ende Juli 2014 in den USA und im September in Deutschland gelaunchte Fire Phone floppte grandios – gerade mal 35.000 Geräte sollen in den ersten zwei Monaten verkauft worden sein. Tim Cook ließ sich die

Gelegenheit zur Watsche nicht entgehen: „Sie verkaufen jetzt ja auch ein Smartphone, allerdings sieht man es kaum irgendwo", zog der Apple-CEO im September 2014 beim US-Talker Charlie Rose über das Fire Phone und den E-Commerce-Riesen im Allgemeinen her. „Sie sind keine Produkt-Company", sprach Cook Amazon Innovationsgeist ab.

MEEDIA: „Fernsehen ist in den 70ern stecken geblieben": Die neuen TV-Andeutungen des Apple-Chefs
http://meedia.de/2014/09/15/fernsehen-ist-in-den-70er-stecken-geblieben-die-neuen-tv-andeutungen-des-apple-chefs/

Amazon-Gründer Jeff Bezos, ein Mann, der sich schon mal als Hobby für 250 Mio. $ die *Washington Post* leistete, dürfte das Fire-Phone-Debakel sportlich nehmen: Der sendungsbewusste Seriengründer investierte auch 42 Mio. $, um die am längsten laufende Uhr der Welt zu erschaffen: „Die Uhr des langen Jetzt" („*The Clock of the Long Now*") liegt tief unter der Erde in einem Bergstollen in Texas und soll für die nächsten 10.000 Jahre die Zeit messen.

Yahoo: Amazon-Gründer Jeff Bezos: Der Sam Walton der Internet-Ära
https://de.finance.yahoo.com/blogs/rise-and-fall/amazon-gründer-jeff-bezos--der-sam-walton-der-internet-ära-085751527.html

Und dann ist da noch die Raumfahrt. 2005 wurde Bezos' Investment in das private Raumfahrtunternehmen Blue Origin bekannt, das er schließlich ganz übernahm mit dem Ziel, private Weltraumreisen zu ermöglichen. Wie vernarrt Bezos offenkundig in die Raumfahrt ist, beweist ein anderes kostspieliges Abenteuer: So finanzierte Bezos die Bergungsexpedition der legendären Apollo 11 in bis zu 4800 m Tiefe. Vor einigen Jahren konnten immerhin schon mal zwei Raketentriebwerke geborgen werden ...

In irdischeren Sphären zündet Bezos mit Amazon unterdessen die nächste Wachstumsstufe: Die Konzernsparte Amazon Web Services (AWS) bringt es bereits auf über eine Million Kunden – darunter so illustre Namen wie Netflix, Pinterest, Adobe und sogar die NASA – und einen Quartalsumsatz von knapp 3 Mrd. $. Das Cloud-Geschäft, von dem Jeff Bezos behauptet, es besitze das Potenzial, eines Tages größer zu werden als das klassische Handelsgeschäft, gilt als nächstes großes Boom-Segment der Tech-Branche – und als Apples notorische Schwachstelle, in der sich in den vergangenen Jahren andere Unternehmen profilierten.

MEEDIA: Amazon auf Allzeithochs: Die Entdeckung der Profitabilität
http://meedia.de/2015/10/22/amazon-auf-allzeithochs-die-entdeckung-der-profitabilitaet/

# Facebook, Netflix, Spotify & Co: Internet-Emporkömmlinge und Wall-Street-Lieblinge

So ambitioniert Amazons Content-Pläne waren – der eigentliche Rivale in der Schlacht um das Wohnzimmer kam aus Los Gatos, Kalifornien. 1997 gründete der frühere Programmierer Reed Hastings einen DVD-Versender namens Netflix, der es mit dem milliardenschweren Platzhirsch Blockbuster aufnahm. Der Ausgang ist bekannt: Blockbuster ging 2010 pleite, Netflix hatte das erste Gefecht gewonnen. Doch Zeit zum Ausruhen blieb dem umtriebigen Oststaaten-Mann Hastings nicht. In seiner zweiten großen Schlacht ging es nämlich um nicht weniger als die Zukunft des Fernsehens im digitalen Zeitalter. Hastings teilte das Unternehmen in zwei Teile auf: den klassischen DVD-Versand, der weiterhin für die größeren Umsätze und Gewinne sorgte und Qwikster heißen sollte – und den neuen Streaming-Geschäftszweig Netflix, der sich als Video-on-demand-Dienst mit einer Flatrate immer größerer Beliebtheit erfreute.

Nach Hastings Einschätzung reicht es aber nicht, wie Apple über Apple TV nur Filme und Serien anzubieten – das Rennen um die Zukunft des Fernsehens wird nach Meinung des 55-jährigen Entrepreneurs mit eigenen Inhalten gewonnen. Entsprechend entschloss sich Netflix für etwas, was dem seinerzeit stark angeschlagenen Streaming-Dienst keiner zugetraut hatte: Er investierte Anfang des Jahrzehnts 100 Mio. $ in die Eigenproduktion *House Of Cards* und stach dabei sogar den scheinbar übermächtigen Rivalen HBO aus.

Der Rest der Geschichte ist bekannt: *House Of Cards* ist ein Welthit – und Netflix auf dem besten Wege zum Medienunternehmen des 21. Jahrhunderts zu werden. Über 80 Mio. Abonnenten in 190 Ländern bezahlen für den Streaming-Dienst inzwischen. Bis auf 50 Mrd. $ ist Netflix' Börsenwert bereits angestiegen; eine mögliche Übernahme, über die in den vergangenen Jahren immer wieder spekuliert wurde, wäre zwar für Tim Cook immer noch problemlos mit den immensen Cash-Reserven zu stemmen, allerdings auch bei den branchenüblichen Premiumaufschlägen teuer bezahlt.

MEEDIA: republica 2015: Netflix-CEO Reed Hastings mit Popstar-Auftritt
http://meedia.de/2015/05/05/republica-2015-netflix-ceo-reed-hastings-mit-popstar-auftritt/

Deutlich günstiger käme Apple da schon beim Streaming-Pendant aus der Musikindustrie zum Zuge. Auf 8 Mrd. $ belief sich der Wert von Spotify nach einer im Sommer dieses Jahres durchgeführten Finanzierungsrunde. Das bereits 2006 von Daniel Ek gegründete schwedische Internet-Unternehmen gilt als der Pionier des Streaming-Modells nach den Grundsätzen der „Share Economy": Für eine Abo-Gebühr von 9,99 $/€ erhielten Nutzer unbegrenzten Zugang zu allen verfügbaren Songs. Nutzer, die sich nicht an Werbeeinblendungen störten, konnten Spotify gar kostenlos nutzen.

Es war ein krasser Gegenentwurf zum tradierten, 12 Jahre alten Download-Modell von iTunes: Nutzer wollen offenbar immer seltener, wie Steve Jobs einst behauptete, Musik besitzen, sondern sie einfach hören. Entsprechend erfreute sich Spotify, das bis Mitte 2015 über 85 % der Marktanteile im Streaming-Segment für sich beanspruchen konnte, immer größerer Beliebtheit, während sich die Download-Zahlen von iTunes seit zwei Jahren rückläufig entwickelten.

100 Mio. Menschen rund um den Erdball hörten mit Stand Juni 2016 bereits Musik via Spotify, mehr als jeder vierte Nutzer war bereit, für den Musikgenuss zu zahlen. Kein Wunder, dass Apple dem immer mächtigeren Herausforderer aus Stockholm mit maximalem Aufwand Einhalt gebieten wollte. Der Konter kam in Form des Mitte 2015 gestarteten eigenen Streaming-Angebots Apple Music, das technisch auf dem im Vorjahr gekauften Dienst Beats Music basierte und Spotify empfindlich treffen sollte.

„Oh ok", lautete die vielsagende Twitter-Reaktion von Spotify-Gründer Daniel Ek auf Apples Eintritt auf den Markt für Musik-Streaming. Gespielte Gleichgültigkeit oder nicht: Dass die Schweden das Feld nicht kampflos räumen werden, machte Ek wenige Wochen vor dem Launch von Apple Music deutlich. Spotify erweiterte sein Angebot radikal um Video-Inhalte: So kommen Nutzer inzwischen auch in den Genuss von Bewegtbild-Angeboten, sei es in Form von Musikvideos von MTV, Nachrichtensendungen (NBC und ABC in den USA, BBC in Großbritannien), Sport (ESPN), Comedy (Comedy Central), popkulturellen (Vice) oder anderen Formaten (etwa Ted-Talks), während das Warten auf neue (Premium-)Inhalte auf Apple TV von Jahr zu Jahr in eine neue Runde ging.

MEEDIA: Spotify nimmt den Kampf gegen Apple mit 526 Mio. $ Frischgeld auf
http://meedia.de/2015/06/11/spotify-nimmt-den-kampf-gegen-apple-mit-526-millionen-dollar-frischgeld-auf/

Auch gegenüber anderen Internet-Emporkömmlingen sah sich Apple plötzlich in der Defensive, wenn auch vorerst nur auf Nebenschauplätzen. Dabei hatte Apple unter Steve Jobs wie kein anderer Hardware- und Software-Hersteller in den späten 90er Jahren auf das Aufkommen des Web reagiert. Der iMac war ein Rechner der neuen Generation, der auf das Browsen im Web zugeschnitten war – schon das „i" im Namen deutete die Nähe zum Internet an. In den folgenden Jahren entwickelte Apple passend dazu die Gadgets für die Internet-Generation: den iPod, das iPhone und iPad. Nur bei der Bestückung von Inhalten blieb der sendungsbewusste iKonzern seltsam blass.

Dabei gab es immer wieder Vorstöße. Mit.Mac schuf Apple 2001 ein Internet-Angebot, das sich die Eitelkeit der Apple-Kunden zunutze machte: Für 99 $ gab es eine mac.com-E-Mail-Adresse und Speicherplatz. Der Dienst funktionierte als Apple-Alternative zu den unzähligen Angeboten wie AOL, MSN, Yahoo Mail oder später Gmail. 2008 überarbeitete Apple sein Internet-Angebot und wertete es mit MobileMe scheinbar auf: Bessere Verzahnung mit den Apple-Geräten: ein Push-Service, Push-Kontakte, Push-Kalender. „MobileMe ist Exchange für den Rest", scherzte Marketing-Chef Phil Schiller in Anspielung auf Microsofts Nachrichtensystem – doch plötzlich fehlten E-Mails.

Steve Jobs tobte. „Kann mir jemand sagen, was MobileMe tun soll?" ereiferte sich Jobs vor versammelter Mannschaft, um sich dann selbst die Antwort zu geben: „Warum tut es das verdammt noch mal nicht?" Einmal in Rage, holte Jobs richtig aus: „Ihr habt Apples Ruf geschadet, Ihr solltet euch dafür hassen, dass Ihr euch nicht gegenseitig unterstützt habt." Die Folge: Der

Teamleiter der MobileMe-Unit wurde vor der Belegschaft gefeuert und durch Eddy Cue, Apples heutigen Internet-Chef, ersetzt.

Nur mühsam konnte Apple mit MobileMe nach dem peinlichen Flop das Vertrauen der Tech-Szene zurückgewinnen. „Lassen Sie mich Ihnen sagen: Das war nicht unsere Sternstunde", sollte sich Jobs drei Jahre später bei der Vorstellung des Nachfolgers ungewohnt demütig geben. Doch Jobs hatte sich noch einmal viel vorgenommen: iCloud war im Juni 2011 das große Highlight der Entwicklerkonferenz WWDC und das letzte Produkt, das Jobs präsentierte.

Es vervollständigte, was mit MobileMe begonnen wurde: das Synchronisieren zwischen iGeräten, Abgleichen und Bereitstellen von Inhalten wie E-Mails, Kontakten, Fotos, Musik und das automatische Speichern bis zu bestimmten GB-Speichermengen in der Datenwolke. „Apple hat als Erster erkannt, dass der Rechner zum digitalen Knotenpunkt wird", erklärte Jobs im Gespräch mit Walter Isaacson und präzisierte dabei seine Vorstellung vom Speichern und Abgleichen von Inhalten in der Datenwolke. „Wir müssen das Unternehmen sein, das deine Beziehung mit der Cloud verwaltet – das Unternehmen für deine Musik- und Video-Streams aus der Cloud, für die Speicherung deiner Bilder und Informationen und womöglich sogar deiner medizinischen Daten."

Und so kam es dann auch ab Herbst 2011 zehn Jahre nach dem Start von. mac: Fotos, die mit dem iPhone geschossen wurden, flossen nun in iCloud über den Fotostream automatisch in das Fotoarchiv auf allen Apple-Geräten ein, wenn man sie dazu autorisierte; Songs und Apps, einmal heruntergeladen, wurden automatisch auf anderen Geräten ergänzt; Notizen, Erinnerungen, Kalendereinträge und bearbeitete Dokumente wurden ebenfalls automatisch abgeglichen und allen iGeräten bereitgestellt. „Es funktioniert einfach", beendete Jobs mit einem Apple-Standardspruch die iCloud-Präsentation im Juni 2011.

Das stimmte und doch fehlte etwas. Das Cloud-Start-up Dropbox, das im Dezember 2007 gegründet wurde, erfreute sich auch unter Apple-Nutzern so großer Beliebtheit, dass es Mitte 2015 bereits 300 Mio. Nutzer zählte. Dropbox ergänzte Apple an einer seltsamen Schwachstelle der iCloud: Bei der Speicherung von ausgewählten Dokumenten, die Apple bei MobileMe noch in der iDisk abgelegt hatte. Warum konnte man seine sieben Sachen – das angefangene Manuskript, Kundenrechnungen und ein paar Urlaubsbilder – nicht einfach in einem Ordner mit klarer Verzeichnisstruktur speichern?

MEEDIA: Dropbox: der nächste Milliarden-Anwärter
http://meedia.de/2011/07/13/dropbox-der-nachste-milliarden-anwarter/

Apple bevorzugte mit der iCloud das Prinzip des programmbezogenen Speicherns im Hintergrund, besserte Ende 2014 mit dem Launch von iOS 8 nach und führte mit iCloud Drive einen ordnerbasierten Speicherdienst in Cloud wieder ein, der allerdings die Universalität und vor allem Benutzerfreundlichkeit von Dropbox vermissen ließ. Vor allem ließ sich Apple die Datenspeicherung in den in North Carolina beheimateten Serverfarmen wie immer fürstlich bezahlen: Während für 1 TB Speicherplatz in Apples iCloud mit 240 $ bzw. Euro zu Buche schlugen, wurden beim 2007 gegründeten Filehoaster lediglich 99 $ bzw. Euro fällig.

Auch in der E-Mail-Verarbeitung machte Dropbox mit dem von ihm übernommen Start-up Mailbox vor, wie State-of-the-art-Internet-Anwendungen funktionierten. Es überrascht daher nicht, dass Dropbox als einer der heißesten Übernahmekandidaten von Apple gehandelt wurde, den Tim Cook vermutlich mit einem Quartalsgewinn bezahlen konnte. Tatsächlich hält sich bis heute das Gerücht, dass Steve Jobs 2010 ein Jahr vor dem iCloud-Launch ein Übernahmeangebot für Dropbox über 800 Mio. $ abgegeben habe, das Gründer Drew Houston jedoch verwarf. Nach der jüngsten Finanzierungsrunde wird Dropbox heute bereits mit 10 Mrd. $ bewertet.

Andere mobile Dienste zeigten unterdessen immer wieder Apples Schwäche im Bereich der Internet-Services auf: Die Produktivitäts-App Evernote etwa, die auch schon mit über 1 Mrd. $ bewertet wird, zeigte seit Jahren, was mit einem digitalen Notizblock auf dem Smartphone möglich war. Apples Notiz-App Notes befand sich dagegen seit Jahren im Dornröschenschlaf und hatte seit der ersten iPhone-Generation 2007 lediglich Veränderungen in der Schriftform und Versandoption erfahren. Erst unter iOS 9 spendierte Apple Notes neue Features wie Erinnerungslisten, die Möglichkeit, Skizzen zu zeichnen, Fotos einzufügen oder neue Formatierungsoptionen.

Eine andere Killeranwendung in der iPhone-Nutzung erhielt im Frühsommer 2015 neue Konkurrenz durch den Erzrivalen: Google spendierte allen

Nutzern, ganz gleich, ob sie in der Android- oder iOS-Welt beheimatet waren, die Option zur unlimitierten, kostenlosen Fotospeicherung. Wer kannte das Problem im inflationären Smartphone-Fotozeitalter nicht: hier ein Schnappschuss, da die bearbeitete Filter-Version und dann noch jede Menge Videos und schnell füllte sich der Smartphone-Speicher.

MEEDIA: I/O: Google fordert Apple mit neuer Foto-App und Android Pay heraus
http://meedia.de/2015/05/29/io-google-fordert-apple-mit-neuer-foto-app-und-android-pay-heraus/

Wer nun beim Internet-Pionier seine Bilder und Videos unter Google Photos ablegte, zahlte nichts – und zwar ganz gleich, wie viel Speicherplatz in Anspruch genommen wird. Google spielte seine Trümpfe als Software-Champion bei Zusatzfunktionen wie automatischen Collagen und einer präzisen Standorterkennung und einer beeindruckenden Suche zudem voll aus und bot dem emotionalsten digitalen Besitz – den Fotoerinnerungen – damit eine Heimat, die selbst Apple-Nutzern gefallen musste.

Doch es gab noch mehr Internet-Überflieger aus dem Silicon Valley, die Services anboten, die Apple nicht hatte. Der Kurznachrichtendienst Twitter, der 2006 von früheren Apple-Mitarbeitern gegründet wurde, wurde immer wieder als ideales Übernahmeziel genannt, um in den boomenden sozialen Medien präsenter zu sein. Apple implementierte den 140-Zeichen-Dienst bereits 2011 tiefer in die neueste Version seines mobilen und regulären Betriebssystems und soll nach Angaben von US-Medien bereit gewesen sein, in Twitter zu investieren, doch der Kurznachrichtendienst brauchte Apples Geld nicht und strebte Ende 2013 selbst an die Börse, wo er allerdings auf eine turbulente Achterbahnfahrt ging, die dem langjährigen CEO Dick Costolo im Sommer 2015 den Job kosten sollte.

„Apple muss kein Social Network gehören", erteilte Tim Cook im Frühjahr 2012 auf der vom *Wall Street Journal* veranstalteten Technologiekonferenz D10 solchen Übernahmespekulationen eine Absage. „Muss Apple aber ‚social' sein? Ja!" Das war dem wertvollsten Konzern tatsächlich in der Vergangenheit eher misslungen. Als eine – neben MobileMe und dem Kartendienst Maps – der größten Blamagen gilt der 2010 angekündigte Start des eigenen Musik-Social-Networks

Ping. „Stellt Euch Ping einfach als Facebook für die Musikwelt vor", hatte Jobs den Launch 2010 noch angekündigt. Doch der Flop war grandios: Vom ersten Tag an war Ping eine Totgeburt: Es gab keine Interaktionsmöglichkeit, lediglich die Möglichkeit, einen Song zu „liken" – Ping wurde Ende 2012 beerdigt, die Idee eines Musiknetzwerks aber drei Jahre später in Apple Music teilweise wiederbelebt.

Am Ende trieben sich auch Apple-Fans in einem anderen Social Network herum: Facebook. Das weltgrößte soziale Netzwerk, das sich in Überschallgeschwindigkeit zu entwickeln schien, war zur größten Erfolgsstory des Silicon Valley in den vergangenen Jahren avanciert: Facebook war zu so etwas wie dem sozialen Betriebssystem des Internet geworden. Im Oktober 2012 knackte das seinerzeit gerade mal achteinhalb Jahre alte Social Network die Ein-Milliarde-Nutzer-Grenze; inzwischen tummeln sich mehr als 1,5 Mrd. Menschen auf der elf Jahre alten Plattform. Der Gründer Mark Zuckerberg, an dessen Beharrlichkeit Jobs Gefallen gefunden und dem er als Mentor einige Mal zur Seite gestanden hatte, war dabei, das modernste Internet-Unternehmen unserer Zeit zu bauen. Sein Anspruch, die Welt zu „einem offeneren und vernetzterem Ort zu machen", hatte Facebook vermutlich zur meistgenutzten iPhone- und iPad-App gemacht: Immer öfter sah man Apple-Nutzer versunken in die blaue App auf ihrem iGerät starren. Als „Supermacht des digitalen Lebens" sah das Hamburger Nachrichtenmagazin *Der Spiegel* Facebook bereits.

MEEDIA: Web-K(r)ampf: Der Spiegel irrlichtert durchs Netz
http://meedia.de/2011/12/05/web-krampf-spiegel-irrlichtert-durchs-netz/

Auch Jobs war durchaus beeindruckt. „Ich habe Steve mal gefragt, wen er im Silicon Valley bewundert", erzählte Jobs' Biograf Walter Isaacson vergangenen Sommer auf einer Podiumsdiskussion, „und Mark Zuckerbergs Name war er erste, der fiel." Kein Wunder: Wie auch Jobs kümmerte sich Zuckerberg offenkundig nicht um die Verlockungen des schnellen Geldes und der Wall Street. Er wollte ein Unternehmen aufbauen, das noch nach Jahrzehnten Bestand hatte.

Yahoo: Mark Zuckerberg: Der introvertierte Weltvernetzer
https://de.finance.yahoo.com/blogs/rise-and-fall/mark-zuckerberg-der-introvertierte-weltvernetzer-123232679.html

Eine Übernahme-Offerte, die für beide Unternehmen eine Win-Win-Situation hätte darstellen können – Apple hätte sein Bargeld für eine wachstumsträchtige Akquisition verwendet, während Zuckerberg auch im fusionierten Unternehmen eine tragende Rolle spielen und vielleicht einmal zum Apple-CEO der Zukunft aufsteigen könnte –, hatte Jobs daher wohl nie forciert. „Facebook ist ein Freund", beschrieb Jobs' Nachfolger Tim Cook das Verhältnis zum aufstrebenden Internet-Star, dem auch immer wieder Ambitionen nachgesagt wurden, ein eigenes Smartphone – das Facebookfon – auf den Markt zu bringen.

So meilenweit Facebook mit einem Jahresgewinn von 3,7 Mrd. $ bei Umsätzen von inzwischen 18 Mrd. $ im Fiskaljahr 2015 noch davon entfernt war, sich geschäftlich in vergleichbaren Bahnen wie Apple zu bewegen, so faszinierte es die Technologiebranche und Anleger doch mit den Zukunftsperspektiven des Internet-Überfliegers, der vor aggressiven Wetten nicht zurückschreckte. 2012 übernahm Mark Zuckerberg kurz vor dem IPO den aufstrebenden Fotodienst Instagram für gerade mal 715 Mio. $ – ein Trauminvestment, das seinen Wert binnen der kommenden drei Jahre verfünfzigfachte, wie die Citigroup errechnete, die Instagrams Wert bereits auf 35 Mrd. $ taxierte. Dass Zuckerberg bei Übernahmen selbst vor zweistelligen Milliardenbeträgen nicht zurückschreckte, machte der Facebook-Chef Anfang 2014 deutlich, als er für enorme 22 Mrd. $ den weltgrößten Messenger-Dienst WhatsApp übernahm, über den sich inzwischen mehr Menschen Nachrichten schickten als über Apples iMessage.

# Facebook, Netflix, Spotify & Co: Internet-Emporkömmlinge

MEEDIA: Citigroup: WhatsApp und Instagram werden Facebooks Umsatztreiber
http://meedia.de/2015/04/07/citigroup-whatsapp-und-instagram-werden-facebooks-umsatztreiber/

In gewisser Weise schien Facebook unter Mark Zuckerberg dem jungen Apple der frühen 80er Jahre zu gleichen, das mit seinem selbstbewussten Gründer mit der Mission an die Börse gestürmt war, mutig die Welt zu verändern. „Es spricht vieles dafür, dass Apple die beste Zeit bald hinter sich hat und dass sich in den nächsten Jahren ein anderer Akteur an die Spitze setzen wird: Facebook", verkündete *Der Spiegel* im Dezember 2011 allen Ernstes komplett verfrüht den Generationswechsel. Offenbar sah Apple für das Hamburger Nachrichtenmagazin dreieinhalb Jahrzehnte nach seiner Gründung unterdessen wie ein Dinosaurier der Tech-Branche aus und befand sich nach dem Tod seines Gründers unter dem spröden Tim Cook in einer Identitätskrise. Würde auch Apple das scheinbar unvermeidliche Schicksal der Zyklik erreichen?

# Teil XII

## Der Lebenszyklus von Imperien

# Der Mythos von Aufstieg und Fall

Die Welt ist von unzähligen Aufstiegs- und Fall-Sagen gepflastert – ob in der Zeitgeschichte oder Wirtschaftswelt. Die erste Analogie, die einem einfällt, ist die wohl größte von allen: Der unglaubliche Aufstieg und doch spektakuläre Fall des Römischen Reiches. 117 nach Christus war Trajan als größter römischer Herrscher auf dem Zenit des fast ein Jahrtausend währenden Reiches, doch schon rund vier Jahrzehnte später traten unter dem angesehenen „Philosophenkaiser" Marc Aurel die ersten Probleme zutage. Zu viele Kriege mussten an zu vielen Grenzen geführt werden. Seuchen suchten das Imperium Romanum heim, während im Inneren Zerfallserscheinungen einsetzten.

Sind ähnliche Symptome auch bereits bei Apple zu besichtigen? Google, Samsung und zuletzt auch Xiaomi verstrickten Apple in den vergangenen Jahren an unterschiedlichen Schauplätzen in immer heftigere Gefechte, die ihren Tribut forderten, wie die Margenerosion beweist. Im Inneren wurden Sättigungserscheinungen offenkundig: Mit Bob Mansfield wollte 2012 bereits ein Schlüsselmanager der Steve-Jobs-Ära zurücktreten, der Monate später mit Bündeln von Aktienoptionen nochmals für einige Jahre zurückbeordert werden konnte, bald aber nur noch an „besonderen Projekten" für Tim Cook arbeitete.

Andere Getreue von Steve Jobs verabschiedeten sich nach Jahren des gigantischen Erfolgs: Katie Cotton, die als PR-Chefin seit Steve Jobs Rückkehr 1996 federführend *the narrative* um Apples iWelt spann und damit das Image des Tech-Pioniers maßgeblich mitprägte, ging im vergangenen Jahr. Ron Johnson, der Kopf der Apple Stores, verließ das Unternehmen bereits im Sommer 2011, um CEO des US-Einzelhändlers J. C. Penney zu werden, wo er allerdings furios scheiterte. Sein Nachfolger John Browett passte nicht in die Apple-Kultur und wurde nach nicht einmal einem Jahr wieder gefeuert – im selben Atemzug mit Hoffnungsträger Scott Forstall nach 17 Jahren. Kaum ein Jahr nach dem Tod Steve Jobs' waren wie im Alten Rom regelrechte Ränkespiele um Macht und Führung ausgebrochen.

MEEDIA: PR-Chefin Katie Cotton geht: Apples Hohepriesterin des Handlungsstrangs
http://meedia.de/2014/05/09/pr-chefin-katie-cotton-geht-apples-hohepriesterin-des-handlungsstrangs/

Cook selbst schien zunächst damit zu kämpfen, sein Imperium in den Griff zu bekommen, so unglücklich wirkten seine Fehlentscheidungen kurz nach Amtsantritt, die mit der Entschuldigung beim Maps-Debakel begannen, sich über die Personalrochaden und den verpatzten iMac-Launch fortsetzten und 2013 mit den enttäuschenden Quartalszahlen im Januar, unglücklichen Auftritten vor Investoren, dem totalen Abtauchen während des Börsenabsturzes und erneuten Entschuldigungen an chinesische Kunden ihre Fortsetzungen fanden. Souverän war Cooks Krisenmanagement zunächst nicht, auch wenn seine Lernkurve in der Folge mit dem wieder anziehenden Aktienkurs rapide steigen sollte.

Unzählige Theorien über den Fall von Imperien sind im Verlauf der Geschichte aufgestellt worden. Hybris ist der erste Grund, der einem einfällt. Man denke etwa an Napoleons Russland-Feldzug oder Hitlers Zwei-Fronten-Krieg. Waren Überheblichkeit und Selbstüberschätzung auch bei Apple in den vergangenen Jahren zu besichtigen? Tim Cooks Wesen und Auftreten sind sie zumindest nach außen hin fern. Wenn man einen Apple-CEO mit napoleonischen Zügen sucht, dann fällt der Vergleich eindeutig auf Steve Jobs.

Doch Jobs hatte aus seiner ersten Regentschaft bei Apple gelernt, als Anfälle von Größenwahn ihm zum Verhängnis wurden und ihn am Ende aus dem Unternehmen, das er gegründet hatte, befördern sollten. Das Apple zwischen 1997 bis 2011 leistete sich keine Fehler – und schon gar keine größenwahnsinnigen Anwandlungen. Selten, vielleicht nie in der Wirtschaftsgeschichte, exekutierte ein charismatischer Führer seine Vorstellung so akkurat wie Jobs seine Vision einer in sich geschlossenen iWelt, die durch iTunes via iMac, iPod, iPhone und iPad immer größere Verbreitung in unserem Leben fand. Und das, obwohl Jobs in den Jahren, in denen er das iPhone und iPad schuf, bereits am Rande des Todes wandelte.

Die eigentliche Feuerprobe steht für Apple unter Cook jedoch noch aus, wenn der iPhone-Zyklus in den kommenden Jahren auslaufen sollte – und damit mutmaßlich auch Apples inzwischen 15-jähriges Wachstum. Die Zyklentheorie begünstigt ein solches Szenario auch bei Apple. „Jede Epoche erreicht anscheinend ihren Höhepunkt erst nach der Überschreitung der Mitte", sinniert der amerikanische Schriftsteller Norman Mailer in seinem frühen Weltkriegsbestseller *Die Nackten und die Toten* über das Phänomen von Aufstieg und Fall. „Der Niedergang erfolgt schneller als der Aufstieg. Ist die Kurve damit nicht zugleich die Kurve der Tragödie?" lässt Mailer seinen General Cummings, der auf einer fiktiven Pazifikinsel im Zweiten Weltkrieg gegen die japanischen Truppen kämpft, philosophieren und Verfallskurven zeichnen.

Die Geschichte ist voll von Musterbeispielen scheinbar uneinnehmbarer Königreiche, die sich auf dem Höhepunkt in schier tragische Verfallsgeschichten verwandelten. Wieso vermochten es Portugal und Spanien nicht, ihre Vormacht zu verteidigen, wieso blühte Hollands Imperium nur im 17. Jahrhundert, wieso war das 18. das französische, das 19. das britische und das 20. das amerikanische Jahrhundert?

Und warum scheinen die USA trotz aller militärischer und ökonomischer Überlegenheit ihre Vormacht nun in diesem Jahrhundert scheinbar unvermeidlich an China zu verlieren, obwohl Washington das Aufkommen des asiatischen Riesenreichs seit Jahrzehnten in Planspielen ebenso hatte kommen sehen wie die Grenzen der eigenen Größe? Wieso gibt es nichts und niemanden, der diese Prozesse stoppen kann, obwohl sie auf der Hand liegen und von jedem Oberstufenschüler skizziert werden könnten? Diese Fragen müssen den Geschichtsfan Tim Cook nachts wachen lassen.

# Mahnende Beispiele: HP und Sony

Ein Blick in die Vergangenheit kann manchmal schon in Hollywood sehr lehrreich sein. Oscar-Gewinner *Argo* etwa ist ein wunderbares Beispiel für die Veränderung der Zeitgeschichte: Man taucht nicht nur in die Welt von kinnlangen Koteletten, Flugzeugen, in denen noch geraucht werden konnte und dem Disco-Sound ein, sondern auch in eine Welt, in der Swiss Air und Warner Bros. den Alltag bestimmten und Telefone mit Wählscheibe und Telexgeräte die iMacs und iPhones von heute waren. Oder man denke an die Erfolgsserie *Mad Men*, in der der ausgebuffte Werber Don Draper den Dickschiffen der amerikanischen Wirtschaft die Werbemillionen aus der Tasche zieht. Ein Großkunde? Bethlehem Steel. Der seinerzeit größte Stahlkonzern der USA erklärte 2001 seinen Bankrott. *Pan AM* versuchte an den Erfolg der nostalgischen Verklärung aus *Mad Men* anzuknüpfen und wurde als ein opulentes TV-Drama über die in den 60er Jahren größte Fluggesellschaft inszeniert. Pan AM? Die amerikanische Fluggesellschaft wurde 1991 insolvent.

Yahoo: Von Mad Men lernen: Nichts ist für die Ewigkeit
https://de.finance.yahoo.com/blogs/rise-and-fall/von-mad-men-lernen--nichts-ist-für-die-ewigkeit--101245413.html

Dass Apple ein ähnliches Schicksal droht, scheint nach den Lehren aus dem Überlebenskampf von 1997, der den iPhone-Hersteller Barmittel in Höhe von inzwischen mehr als 150 Mrd. $ anhäufen ließ, ziemlich undenkbar.

Doch das Wechselspiel von Aufstieg und Fall ist ein schier magisches Phänomen, das die Wirtschaftsgeschichte wie ein roter Faden durchzieht.

Sicher, es gibt sie, die vermeintlich ewig Überlebenden: General Electric ist das einzige Unternehmen, das seit mehr als einem Jahrhundert ununterbrochen im Leitindex Dow Jones gelistet ist. GE zählt heute noch immer zu den 20 wertvollsten Konzernen der Welt, auch wenn der langjährige Spitzenplatz seit mehr als einem Jahrzehnt verloren gegangen ist. Der Öl-Multi ExxonMobil, der sich beim Titel des „wertvollsten Konzerns der Welt" mit Apple immer wieder abwechselte, Procter & Gamble, Coca-Cola oder Walmart sind andere US-Giganten, die es geschafft haben, ihre Vormachtstellung über ein Jahrhundert zu behaupten.

Auch IBM kann sich als Kriegsgewinner fühlen: Der vor 103 Jahren gegründete Tech-Pionier war die jahrzehntelange Nummer eins der Computerindustrie und ist heute mit einem Börsenwert von mehr als 160 Mrd. $ nach Apple und Microsoft immer noch einer der wertvollsten Technologiekonzerne der Welt. Sogar Star-Investor Warren Buffett investierte inzwischen mit einem zweistelligen Milliardenbetrag. Für Apple ist das durchaus ein hoffnungsvolles Szenario, den Technologiethron vielleicht auch in kommenden Generationen besetzen zu können.

Doch weitaus häufiger ist die Wirtschaftsgeschichte voll von Fällen des tragischen Scheiterns – vor allem in der schnelllebigen Elektronikindustrie, in der ein verpasstes Betriebssystem oder eine gefloppte Smartphone-Generation existenzbedrohende Ausmaße annehmen kann. Vor allem die Entwicklung von Steve Jobs' historischen Vorbildern ist bitter. Bei seinem letzten öffentlichen Auftritt vor dem Stadtrat von Cupertino zur Grundsteinlegung des neuen Apple Campus erzählte Jobs im Juni 2011 noch einmal die Geschichte, als er als kleiner Junge bei Bill Hewlett angerufen hatte, um nach Ersatzteilen für einen Frequenzzähler zu fragen, den er bauen wollte.

Der gerade mal zwölfjährige Jobs bekam tatsächlich den Gründer von Hewlett-Packard ans Telefon – und einen Sommerjob. Für viele junge Gründer im Silicon Valley war der 1939 in der Garage gegründete Druckerhersteller das Vorbild eines Start-ups. Hewlett-Packard erlebte vier erfolgreiche Jahrzehnte an der Börse und erreichte seinen absoluten Gipfel wie so viele Technologie-Unternehmen im Jahr 2000 bei Kursen von über 67 Dollar. Nach fragwürdigen Zukäufen und eigenwilligen Managementwechseln und noch seltsameren strategischen Entscheidungen ist HP heute zum Sinnbild für den Niedergang einer Silicon-Valley-Ikone geworden. Der frühere SAP-Gründer Leo Apotheker, der für nicht mal ein Jahr den Vorstandsposten bei HP bekleidete, kaufte etwa 2011 für 10 Mrd. $ den Software-Anbieter Autonomy, wollte das Computergeschäft veräußern und die gerade erst aufgestellte Tablet-Sparte wieder schließen, was ihn am Ende den Job kostete.

So umstritten die Maßnahmen waren, sie waren doch aus der Not geboren, den großen alten Silicon-Valley-Star wieder auf Kurs zu bringen. Nachdem es die großen Trends bei Smartphones und Tablets verpasst hatte, häufte HP plötzlich Milliardenverluste an und stürzte an der Börse in den vergangenen Jahren um in der Spitze 75 % ab. Steve Jobs diktierte Biograf Walter Isaacson vom Sterbebett, dass er hoffe, ein ähnliches Schicksal vermeiden zu können. „Hewlett und Packard haben ein großartiges Unternehmen aufgebaut und dachten, sie ließen es in guten Händen zurück", so Jobs. „Aber jetzt ist es zerrissen und zerstört. Es ist tragisch. Ich hoffe, ich habe ein anderes Vermächtnis hinterlassen und Apple passiert so etwas nicht", formulierte Jobs seinen Wunsch nach bleibendem Wert.

Und noch ein anderes mahnendes Beispiel gab es. Als Steve Jobs 1997 zu Apple zurückkehrte, versuchte er es nach dem Vorbild Sonys umzukrempeln. Jobs bewunderte den früheren Weltmarktführer in der Unterhaltungselektronik („It's a Sony") so sehr, dass er die Uniformität der Arbeitskleidung auch bei Apple einführen wollte. Damit scheiterte Jobs zwar, kreierte aber selbst seinen bekannten Rollkragenpulli-Look, den er auf jeder Keynote kultivierte.

Die Bewunderung, die Jobs gerüchteweise wenige Jahre nach seiner zweiten Rückkehr zu Apple sogar eine Fusion hat erwägen lassen, kam nicht von ungefähr: Der ein Jahr nach dem Zweiten Weltkrieg gegründete Elektronikkonzern hatte die Technologiebranche mit dem Walkman, der Einführung der CD und der Spielekonsole Playstation revolutioniert. Über zwei Jahrzehnte dominierte Sony die Tech-Industrie ähnlich wie Apple mit der Einführung des iMac in den späten 90er Jahren bis zur Apple Watch.

Dann verpasste der japanische Elektronik-Multi den nächsten großen Trend – die aufkommende Handy-Welle. Zwar korrigierte Sony den Fehler durch das Joint Venture mit dem schwedischen Gerätehersteller Ericsson, dessen Mobilsparte später ganz übernommen wurde, doch der Schaden war nicht mehr zu korrigieren. Sonys Abstieg hatte irreversibel begonnen. Von den Höchstkursen im Jahr 2000 stürzte die Aktie in der Spitze um 95 % ab; heute ist Sony nur noch ein Sechstel der früheren Hochs wert. Einer der wertvollsten Konzerne der 80er Jahre verbrannte drei Jahrzehnte später Milliarden Dollar und war auf einen Börsenwert knapp unter die Barreserven abgestürzt. Anfang 2015 war Sony in einer ähnlichen Lage wie Apple 1997 und trennte sich in schnellen Abständen von seiner Computer-, Audio- und Videosparte. So schnell kann sich das Blatt wenden. Es war ein Ritterschlag und eine Warnung für Apple zugleich.

Yahoo: Dem Apple der 80er droht die Implosion
https://de.finance.yahoo.com/blogs/rise-and-fall/sony-dem-apple-der-80er-droht-die-implosion-162155265.html

# Die Macht der kreativen Zerstörung

Steve Jobs hatte immer schon das Gespür für drastische Worte. „Der Tod ist wohl die mit Abstand beste Erfindung des Lebens", erklärte er 2005 in seiner Rede vor Absolventen der US-Eliteuniversität Stanford. „Er ist der Katalysator des Wandels. Er räumt das Alte weg, damit Platz für Neues geschaffen wird. Jetzt sind Sie das Neue. Doch eines Tages in nicht allzu ferner Zukunft werden Sie das Alte sein und aus dem Weg geräumt werden."

Nicht anders geht es im Lebenszyklus der Wirtschaft zu, die einem ständigen Selbsterneuerungsprozess unterworfen ist. Karl Marx, maßgeblich aber Josef Schumpeter prägten dafür den Begriff der „schöpferischen Zerstörung" als „das für den Kapitalismus wesentliche Faktum. Darin besteht der Kapitalismus und darin muss auch jedes kapitalistische Gebilde leben", schrieb Schumpeter bereits 1942 in seinem Standardwerk *Kapitalismus, Sozialismus und Demokratie*.

Für wohl keine andere Branche in der modernen Wirtschaftswelt gilt Schumpeters These, die im Englischen mit *creative destruction* bezeichnet wird, wohl so sehr wie für die schnelllebige Hightech-Industrie. Der Markt ist allem Anschein nach der am meisten umkämpfte der Welt – in keiner Branche wechseln sich die Entwicklungsschübe so schnell ab. Das gilt in besonderem Maße für den extrem dynamischen Mobilfunksektor. Wer einen Trend verpasst, gerät schnell aus dem Tritt, rutscht in die Verlustzone ab und muss oft ums Überleben kämpfen.

Der finnische Handy-Pionier Nokia etwa, der vor einem Jahrzehnt noch die Branche scheinbar nach Belieben dominiert hatte, verpasste den Sprung in die Smartphone-Ära und war erst von Blackberry, dann von Apples iPhone brutal abgehängt und von Android-Smartphones dann an die Grenze der Relevanz zurückgedrängt worden. Die langjährige Führung machte den Weg für den Microsoft-Manager Stephen Elop frei, der seinen Kampf mit der Löschaktion einer brennenden Ölplattform verglich. Nokia verlor 2012 Mrd. und kämpfte buchstäblich ums Überleben. Bei Kursen um zeitweise rund 1 € hatte der einst wertvollste Konzern Europas bis zu 98 % seines früheren Marktwerts verloren und wurde mit gerade einmal 5 Mrd. € bewertet. Im September 2013 wurde Nokias Handysparte schließlich für ungefähr diese

Summe an Microsoft verkauft. So hart konnten Marktführer abstürzen, die den Trend verschliefen.

Beim kanadischen Smartphone-Pionier Blackberry, der lange als „Research in Motion" firmiert hatte, glich das Bild fatal dem von Nokia. Auch die Kanadier aus Waterloo erlebten einen drastischen Absturz sondergleichen: Das Papier taumelte von 148 $ auf Kurse von 5 $ – ein Wertverlust von in der Spitze 97 %, ehe in beiden Fällen Restrukturierungsmaßnahmen mit neuen CEOs eingeleitet wurden. „Nokia ist wie RIM im totalen Zusammenbruch begriffen und wird sich nie wieder erholen", legte sich etwa der Hedgefonds-Manager Whitney Tilson fest, bevor Microsoft mit seinem Übernahmeangebot auf den Plan trat. Über eine Akquisition von Blackberry wird seit Jahren spekuliert, doch bis Redaktionsschluss besaß kein Käufer den Willen für das Milliardenwagnis.

Könnte Apple eines Tages ein ähnliches Schicksal drohen? „Jeder, der glaubt, Apple wird die Welt für immer beherrschen, sollte sich dies Bild anschauen", legte Henry Blodget vom *Business Insider* den Finger in die Wunde. Zu sehen war beim Tech-Portal eine Abbildung des PDP-8 der Digital Equipment Corporation aus dem Jahre 1965. Der PDP-8 war der erste kommerziell erfolgreiche Mini-Computer, der seinerzeit für 18.000 $ auf den Markt kam und die Größe eines Kühlschranks besaß.

Die Digital Equipment Corporation erlebte zwei Jahrzehnte des Booms und stieg in den 80er Jahren gar zum nach IBM zweitumsatzstärksten Computer-Hersteller der Welt auf. Doch Mitte der 80er Jahre riss die Erfolgsserie, als ein gänzlich neuer Computer mit grafischer Oberfläche auf den Markt kam und sich plötzlich anschickte, die Wohnzimmer zu erobern. „Niemand wird sich zu Hause einen Computer hinstellen", höhnte Unternehmensgründer Ken Olsen.

Ein solcher Computer war der Macintosh, der buchstäblich alles verändern sollte – für Apple, aber auch für die Digital Equipment Corporation, die bald ihre besten Tage hinter sich haben sollte und 1998 von Compaq gekauft wurde. Compaq seinerseits wurde 2002 von Hewlett-Packard geschluckt, das sich ein Jahrzehnt später selbst in der existenziellsten Krise seines fast 75-jährigen Bestehens befinden sollte – der Kreislauf drehte sich immer weiter.

„Die Lehre der Geschichte?" folgerte Henry Blodget: „Technologie verändert sich schnell. Der heutige Marktbeherrscher ist oft die Digital Equipment Corporation von morgen. Unternehmen, die einen Innovationszyklus anführen, bestimmen selten den nächsten."

# Teil XIII

## Segen und Fluch der Apple-Aktie

# 10.000 % Plus: eines bisher der größten Investments

Wer sich jemals gefragt hat, was man eigentlich an den Aktienmärkten verdienen kann, wenn man in die richtige Aktie zum richtigen Zeitpunkt investiert, der sollte einmal die Entwicklung der Apple-Aktie zurückverfolgen. Dabei ist die Börse an sich schon ein seltsamer Ort. Seit Jahrhunderten kommen Menschen hier zusammen, um ihren Traum vom Wohlstand zu verwirklichen. „Die Börse ist der Umschlagplatz für Hoffnungen", lautet nicht umsonst eine viel zitierte Börsenweisheit. Am Ende ist der Aktienkauf nichts anderes als eine Wette auf die Zukunft. Die ist jedoch „niemals klar", wusste schon Investmentlegende Warren Buffett zu berichten. „Schon für ein bisschen Gewissheit muss man einen hohen Preis zahlen." Im Umkehrschluss bedeutet das nichts anderes als: Eine völlig unklare Zukunft bekommt man oft zu einem Discountpreis.

So auch geschehen bei Apple in den Wirren der Fast-Pleite in 1997. Als Steve Jobs zum Unternehmen, das er gegründet hatte, zurückkehrte, waren Anteilsscheine zu split-bereinigten Kursen um 0,50 $ zu haben. Das war kaum mehr als beim Börsengang 1980. Steve Jobs verkündete einen Monat später sein Comeback als „iCEO" und die Kooperation mit Microsoft, die das Überleben sicherte – und Apple das Vertrauen der Anleger schenkte, noch ehe neue Produkte auf den Markt kamen. Ganze dreieinhalb Jahre später hatte sich das Investment nach dem erfolgreichen Start des iMac im Zuge der Internet-Euphorie verzehnfacht.

Doch manchmal gibt einem der Markt eine zweite Chance. Die Internet-Blase platzte – und Apples Comeback geriet ins Stocken. Die unerwartete Rückkehr in die Verlustzone ließ die Aktie im dreijährigen Bärenmarkt von 2000 bis 2003 noch einmal von 7 $ zurück auf 1 $ taumeln, obwohl Apple mit dem iPod bereits seinen zweiten großen Wachstumstreiber auf den Weg gebracht hatte.

Einer der findigen Investoren, der das ermäßigte Kursniveau nutzte, war der Vermögensverwalter Cody Willard, der seinerzeit gerade einen Hedgefonds aufgelegt hatte und auf der viel gelesenen Finanz-Webseite *TheStreet.com* über seine Investments schrieb. Bei split-bereingten 1 $ war für Willard der ultimative Kaufzeitpunkt gekommen, wie er seinen Lesern erläuterte: „Nachdem ich

Jahre damit verbracht habe, Aktien zu analysieren, habe ich mir Geschäftsbilanzen und Unternehmensbewertungen besonders eingeprägt. Ich wusste, dass Apple auf einem ganzen Batzen Geld sitzt, rund 1 $ je Aktie, um genau zu sein. Die Aktie verlor 10% in zwei oder drei Tagen wegen Gerüchten, dass Apple Warner Music kaufen könnte, was mir damals komplett absurd vorkam. Als Apple dann 1 $ je Aktie kostete und das Unternehmen damit kostenlos an der Börse gehandelt wurde, kaufte ich."

Spiegel Online: Börsenrausch: Apple nimmt Kurs auf die IT-Herrschaft
http://www.spiegel.de/wirtschaft/unternehmen/boersenrausch:apple-nimmt-kurs-auf-die-it-herrschaft-a-660593.html

Willards Begründung: Apple war weit davon entfernt, nur noch den Bargeldteil wert zu sein. „Apple hatte gerade den iPod veröffentlicht, und ich sah das Potenzial, dass Apple die Art, wie wir Musik konsumieren, grundlegend veränderte und in einigen Jahren der größte Musikvertrieb der Welt werden könnte."

Tatsächlich war dies der Beginn der einzigartigen Erfolgsstory an der Börse. Ende 2003 hatte sich das Investment bereits verdreifacht – die Apple-Aktie notierte aber immer noch bei aus heutiger Sicht kaum vorstellbaren Kursen von nur 3 $. 2004 begann dann der Halo-Effekt zu greifen und die Gewinne zu sprudeln. Im Sommer 2003 ging noch der einmillionste iPod über die Ladentische – 18 Monate später konnte Apple schon 10 Mio. MP3-Player absetzen und die Aktie weiter steil nach oben katapultieren. Bei 9,30 $ ging Apple 2004 aus dem Handel.

In den kommenden zwei Jahren mussten sich Aktionäre wieder etwas mehr in Geduld üben, als Steve Jobs die iPod- und Mac-Sparte mit dem iPod Shuffle und Mac miniweiter diversifizierte und im folgenden Jahr auf Intel-Chips umstieg. Doch der Aufwärtstrend hielt an: Bei 10,30 bzw. 12,15 $ beendete die Apple-Aktie das Börsenjahr 2005 und 2006. Im Verborgenen arbeitete

Jobs aber längst am eigentlichen Urknall seiner zweiten Amtszeit bei Apple – dem iPhone. Im Jahr der Einführung katapultierte es die Apple-Aktie schließlich schnell über die Marke von 20 und 25 $, bei 28,30 $ gingen die Anteilsscheine schließlich aus dem Börsenjahr 2007.

2008 dann folgte für Apple-Aktionäre nach vier Jahren der exorbitanten Zuwächse schließlich der zweite harte Rückschlag der zweiten Steve-Jobs-Ära: Im Zuge der globalen Finanzkrise nach der Pleite der Investmentbank Lehman Brothers stürzten die Anteilsscheine von Apple in der Spitze um 60 % ab, um wieder auf dem Niveau von 2006 aus dem Handel zu gehen – bei 12,15 $. Im Rückspiegel der jüngeren Börsengeschichte erscheint es fast surreal, dass AAPL noch vor neun Jahren lediglich zu einem Zehntel des Allzeithochs von 2015 gehandelt wurde.

Das Comeback im Folgejahr sollte trotz der halbjährigen Auszeit von Steve Jobs umso heftiger ausfallen: Bis auf 30 $ schoss die Apple-Aktie bis Jahresende empor. Der Absturz des Vorjahres wurde vollends wieder wettgemacht und sogar neue Allzeithochs nur zwei Jahre nach den letzten Höchstkursen aufgestellt.

Damit jedoch hatte die dritte Phase von Apples Traumlauf an der Börse erst begonnen, die im Januar 2010 mit einem neuen magischen Produkt weiteren Treibstoff erhielt: Das iPad traf den Nerv der Anleger, die Apple bis Jahresende auf Kurse von 46 $ schickten. Während die beiden jüngsten Konzernsparten iPad und iPhone Apple auch im Folgejahr immer üppigere Milliardengewinne bescherten, überschattete der sich abzeichnende Abschied von Apple-Gründer Steve Jobs das Börsenjahr 2011. Die Aktie ging bei nur 58 $ aus dem Handel, obwohl die Gewinne explosiv wuchsen.

Der Nachholeffekt griff im ersten Halbjahr des Börsenjahres 2012, als die enorm starken Verkaufszahlen des iPhone 4S die Aktie erst im Frühjahr in wenigen Wochen über die 70-, 80 und sogar 90-Dollar-Marke schießen ließen. Die Aussicht auf die nächste iPhone-Generation verleitete Anleger im Sommer 2012 trotz bereits deutlich verebbender Wachstumsdynamik zum finalen Kursschub für wenige Tage auf die 100-Dollar-Marke im September 2012.

Ausgerechnet am Erstverkaufstag des iPhone 5 sollte die Erfolgsaktie einer ganzen Anlegergeneration symbolischerweise bei Kursen über 100 $ auf einem Rekordstand notieren, bevor der scharfe Ausverkauf bis auf Notierungen von in der Spitze 55 $ erfolgte und damit ein Rückfall auf Kursniveaus von 2011.

Dass zwei Jahre nach den alten Hochs im Zuge des iPhone-6-Booms nochmals neue Rekordkurse aufgestellt werden würden, hatten während des Krisenjahres 2013 die wenigsten Marktbeobachter erwartet. Aktionäre, die engagiert geblieben waren, wurden 2015 mit noch deutlich höheren Notierungen belohnt: Das bisherige Allzeithoch lag bei Redaktionsschluss bei Kursen von 134 $, aufgestellt unmittelbar nach der Quartalsbilanz im April 2015.

Was für ein Traumlauf für Aktionäre wie Cody Willard, die seit Kursen um 1 $ investiert waren: Die exzeptionelle Wertsteigerung von 13.000 % Plus wäre für Anleger binnen 12 Jahren drin gewesen, während die Aktienmärkte in der Breite weitgehend stagnierten. Wer seit der Rückkehr von Steve Jobs im Juli 1997 Apple-Aktien kaufte und 18 Jahre daran festhielt, hätte sich gar über ein Plus von 25.000 % freuen können – 500 $ hätten sich wundersamerweise in 134.000 $ verwandelt.

# Ein Sturz ins Bodenlose: vom Saulus zum Paulus der Wall Street – und zurück

Im Rückblick sieht das Investment in Apple aus wie eine Einbahnstraße zum sicheren Reichtum. Wie logisch erscheint aus heutiger Sicht der märchenhafte Aufstieg dank iPod, iPhone und iPad. Und doch: Wie schwer war es gleichwohl, den Einstieg in eine Aktie, die höher und höher schoss, ohne sich umzudrehen, nicht zu verpassen. „Im Unterschied zur Straßenbahn wird an der Börse zum Ein- und Aussteigen nicht geklingelt", wusste schon der Berliner Bankier Carl Fürstenberg im 19. Jahrhundert zu berichten.

Tatsächlich war es nie einfach, Apple-Aktionär zu sein – die Aktie ist ein hoch emotionales Investment, *a battleground stock*, wie es amerikanische Finanzmedien nennen. Das liegt bereits in der Faszination, das Apple ausmacht: Schon die Marke ist emotional aufgeladen und wird von Fans frenetisch verteidigt wie von Kritikern scharf attackiert. Apple war immer eine Glaubensfrage – auch an der Börse. Wer das nicht glaubt, sollte sich einmal die Mühe machen, die Kommentare zu kritischen Apple-Artikeln in Finanzmedien zu verfolgen: Selten wurden Gefechte intensiver geführt als hier.

Entsprechend waren auch die Ausschläge an der Börse bei Apple immer etwas extremer. So auch, als es plötzlich vom Gipfel wieder bergab ging. Erneut sah es scheinbar nach irrationaler Übertreibung aus – wie so oft an der Börse. „Die Märkte können länger irrational bleiben als man solvent ist", hatte Weltökonom John Maynard Keynes das Wesen der Börse einst so treffend auf den Punkt gebracht. So mag es auch manchen Apple-Aktionären ergangen sein, die den gesamten Ritt der Aktie zwischen 2012 und 2013 nach unten mitgemacht hatten. Einen jähen Absturz von fast 50 % im nächsten Halbjahr hatte im September 2012 zum iPhone 5-Launch schließlich niemand kommen sehen. Es gab viele prominente Fans unter den Analysten, die im Kursverfall ihr Waterloo erlebten.

Praktisch die gesamte Wall Street befand sich seinerzeit auf dem epochalen Hoch bei 100 $ auf der falschen Seite des Trades. „Die Apple-Aktie geht höher. Viel höher. Bis auf 150 $ im Jahr 2015", legte sich etwa Cody Willard fest, der früher einen Hedgefonds verwaltete und heute seine Tech-Investments in einem Börsenbrief dokumentiert. „Es ist wieder Zeit, Apple zu kaufen", erklärte Willard auf dem Finanzportal *Marketwatch* zu Kursen um 90 $.

MEEDIA: Kursziel Apple-Aktie: 1000 $ bis 2015
http://meedia.de/2011/08/28/kursziel-apple-aktie-1000-dollar-bis-2015/

Er war nicht der Einzige, der sich mit dieser Einschätzung im kommenden Abschwung zunächst die Finger verbrannte. Andere Apple-Befürworter traf es noch härter. Der unabhängige Hedgefonds-Manager Andy Zaky, der sich in der Investmentcommunity seit 2008 mit vielen genauen Apple-Analysen einen Namen gemacht und 2011 seinen kostenpflichtigen Börsendienst *Bullish Cross* etabliert hatte, reagierte im Abschwung vorschnell und gab eine Kaufempfehlung bei 90 $ heraus. „Die Aktie nimmt Kurs auf 140 $. Es ist Zeit, Apple zu kaufen", riet Zaky seinen Lesern und auch Kunden. Eine verhängnisvolle Empfehlung, wie sich herausstellen sollte: Nur zwei Wochen später durchbrach die Aktie die 85-Dollar-Marke und beschleunigte erst danach ihren dramatischen Ausverkauf.

MEEDIA: US-Blogs: Gefechte um die Apple-Aktie
http://meedia.de/2012/10/12/us-blogs-gefechte-um-die-apple-aktie/

Doch auch die großen Namen der Wall Street wurden von Apples Absturz schwer auf dem falschen Fuß erwischt. Staranalyst Gene Munster von Piper Jaffray, der sich in den vergangenen Jahren als lautstärkster Befürworter der Aktie einen Namen in der Investmentszene gemacht hatte, korrigierte seine Kursziele 2013 binnen vier Monaten gleich viermal nach unten.

Nachdem sich Banken jahrelang im Volkssport der immer höheren Kursziele überboten hatten, kamen sie nun in der Anpassung an neue Realitäten kaum mehr hinterher und befeuerten damit selbst den immer stärkeren Sinkflug. Als der Trend kippte, verwandelte sich der jahrelange Segen der vermeintlich beständigen Zugewinne in einen regelrechten Fluch. Nach der alten Lebensweisheit des französischen Philosophen und Schriftstellers La Bruyére – „Alles ist möglich. Auch das Gegenteil von allem" – nahm das Albtraum-Szenario seinen Lauf. Worstcase-Szenarien wurden immer wieder unterboten: Nachdem die 85-Dollar-Marke gefallen war, folgte schnell der Sturz auf die 80 $, die ebenfalls nicht hielt. Nächste Haltestelle wenige Wochen später: 70 $ im November 2012.

Doch selbst diese psychologisch wichtige Marke fiel kurz vor den Quartalszahlen im Januar 2013, so wie selbst die 60-Dollarmarke kurz vor den März-Quartalszahlen nach unten durchbrochen wurde. Die Kursstürze folgten auffällig nach dem Prinzip der selbsterfüllenden Prophezeiung: Nach drei Jahren rasanter Kurszuwächse hatten Anleger extrem viel zu verlieren und sicherten, was noch zu sichern war – raus, raus, raus. Es gibt kaum bessere Beispiele als den drastischen Kursverfall der Apple-Aktie binnen jener sieben Monate von Ende September 2012 bis Ende April 2013, die das Wesen der Börse besser versinnbildlichen. „Die Börse schwankt zwischen Gier und Angst", hatte der ungarische Börsenaltmeister André Kostolany das ewige Wechselspiel zwischen Auf und Ab einst beschrieben: „Der Angst, alles zu verlieren, und der Gier, noch mehr Geld zu machen."

Binnen einem halben Jahr hatte sich die größtmögliche Euphorie in komplette Weltuntergangsstimmung verwandelt. Apple war zum Sinnbild des fallenden Messers geworden, in das man sprichwörtlich besser nicht hineingreifen sollte. Wie eine Internet-Aktie im Frühjahr 2000 wurde Apple immer tiefer durchgereicht. Panik und Kapitulation wurden als bodenbildende Maßnahmen beschrieben.

Selbst die größten Befürworter vergangener Tage schienen den Glauben verloren zu haben und äußerten sich nun zunehmend skeptisch: „Ich bin bezüglich Tim Cooks Führung nicht mehr so zuversichtlich", klagte selbst Cody Willard wenige Tage vor Bekanntgabe der März-Quartalszahlen, als die Aktie gerade unter 60 $ gefallen war – derselbe Willard, der noch 30 $ höher nachgekauft hatte und immer wieder das Kursziel von 150 $ verkündet hatte. Am Ende hatte der brutale Kurssturz von 100 auf 55 $ so ziemlich jeden Apple-Aktionär im Mark erschüttert.

In der Stunde der größten Negativität boten sich umgekehrt jedoch traditionell die besten Einstiegschancen. „75 $ könnten sie mal wieder erreichen, aber ob sie jemals die Allzeithochs bei 100 $ wiedersehen, würde ich bezweifeln", fällte etwa Bondguru Jeff Gundlach. ein sehr absolutes Urteil, das sich als sehr falsch erweisen sollte.

Doch wer außer den hartgesottenen Wall Street-Veteranen wie Carl Icahn oder Henry Blodget griffen 2013 zu Tiefstkursen zwischen 55 und 65 $ wirklich bei Apple zu? Der russische Multimilliardär Alisher Usmanov etwa: „Nichts ist für die Ewigkeit, aber ich glaube, in den nächsten drei Jahren ist Apple angesichts steigender Dividenden und großen Aktienrückkäufen ein lohnendes Investment", erklärte Usmanov bereits Monate vor dem großen Pro-Apple-Plädoyer Carl Icahns, dessen Wirkung sich indes erst rund acht Monate später entfalten sollte – viel Zeit, um sich beim Einstieg in Apple entmutigen zu lassen, während andere viel diskutierte Highflyer aus dem Internet-Sektor wie Google und Facebook haussierten.

Usmanov selbst trennte sich von seinem Apple-Investment von über 100 Mio. $ nur wenige Monate bevor der große Turnaround im Frühjahr 2014 einsetzen sollte, schon wieder und ließ damit den Löwenanteil seiner Spekulation auf dem Tisch liegen. Henry Blodget kokettierte unterdessen immer wieder damit zu verkaufen, drückte dann aber – gut für ihn – doch nicht den Verkaufsknopf.

Es war ein kleiner Trost für Kleinanleger, die den Einstieg in Apple-Aktien verpasst hatten oder bei einem der letzten 50 % Crashs in den vergangenen Jahrzehnten aus der Aktie gespült wurden, dass selbst die Wall-Street-Profis bei Apple immer wieder auf dem falschen Fuß erwischt wurden. „An der Börse sind zwei mal zwei niemals vier, sondern fünf minus eins", formulierte André Kostolany schon Jahrzehnte vor Apple die Grundregel der Kapitalmärkte. „Man muss nur die Nerven haben, das Minus Eins auszuhalten." Welcher Apple-Aktionär konnte das schon von sich seit der Rückkehr von Steve Jobs behaupten?

# Das große Missverständnis: Apples problematische Beziehung zur Wall Street

Apple und die Börse: Das ist eine kompliziertere Beziehung als die historischen Zuwächse und zuletzt üppigen Dividendenausschüttungen und Aktienrückkäufe erkennen lassen. Auch wenn es lange Zeit nach Rekordwertsteigerungen von 10.000 % und mehr so aussah, als sei Apple das vermeintlich anlegerfreundlichste, renditeorientierteste Unternehmen mit dem vermeintlich besten Shareholder Value, ist doch bei näherer Betrachtung das ziemliche Gegenteil der Fall. Apple war nie ein Wall-Street-Darling. Tatsächlich war die Apple-Aktie immer ein problematisches Investment, selbst als die Kurse schier in den Himmel zu schießen schienen. „Apple lässt immer Geld auf dem Tisch liegen", erklärte *Fortune*-Reporter Adam Lashinsky in seinem Bestseller *Apple Inside*. Der Ausblick am Ende eines Quartals auf das nächste fiel unter Steve Jobs notorisch so konservativ aus, dass die *guidance* immer zum Teil die beeindruckende Bilanz überschattete.

Das blieb nicht ohne Wirkung. Selbst zu Zeiten des absoluten Hyperwachstums, als Apples Gewinne um mehr als 100 % explodierten, notierte die Bewertung unter dem Marktdurchschnitt oder unter Shareholder-Value-Favoriten wie Procter & Gamble, L'Oreal, die mit KGVs von mehr als 20 gehandelt wurden, obwohl sie nur einstellig wuchsen – von Google, das mit Multiplen von mehr als 25 gehandelt wurde, ganz zu schweigen. Selbst auf dem jüngsten Allzeithoch bei 134 $ bewilligten Anleger für Apple gerade mal ein marktkonformes KGV von 17.

Das liegt nicht zuletzt daran, dass Apple nie einen Hehl daraus machte, dass dem Kultunternehmen aus dem Silicon Valley die Profitfixierung der Wall Street seit jeher ziemlich egal war. Steve Jobs betonte etwa auf der D8-Konferenz im Interview mit der Tech-Reporter-Ikone Walt Mossberg im Mai 2010 genüsslich, dass die Leute nicht mehr Apple-Produkte kaufen würden, weil Apple nun vor Microsoft der „wertvollste Technologiekonzern der Welt" wäre. Auch beim „Antennagate" wenige Monate später reagierte Jobs achselzuckend gegenüber Aktionären: „Es tut mir nicht leid für die Leute, die kurzfristig Geld verloren haben", kommentierte Jobs den zwischenzeitigen Kursrückgang an der Börse. Kaum anders hatte der Apple-Chef zwei Jahre zuvor den weitaus deutlicheren Absturz von 30 auf 17 $ kommentiert.

„Ich glaube, wir waren ziemlich gut zu unseren Aktionären im vergangenen Jahrzehnt", gab Steve Jobs seinerzeit dem CNBC-Moderator Jim Goldman im Juni 2008 mit auf den Weg und fügte leicht ironisch hinzu: „Vielleicht wissen wir also, was wir tun." Und für den New Yorker Finanzdistrikt hatte der Apple-Gründer noch eine besondere Botschaft parat: „Uh, wissen Sie: Ich war nie in der Lage, die Wall Street zu verstehen." Auf dem Sterbebett bekräftigte Jobs noch einmal seine Absage an die Renditeorientierung der Kapitalmärkte: „Meine Leidenschaft bestand darin, eine überdauernde Firma aufzubauen, in der die Leute motiviert waren, großartige Produkte herzustellen. Alles andere war zweitrangig", beschreibt Steve Jobs auf den letzten Seiten der Biografie von Walter Isaacson sein Vermächtnis. „Sicher, es war toll, dass wir Profit machten, denn es erlaubte mir, großartige Produkte herzustellen. Doch meine Motivation waren die Produkte, nicht der Profit."

Tim Cook führte die Tradition seines Lehrmeisters trotz seiner aktionärsfreundlicheren Anlagepolitik mit immer höheren Dividendenzahlungen und Aktienrückkäufen betont fort. „Wenn Sie wollen, dass ich Entscheidungen lediglich nach der Kapitalmarktrendite ausrichte, dann sollten Sie die Aktie verkaufen", gab Tim Cook im Frühjahr 2014 auf der Hauptversammlung einem Aktionärsvertreter mit auf den Weg. „Wenn wir daran arbeiten, dass wir unsere Geräte auch Blinden zugänglich machen, denken wir nicht an die verdammte Kapitalmarktrendite", knöpfte sich der Apple-Chef den Sprecher einer Interessenvereinigung ungewohnt forsch vor.

MEEDIA: „Dann verkaufen Sie halt die Aktie ..." – Apple-Boss verliert die Fassung
http://meedia.de/2014/03/03/dann-verkaufen-sie-halt-die-aktie-apple-boss-cook-verliert-die-fassung/

Ein Jahr später erklärte Cook bei seinem Deutschlandbesuch gegenüber der *Bild am Sonntag*: „Der Umsatz ist zweitrangig, Marktanteile sind zweitrangig, Gewinne sind zweitrangig. Das Wichtigste ist, sich darauf zu konzentrieren, großartige Produkte zu bauen". Deutlicher kann man seine Unternehmensphilosophie kaum formulieren. Vielleicht sollten sich Anleger darüber vorher klar werden, wenn sie in gründergeführte Technologie-Unternehmen investieren. Auch Mark Zuckerberg leitet Facebook nach ganz ähnlichen Grundsätzen. („Wir stellen keine Produkte her, um Geld zu machen. Wir machen Geld, um Produkte herzustellen.") Die Erwartungen an ein Technologie- oder Internet-Unternehmen können nie dieselben sein wie an Procter & Gamble, Coca-Cola oder ExxonMobil, die in weniger zyklischen Branchen agieren.

Ob es mit diesem Selbstverständnis, das an eine Stiftung erinnert, Sinn macht, ein Unternehmen an die Kapitalmärkte zu führen oder es dort zu belassen, ist eine andere, fast philosophische Frage. Fest steht: Apple braucht das Geld der Börse nicht. Vor 35 Jahren, als das Start-up schnell wachsen wollte und dafür Kapital benötigte, war das anders.

Der frühere Rivale Dell etwa hat vorgemacht, welch anderen Weg Unternehmen einschlagen können, wenn sie nicht länger gewillt sind, sich dem Dauerdiktat der Kapitalmärkte zu unterwerfen und stattdessen ein Delisting angestrebt. Dass dies langfristig ein Modell für Apple sein könnte, erscheint angesichts von Barmitteln in Höhe von 150 Mrd. $, die zeitweise 40 % des Unternehmenswertes ausmachten, nicht komplett abwegig. Aktuell kauft Apple rund 5 % des Unternehmens zurück – pro Jahr.

# Neues Dow-Jones-Mitglied, neue Langeweile?

Es gibt nur eine Handvoll Aktien, die ihren treuen Besitzern eine ähnlich üppige Rendite beschert haben, wie es Apple in den vergangenen 35 Jahren getan hat. Es ist ein weiter Weg von jenen split-bereinigten 40 Cent je Aktie zum Börsenstart bis zum bisherigen Allzeithoch, das bei Redaktionsschluss bei 134 $ lag. Aus einem in AAPL investierten Dollar im Jahr 1980 wären in 2015 auf wundersame Weise 325 geworden. Oder anders gerechnet: Wer sich zum Börsengang im Dezember 1980 Apple-Aktien im Wert von 3000 $ ins Depot legte und sie dreieinhalb Jahrzehnte nicht anrührte, wäre heute tatsächlich Dollar-Millionär.

So sicher Apple damit auf Jahrhunderte der Platz im Börsenalmanach ist, stellt sich gleichfalls für weiterhin engagierte Aktionäre die Frage, was für sie in künftigen Jahren und Dekaden eigentlich noch drin ist. Eines zumindest steht fest: Ganz gleich, wie prächtig die Zukunft für den iKonzern auch ausfallen wird – eine solch mirakulöse Erfolgsgeschichte an der Börse wie in den vergangenen 15 Jahren kann und wird sich nicht wiederholen.

Das allein lehrt das Einmaleins der Arithmetik. Apple ist bei Redaktionsschluss mit einem Börsenwert von rund 570 Mrd. $ der wertvollste Konzern der Welt, der es in Spitzenzeiten 2015 sogar auf eine Marktkapitalisierung von knapp 800 Mrd. $ brachte. Noch einmal Wertzuwächse von 1000 % wie zwischen 2008 und 2015 würden damit einem vollkommen astronomischen Börsenwert von fünf bis sechs Billionen Dollar entsprechen – es gibt bis heute kein Unternehmen, dem überhaupt der Durchbruch durch die magische Billionengrenze gelungen ist.

Über Jahre wurde das Überbieten von immer höheren Kurszielen zum regelrechten Volkssport unter Analysten, bis endlich Cody Willard Anfang des Jahrzehnts die magische Marke von 1000 $, die nach dem Aktiensplit 143 $ entspricht, formulierte. Bis auf 9 $ war Apple an diese Marke zwischenzeitlich herangesprintet.

Doch selbst dann würde Apple einen Börsenwert von „nur" 785 Mrd. $ aufweisen; um die magische Schwelle von einer Billion Dollar zu nehmen, müsste der iPhone-Hersteller tatsächlich nach heutigem Stand auf Kurse von 183 $ springen. Und die Marke steigt von Quartal zu Quartal: Je mehr Apple seine Aktien zurückkauft, in desto weitere Ferne rückt die Marke – Rückkäufe in Höhe von 5 Mrd. $ entsprechen etwa 1 $ des Aktienkurses.

Und selbst, wenn Apple der historische Meilenstein gelingen sollte, was käme als nächstes? Die 200-Dollar-Marke? Carl Icahns Kursziel, das der Großinvestor bis auf 230 $ anhob, bevor er sich wieder aus der Aktie verabschiedete? Wo ist die absolute Grenze für die Apple-Aktie – und vor allem für Anteilseigner? Was gibt es für Anleger noch zu gewinnen: 50, 75 oder im besten Fall 100 %?

Das Chance-Risiko-Verhältnis, so scheint es, ist nach den exorbitanten Zuwächsen der vergangenen eineinhalb Jahrzehnte nicht mehr besonders attraktiv. Selbst wenn das iPhone noch einige Jahre wächst, die Apple Watch zum großen Erfolg wird, nach dem es aktuell nicht aussieht und neue Produkte wie ein iTV und oder ein iCar zu neuen Kassenschlagern avancieren würden – Kursexplosionen wie im vergangenen Jahrzehnt sind nicht zu wiederholen.

Demgegenüber stehen nach dem Traumlauf des vergangenen Jahres bzw. Jahrzehnts die Risiken: Endet der iPhone-Zyklus, haben Aktionäre nach der Rally der vergangenen eineinhalb Jahre mit Kurszuwächsen von in der Spitze fast 150 % wieder viel zu verlieren, von Wechselkursrisiken für deutsche Anleger einmal ganz abgesehen. Wie schnell es gehen und sich ein Abwärtstrend verselbstständigen kann, unterstrich gerade erst die jüngere Börsenvergangenheit mit der Kurshalbierung zwischen 2012 und 2013.

Auf der anderen Seite würden inzwischen höhere Cash-Reserven und eine weitaus aggressivere Bereitschaft zu Aktienrückkäufen auf einen Kursverfall ebenfalls abfedernd wirken. Beiden Szenarien, einem weiteren rasanten Kursanstieg oder einem drastischen Einbruch, scheinen damit deutlich Grenzen gesetzt. Denkbar erscheint für die Apple-Aktie in den kommenden Jahren daher ein dritter, neuer Weg, an den sich langfristig engagierte Anleger erst noch gewöhnen müssen: den der Seitwärtsbewegung – und damit neuen Langeweile mit jährlichen Kursbewegungen in einer Spanne zwischen 10 und 20 %, wie sie für Blue-Chip-Aktien der *Old Economy* vom Schlage Coca Cola, Disney oder Procter & Gamble charakteristisch sind.

Als sollte der Eintritt in ein neues Zeitalter an den Aktienmärkten dokumentiert werden, folgte im März 2015 tatsächlich der letzte noch fehlende Ritterschlag in der 35-jährigen Börsenhistorie: die längst überfällige Aufnahme in den wichtigsten Index der Welt – den Dow Jones Industrial Average. „Apple ist die erste Wahl für den Dow Jones Industrial Average", adelte der Vorsitzende des Index-Komitees, David M. Blitzer den Kultkonzern. „Wir fügen eine Aktie nur hinzu, wenn das Unternehmen einen ausgezeichneten

Ruf und nachhaltiges Wachstum besitzt sowie von Interesse für eine Vielzahl von Investoren ist", wurde die Aufnahme begründet.

MEEDIA: Apple rückt in den Dow Jones auf: Ritterschlag oder Warnsignal?
http://meedia.de/2015/03/09/apple-rueckt-in-den-dow-jones-auf-ritterschlag-oder-warnsignal/

Dass Apple als mit weitem Abstand „wertvollster Konzern" nicht längst im Dow Jones gelistet wurde, lag an den eigentümlichen Regularien des US-Blue-Chip-Index, der 1884 von Charles Dow und Edward Jones, den Gründern des *Wall Street Journal*, mit dem Ziel ins Leben gerufen wurde, die Börsenentwicklung der wichtigsten US-Unternehmen abzubilden. Das jedoch nicht strikt nach dem Börsenwert: Der Dow Jones ist ein Kursindex, der entsprechend der Notierung des Aktienkurses gewichtet ist. Mit der optischen Verbilligung im Verhältnis 1:7 wurde der Apple-Aktie dann schlagartig die Ehre zuteil.

So sehr das Listing im prestigeträchtigsten Index der Welt für Apple eine überfällige Auszeichnung ist, so sehr könnte er andererseits auch das Ende einer Ära vorwegnehmen, mahnt Hedgefonds-Manager Cody Willard: „Es gibt diese alte Hedgefonds-Theorie, dass man die Aktie kaufen sollte, die aus dem Index fliegt und die verkaufen sollte, die neu hinzukommt", erklärte Willard. „Der Dow Jones hat eine Historie, Tech-Aktien aufzunehmen, die dann abstürzen. Microsoft und Intel haben in den folgenden zwei Jahren nach ihrem Listing etwa mehr als 50 % verloren". Es wäre nicht das erste Mal in der bewegten Börsenkarriere des Tech-Pioniers; ein Jahr nach Aufnahme in den Blue-Chip-Index notierten Apple-Aktien bereits 19 % tiefer.

# Teil XIV

## Alte und neue Regenten

# Der lange Schatten von Steve Jobs

Die Lebensmaxime klingt wie aus einem großen amerikanischen Roman entnommen. „Er hatte eine große Vision von seinem Leben, seit er ein Junge war", heißt es bei F. Scott Fitzgerald in *Der Große Gatsby* über seinen charismatischen Titelhelden. Kaum anders ist die Lage bei Steven Paul Jobs, dessen Leben groß genug für ein Werk in der Literatur oder im Film wäre.

„Wir sind hier, um eine Kerbe im Universum zu hinterlassen", gab Jobs seine Ambitionen schon früh aus. Es wäre untertrieben zu behaupten, er habe seinem eigenen Anspruch entsprochen – tatsächlich hat Jobs ihn mit der Revolutionierung gleich mehrerer Branchen übererfüllt. Das war zunächst die Computerindustrie, die Jobs mit dem Apple II und dem Macintosh als erstem Computer mit grafischer Benutzeroberfläche revolutionierte. Nachdem Jobs Apple im Streit verlassen hatte, erkannte er das Potenzial von computeranimierten Filmen und veränderte mit Pixar Hollywood. Die Erfahrungen dieser prägenden Perioden, die die Grundlagen für die späten Welterfolge bei Apple legen sollten, hat der langjährige *Wall-Street-Journal*-Reporter Brent Schlender zusammen mit Rick Tetzeli (*Time Magazine* und *Fast Company*) in der neuen Biografie „*Becoming Steve Jobs*" jüngst eingängig geschildert.

MEEDIA: „Becoming Steve Jobs": So lesenswert ist die neue Biografie über den Apple-Gründer
http://meedia.de/2015/03/30/becoming-steve-jobs-so-lesenswert-ist-die-neue-biografie-ueber-den-apple-gruender/

Nach der Rückkehr zu Apple erfand Steve Jobs abermals mit dem iMac den Computer neu, revolutionierte aber vor allem die Musikindustrie mit iTunes und dem iPod. Der nachhaltigste Einfluss gelang Jobs aber ausgerechnet in einer Branche, mit der Apple bis dato kaum Überschneidungen hatte: Das avantgardistische iPhone krempelte die festgefahrene Mobilfunkindustrie von Grund auf um. Zu guter Letzt erhielt die Verlagsbranche mit dem iPad einen neuen Hoffnungsträger. Und sollte sich Apple nach zehnjähriger Entwicklung doch noch zu einem iTV entschließen, so dürfte zumindest die Hälfte der geistigen Vorarbeit auf Jobs zurückgehen.

Der überlebensgroße Ehrgeiz, den manche Biografen auf Jobs' problematische Kindheit als Waisenkind zurückführen, war vom ersten Tag an der große Treiber von Apple. Jobs wollte nicht nur großartige Produkte entwerfen, er wollte vor allem ein großartiges Unternehmen aufbauen. So verstand sich der Kalifornier seit seinen ersten Gründertagen: Nicht als großer Tüftler, wie sein kongenialer Partner Steven Wozniak, sondern als Unternehmer, der einen Konzern von bleibendem Wert erschaffen wollte – Jobs war immer mehr Henry Ford als Thomas Edison. So steht dann auch treffend als Beruf auf seiner Sterbeurkunde: Unternehmer.

MEEDIA: Steve Jobs' Rückzug: das Ende der iÄra
http://meedia.de/2011/08/26/steve-jobs-ruckzug-das-ende-der-iara/

Dass Steve Jobs auf dem Weg zu einem größten Unternehmer in der Wirtschaftsgeschichte buchstäblich viele Brücken verbrannte, ist hinreichend dokumentiert. Biograf Walter Isaacson, der in den letzten zwei Jahren 40 Stunden Interviews mit dem todkranken Jobs führte, schilderte den Apple-Gründer als getriebenen Egozentriker, der Rivalen und Mitarbeiter immer wieder gnadenlos schikanierte. Die Verfilmung von Isaacsons Bestseller mit Michael Fassbender in der Hauptrolle verfestigte dieses wenig schmeichelhafte Image zudem einprägsam in Hochglanzbildern.

MEEDIA: Trailer zum Steve Jobs-Kinofilm: Genie mit tiefen Abgründen
http://meedia.de/2015/07/02/trailer-zum-steve-jobs-kinofilm-genie-mit-dunklen-abgruenden/

Und dass Jobs' langjährigen Weggefährten bei Apple Isaacsons Schilderung ihres Mentors nicht gefiel, liegt in der Natur der Sache. „Meine Meinung könnte schlechter nicht ausfallen", zog etwa Designchef Jony Ive ungewohnt barsch über den Weltbestseller des früheren *Time*-Chefredakteurs her. „Das Buch hat ihm einen enormen Schaden zugefügt", machte auch Apple-Chef Tim Cook aus seiner Ablehnung keinen Hehl. „Es war eine Abhandlung aus wenigen Episoden, die bereits über ihn geschrieben worden waren, die sich auf einen kleinen Teil seiner Persönlichkeit bezogen. Man bekam das Gefühl, dass Steve ein gieriger, selbstsüchtiger Egomane sei", erklärte Cook entgeistert.

Entsprechend ist *Becoming Steve Jobs*, in dem Cook, Ive und andere Apple-Manager neue Einblicke in die Zusammenarbeit mit Jobs gewähren – Cook berichtet u. a., er habe Jobs einen Teil seiner Leber angeboten –, als Korrektiv zu verstehen, um die Legende vom malignen Genius zum Menschenfreund umzuerzählen: Das Unternehmensheiligtum soll offenbar um jeden Preis verteidigt werden.

MEEDIA: „Becoming Steve Jobs": So lesenswert ist die neue Biografie über den Apple-Gründer
http://meedia.de/2015/03/30/becoming-steve-jobs-so-lesenswert-ist-die-neue-biografie-ueber-den-apple-gruender/

Aber was kann nun aus einem Unternehmen werden, das ohne seinen Jahrhundertunternehmer auskommen muss? Für Medien und Börsenkommentatoren war die Steilvorlage zum Abgesang groß: „Der Mann, der Apple erfunden hat, ist tot", formulierte James Cramer kurz nach Jobs' Tod die typischen Vorbehalte. Keine Frage: Apple und Steve Jobs stehen bis heute in einer unentwirrbaren Beziehung zueinander.

Steve Jobs: Sind allein diese neun Buchstaben Hunderte von Milliarden Dollar wert? So sah es 2011 aus, als die Apple-Aktie trotz eines furiosen Geschäftsverlaufs mit rasantem zweistelligen Gewinnwachstum in Sorge vor dem Ableben ihres ikonisch verehrten Gründers kaum noch steigen wollte. Und 2012 sah es noch mehr so aus, als Tim Cook ein Jahr nach Übernahme der Amtsgeschäfte ins Trudeln kam. Vor allem im Krisenjahr 2013, nur zwei Jahre nach dem Tod von Steve Jobs, wurde das Argument zum Reflex, dass der Mann, der Apple heute führt, vermeintlich so wenig mit dem Mann zu tun hat, der es in 14 Jahren aus einem Pleitekandidaten zum wertvollsten Konzern der Welt geformt hatte.

Dabei war alles so exakt vorbereitet: Frühzeitig hatte Jobs Cook als seinen Nachfolger auserkoren und baute ihn stufenweise auf. Es war ein langer Prozess, der fast ein Jahrzehnt andauerte. 2004 vertrat Cook Jobs das erste Mal, als sich der Apple-Gründer von den Folgen der Operationen an der Bauchspeicheldrüse erholte. Und wem sollte Jobs fünf Jahre später bei seiner Lebertransplantation den halbjährigen Interimsjob übertragen, wenn nicht dem Manager, den er für seinen mutmaßlich am besten geeigneten Nachfolger hielt? Es konnte schließlich sein, dass er nicht schnell genug eine Spenderleber fand, die sein Leben retten würde. Auch 2011, als Jobs schließlich seine dritte und letzte Auszeit nahm, von der er nicht mehr zurückkehren sollte, vertraute er Cook die Geschicke an.

„Es gibt einige Leute, die sagen, wenn ich vom Bus überfahren werde, wird Apple in Schwierigkeit kommen. Ich glaube, es wäre keine Party, aber es gibt ein paar sehr fähige Leute bei Apple", erklärte Steve Jobs dem *Fortune Magazine* im Frühjahr 2008. „Ich habe Tim Cook zum COO gemacht und ihm die Mac-Division gegeben, und ich finde, er hat sich großartig geschlagen", beschrieb Jobs den Reifungsprozess seines designierten Nachfolgers.

„Eines der Dinge, die ich für Apple tun wollte, war ein Beispiel zu geben, wie eine einwandfreie Übergabe der Leitung ablaufen muss", diktierte Jobs Walter Isaacson am Sterbebett. „Man baut eine Firma auf, die auch noch eine oder zwei Generationen von heute aus gesehen für etwas stehen wird. Genau das haben Walt Disney, Hewlett und Packard und die Leute, die Intel aufgebaut haben, getan. Sie schufen eine Firma, die bleibt, nicht nur eine zum Geldverdienen. Ich wollte erreichen, dass Apple so eine Firma ist." Es spricht einiges dafür, dass Steve Jobs dieses Vermächtnis gelungen ist. Die Frage, die sich die Tech-Presse und besorgte Anleger spätestens seit dem Krisenjahr 2013 gestellt haben, ist allerdings, ob Tim Cook langfristig der richtige Mann für den Weltkonzern ist.

# Tim Cook: ein CEO für Friedenszeiten

Das Urteil war vernichtend. „Eine seiner letzten Entscheidungen könnte sich als einer seiner größten Fehler herausstellen", wagte sich der Finanzjournalist Rocco Pendola von *TheStreet.com* im Frühjahr 2013 in seiner Einschätzung von Steve Jobs weit hervor: „Den Vorstandsposten an Tim Cook übergeben zu haben." Harte, aber nach einer Wertvernichtung von 300 Mrd. $ Aktionärskapital in rund einem halben Jahr nicht völlig abwegige Worte. Tatsächlich hat Cook in seinem zweiten Amtsjahr jede Menge Angriffsfläche geboten, nachdem sein Wirken als CEO in den ersten zwölf Monaten mit einer Wertsteigerung von 75 % so hoffnungsvoll begonnen hatte.

Dann jedoch stieß Cook mit der Entschuldigung beim Maps-Debakel auf Kopfschütteln. Der Apple-CEO entschuldigte sich? Seltsam. Ein halbes Jahr später sollte er es noch mal vor chinesischen Kunden tun. Mit den unerwarteten Rauswürfen von Scott Forstall und John Browett zeigte Cook die nächste Schwäche: Der neue Vorstandschef offenbarte, dass er sich bei einer Neuverpflichtung geirrt hatte und dass es hinter den Kulissen offenkundig doch beträchtlich knirschte.

Immer neue Gerüchte um Absatzeinbrüche machten es nicht besser, wurden aber von Cook nicht kommentiert; stattdessen machten ständig neue PR-Floskeln von „laserscharfer Fokussierung" und den „weltbesten Produkten" bei öffentlichen Auftritten die Runde. Es folgten Quartalszahlen, die die Erwartungen nicht erfüllten und eine genervte Analystenkonferenz mit einem vernichtenden Ausblick. Kurzum: Führungsstärke sah anders aus.

MEEDIA: Ein Jahr Tim Cook: der 76 %-Mann
http://meedia.de/2012/08/29/ein-jahr-tim-cook-der-76-prozent-mann/

Doch da war noch mehr. Steve Jobs selbst trug eine gewisse Mitschuld am Abgesang auf seinen Kronprinzen: „Ich glaube, Tim begeistert sich nicht wirklich für die Produkte", wird Jobs, der die Daseinsberechtigung von Apple bekanntermaßen in Produkten maß, in der Biografie von Walter Isaacson zitiert. Eine größere Hypothek konnte der Apple-Gründer seinem Nachfolger als CEO kaum mit auf den Weg geben.

Doch wer ist der neue Apple-CEO eigentlich? Timothy Cook wurde 1960 in Robertsdale, Alabama geboren, machte mit 26 seinen MBA und heuerte danach bei IBMan, wo er 12 Jahre blieb. Es folgte 1994 ein Wechsel zu Intelligent Electronics, wo er zum COO der Reseller Division aufstieg. 1997, gerade mal ein halbes Jahr nachdem er beim damaligen Computergiganten Compaqbegonnen hatte, wurde Cookeigenhändig von Steve Jobs kurz nach dessen Rückkehr zu Apple abgeworben, um eine Zuliefererkette modernen Zuschnitts aufzubauen.

„Ich erkannte, dass er und ich die Dinge genau auf die gleiche Weise betrachteten", diktierte Steve Jobs Walter Isaacson. „Ich habe eine Menge Just-in-time-Fabriken in Japan besichtigt, und ich habe eine für den Mac und NeXT aufgebaut. Ich wusste, was ich wollte. Und dann traf ich Tim, und wir wollten beide dasselbe."

Cook schloss Apples eigene Produktionsstätten und ging zu Auftragsfertigungen über. Die Folge: Die Lagerbestände schmolzen beträchtlich zusammen – und mit ihnen die Kosten. Cook machte bei Apple schnell Karriere: Er übernahm erst die Mac-Division und stieg 2007 zum COO auf – zum Mann, der sich um das operative Geschäft kümmerte. Schon 2004, als sich Jobs nach seiner Tumor-Diagnose schließlich einer Operation unterzog, führte Cook bereits für einen Monat als Interims-CEO die Geschäfte. 2009 sollte sich die Geschichte für ein halbes Jahr wiederholen, Anfang 2011 schließlich final. Seit dem 24. August 2011 ist Tim Cook Apples Vollzeit-CEO.

MEEDIA: Tim Cook: Der unterschätzte Macher
http://meedia.de/2009/01/16/tim-cook-der-unterschatzte-macher/

So sehr Cooks Geschicke und Verdienste für Apple bekannt sind, so wenig weiß die Öffentlichkeit doch über den verschlossenen Sportfan, der ebenfalls seit Jahren im Aufsichtsrat von Nike sitzt. Überliefert sind seine Neigungen zu Marathonmeetings, nächtlichen E-Mails, eine Vorliebe für Energieriegel und seine absolute Beherrschung auch in angespannten Situationen. „Ich bin ein guter Verhandler, aber er ist wahrscheinlich noch besser, weil er immer cool bleibt", adelte Jobs seinen Nachfolger.

Ein greifbares, unverwechselbares Bild, etwas, das Tim Cook definiert, ein Moment, ein Satz, der für alle Zeit im Gedächtnis bleibt, fehlt indes bis heute. Cook hat daran einen maßgeblichen Anteil. „Ich beschreibe mich nie", gab er der *Wall-Street-Journal*-Reporterin Kara Swisher etwa im Mai 2013 auf der D11-Konferenz auf die Frage zurück, was für ein Führer er sei. „Ich führe ein denkbar einfaches Leben", hatte der heute 54-Jährige der *Businessweek* kurz nach Amtsantritt 2012 erklärt. „Ich mag es nicht, über mich zu reden. Ich vermeide es, so gut es geht", gibt Cook zu.

Doch funktioniert das auch bei Apple, dem nicht nur seit langer Zeit wertvollsten, sondern auch am meisten polarisierenden Unternehmen der Welt? Dies ist vielleicht Cooks größte Hypothek: Er ist nicht der geborene Kommunikator. Sein oft behäbiges, zögerliches öffentliches Auftreten hatte sich für Cook in einer Zeit, in der die Wall Street wie bei Facebook, Google und Amazon so gern einen dynamischen Gründervorschuss gewährt, zunächst zu einem echten Imageproblem entwickelt.

Gegen den lässigen Jeff Bezos mit seiner manischen Lache, gegen den nerdigen Larry Page, gegen den immer noch jugendlichen Mark Zuckerberg sieht der 55-Jährige mit schlohweißem Haar auch optisch alt aus. Das sind Oberflächlichkeiten, die einiges über den PR-getriebenen Zustand unserer Welt aussagen, in der der optimale CEO von heute im Idealfall ein gut aussehender, sportlicher Verkäufer sein sollte, der seine große Vision feilbieten kann – doch sie haben eine nicht zu unterschätzende unbewusste Außenwirkung.

Cook fehlt in den ersten zwei Jahren die Aura und das Charisma, auch wenn er sie sich offenkundig anzutrainieren versuchte und in öffentlichen Auftritten mal einen Witz einstreute, der wirkte, als wäre er über Wochen auswendig gelernt worden. Cook ist der Mann im Hintergrund, der nun den Tausendsassa geben soll, was ihm offenkundig nicht liegt. Ein entsprechend einfaches Ziel war der neue Apple-Chef in seiner Anfangszeit für Kritiker geworden, die längst reflexartig über ihn herfielen.

„Während Steve Jobs es ebenfalls vermied, über Produkte zu sprechen, hatte Jobs wenigstens interessante Dinge über den Prozess zu berichten. Cook verlässt sich dagegen auf seine Fähigkeit, alles auszusitzen", schrieb Apple-Kritiker Adam Lashinsky beim *Fortune Magazine* nach Tim Cooks Auftritt auf der Digitalkonferenz D11 im Frühsommer 2013. Finanzjournalist Rocco Pendola ging noch weiter. „Tim Cook ist nicht Steve Jobs. Er ist Jim Balsillie", stellte Pendola Cook in eine Reihe mit dem gescheiterten CEO von Blackberry. „Cooks ständige Behauptung, die Pipeline wäre zum Überlaufen mit unglaublichen Dingen gefüllt, beunruhigt mich. Ich habe keine Produktankündigung erwartet, aber etwas, das Zuversicht schafft", kommentierte Pendola Cooks Konferenzauftritt.

Bereits Monate zuvor hatte Pendola Cooks passiven Führungsstil kritisiert. „Wie Steve Jobs muss er die öffentliche Meinung und damit den Aktienkurs steuern und es dabei so aussehen lassen, als mache er das nicht. Um ein Unternehmen wie Apple zu führen, gehört das rhetorische Theater genauso dazu wie die Unternehmensführung selbst", wurde der Finanzjournalist sehr deutlich. „Tim Cook hat die Kontrolle über den Dialog verloren. Ob das fair ist oder nicht – es ist, was es ist. So sehr ich zustimme, dass Cook ein Unternehmen zu führen hat, so muss er auch beim Spiel der Wall Street mitspielen", erklärte Pendola.

MEEDIA: Ist Tim Cook noch der richtige CEO für Apple?
http://meedia.de/2013/03/06/ist-tim-cook-noch-der-richtige-ceo-fur-apple/

Steve Jobs spielte dieses Spiel durchaus. „You handle the back covers, I handle the front covers", schärfte Jobs seinen Leuten ein: „Ihr macht die Arbeit an der Basis und ich verkaufe Apple nach draußen", wird Jobs bei Adam Lashinsky zitiert. Unvergessen sind etwa die nächtlichen E-Mails des Apple-Gründers und die beinharten Auseinandersetzungen mit Journalisten und Bloggern. Ryan Tate vom Klatschportal *Gawker* beklagte sich eines Nachts per E-Mail bei Jobs, dass pornografische Inhalte von Apple im App Store blockiert worden wären. Jobs antwortete tatsächlich umgehend darauf, die Sache würde er anders sehen, wenn Tate erst mal Kinder habe. Der Technologiejournalist bot Jobs noch weiter Paroli, bis es dem Apple-CEO zu bunt wurde und er den Dialog mit den bleibenden Worten beendete: „Und übrigens, was haben Sie bisher so Großes geleistet? Haben Sie irgendwas erschaffen oder kritisieren Sie einfach die Arbeit anderer und versuchen deren Motivation herabzusetzen?"

– wohl wissend, dass diese E-Mail am nächsten Morgen als große Aufmachergeschichte bei *Gawker* und in unzähligen anderen Medien ihre Verbreitung finden würde.

Ein anderes Mal griff Jobs direkt zum Hörer. Diesmal war Joe Nocera dran, der Jobs' Karriere über Jahrzehnte begleitet hatte und Mitte der 80er Jahre mit *The Second Coming of Steve Jobs* seinerzeit für den *Esquire* das vielleicht bemerkenswerteste Porträt über Jobs geschrieben hatte, für das Nocera den damals 30-jährigen Steve Jobs ein Jahr nach seinem Rauswurf bei Apple über eine Woche begleitet hatte. Zwei Jahrzehnte später war all das vergessen. „Hier spricht Steve Jobs. Sie glauben, ich bin ein arroganter Mistkerl, der über dem Gesetz steht und ich denke, Sie sind ein Schleimbeutel, der sich nicht an Fakten hält", rüffelte Jobs den renommierten Tech-Reporter, der inzwischen für die *New York Times* schrieb und dort 2008 über Jobs' angegriffenen Gesundheitszustand spekulierte.

Jobs' Botschaft war immer klar: Bis hierin – und nicht einen Millimeter weiter. Von absolut nichts und niemandem in der Welt hatte sich der Tech-Pionier Zeit seines Lebens etwas bieten lassen. „Diplomatie" war für Jobs wohl das größte Fremdwort in seinem Wortschatz. Tim Cook schien dagegen den perfekten Gegenentwurf zu bieten, den man in der rauen Geschäftswelt gerne als Schwäche auslegen konnte. Seine Botschaft schien dagegen zu lauten: Geht so weit, wie Ihr wollt, ich mische mich eh nicht ein. Und werde mich, wenn es in Apples Interesse ist, wieder entschuldigen.

Es war sehr einfach, Cook, an dem sich die Wirtschaftspresse mit zeitweise feuilletonistischem Eifer abarbeitete, in seiner öffentlichen Erscheinung als Anti-Jobs wahrzunehmen – als Sündenbock, der am überlebensgroßen Götzenbild seines Mentors posthum verzweifelte. Am Ende des Tages waren die Abgesänge und die folkloristische Verklärung der glorreichen Vergangenheit unter Steve Jobs aber auch ein vorläufiges Phänomen: Die öffentliche Wahrnehmung und Wertschätzung ist schließlich so gut wie der Aktienkurs.

Cooks Keynotes und Interviews sind kaum anders als im ersten Jahr – die Apple-Aktie notierte nur signifikant tiefer. Dann drehte 2014 der Wind an der Börse und die Heerschar der Cook-Kritiker verstummte. „Es war intensiver als ich je dachte", gab der neue Apple-Chef in der Retrospektive über seinen ruppigen Auftakt als CEO zu. „Was ich erst nach Steves Tod gelernt habe und vorher nur theoretisch wusste, war, was für ein enormer Schutzschild er für uns war. Keiner aus dem Managementteam hat das ausreichend zu würdigen gewusst, denn darauf waren wir ja nicht fokussiert. Er hat alle Lanzen auf sich gezogen", resümierte Cook im Frühjahr 2015.

Doch Cook lernte schnell, sich ein dickes Fell zuzulegen. „Eine meiner Qualitäten besteht darin, den Lärm auszublenden", erklärte Cook einst dem TV-Talker Charlie Rose. Dem *Fortune*-Reporter Adam Lashinsky, der dem neuen Apple-CEO in seinem Bestseller *Inside Apple* 2011 noch ein ziemlich vernichtendes Zeugnis ausgestellt hatte, hielt er im Interview entgegen: „Ich kandidiere nicht für ein Amt. Ich brauche nicht Ihre Stimme. Ich muss tun, was ich für richtig halte."

MEEDIA: „Fernsehen ist in den 70ern stecken geblieben": Die neuen TV-Andeutungen des Apple-Chefs
http://meedia.de/2014/09/15/fernsehen-ist-in-den-70er-stecken-geblieben-die-neuen-tv-andeutungen-des-apple-chefs/

Um den Brückenschlag zur goldenen iÄra seines Mentors ist Cook indes stets bemüht. „Ich denke viel an Steve. Ich liebe ihn sehr, und kein Tag vergeht, an dem ich nicht an ihn denke, gerade heute besonders", formulierte Cook unmittelbar nach der iPhone-6-Keynote im vergangenen September rührende Worte der Würdigung an seinen Lehrmeister. „Ich glaube, er wäre heute sehr stolz zu sehen, was das Unternehmen, das er uns hinterlassen hat und eines der größten Geschenke der Menschheitsgeschichte ist, heute leistet. Ich glaube, er würde lächeln", erklärte Cook im Interview mit dem US-Traditionssender ABC.

MEEDIA: Tim Cook im ABC Interview: Emanzipation mit Steve Jobs-Nostalgie
http://meedia.de/2014/09/11/tim-cook-im-abc-interview-emanzipation-mit-steve-jobs-nostalgie/

Und doch versucht Cook auch erkennbar, sich zu emanzipieren. „Mir persönlich ist es gar nicht so wichtig, ob er noch an einem Projekt beteiligt war oder nicht, sondern sein enormer Perfektionismus, dass man immer neue Innovationen liefern sollte, ist es, der heute noch genauso im Unternehmen vorhanden ist", erklärte der Apple-CEO gegenüber ABC. Jony Ive sekundierte mit dem Hinweis, dass die Entwicklung der Apple Watch erst kurz nach dem Tod von Jobs begonnen habe.

Den eigentlichen Unterschied zwischen dem Geist des Gründers und dem Wirken seines Nachfolgers arbeitete das *Wall Street Journal* in griffiger Form heraus. Nach den Worten eines früheren Apple-Mitarbeiters sei Tim Cook „ein CEO für die Friedenszeit", während Steve Jobs „ein CEO für die Kriegszeit" gewesen war. In anderen Worten: Während der Gründer legendäre epische Schlachten um die Existenz des Computerpioniers auszufechten hatte und Apple mit napoleonischer Chuzpe an die Weltspitze der Tech-Industrie führte, hatte sich der der neue Apple-Chef vor allem der Wahrung des Status quo und der Weiterentwicklung Apples als Konzern verschrieben, wie die jüngsten kapitalmarktfreundlichen Maßnahmen, wie die Anhebung des Aktienrückkaufprogramms, die üppigen Dividendenausschüttungen und der Aktiensplit verdeutlichten.

„Die einzige Sache, an der Steve interessiert war, waren großartige Produkte. Das Unternehmen dahinter, die Mitarbeiter dienten nur zur Erfüllung des Zwecks", wird ein anderer früherer Apple-Mitarbeiter im *Wall Street Journal* zitiert. „Tim macht sich dagegen mehr Gedanken über alles im Unternehmen."

Die Wirkung schlug auch irgendwann 2014 an der Börse durch. Cooks großes Verdienst für Apple bestand darin, den berühmt-berüchtigten Aktionärsaktivisten Carl Icahn in seinem Ansinnen nach einer aggressiveren Kapitalverwendung befriedet und sogar als ersten Apple-Cheerleader zu seinen Gunsten eingespannt zu haben. Unter Icahns Engagement in Apple, das der legendäre Investor immer wieder mit lauten Fanfaren auf Twitter und im Finanzmarktfernsehen begleitete, hat sich die Aktie in der Spitze verdoppelt und Tim Cook Apples Börsenwert damit zeitweise um enorme 400 Mrd. $ gesteigert.

„Es gibt keine Vorbereitung, um eine Legende zu ersetzen, doch genau das hat Tim Cook in den vergangenen dreieinhalb Jahren nach Steve Jobs' Tod getan", würdigte das *Fortune Magazin* im darauf folgenden Jahr dann auch Cooks Verdienste. Doch die eigentliche Auszeichnung ging über die Rekordgewinne und Rekordkurse an der Wall Street hinaus: „Indem er öffentlich verkündet hat, dass er schwul ist, hat Cook noch etwas anderes erreicht, was sehr wenige erwartet haben: Er ist ein weltweites Vorbild geworden", lobte *Fortune* Cooks Courage und kürte den Apple-CEO zur Führungspersönlichkeit des Jahres.

## Das Apple-Imperium 2.0

Cooks vorläufige Bilanz als Apple-CEO gleicht nach fünf Jahren damit einer veritablen Achterbahnfahrt. Auf einen souveränen Einstieg folgte ein Anschlussjahr voller Unsicherheiten und harter Blessuren, in dem vermutlich nicht mehr viel zu einem Knockout gefehlt hätte: Hätte das iPhone 6 seine Wirkung verfehlt – es wäre wohl schwer geworden für den stoischen Workaholic. So aber kann Cook für sich beanspruchen, geliefert zu haben: Ihm gelang die Rückkehr zum Gewinnwachstum und der Turnaround an der Börse, der mit neuen Allzeithochs gekrönt wurde, bevor das Pendel wieder in die andere Richtung ausschlug. Parallel zu den steigenden Notierungen wuchs auch Cooks Selbstbewusstsein, wie bei seinen öffentlichen Auftritt zu beobachten.

Fünf Jahre nach dem Ableben von Steve Jobs hat Tim Cook Apple inzwischen erkennbar seinen Stempel aufgedrückt: Sei es mit der Apple Watch, über deren Erfolg noch entschieden werden muss oder mit einer Reihe von Neuverpflichtungen im Apple-Management, allen voran die früheren Mode-CEOs Angela Ahrendts, Paul Deneve und der Adobe-Technikchef Kevin Lynch. Ein nachhaltiges Urteil über die Tim-Cook-Ära steht indes noch aus. Es wird entscheidend davon bestimmt werden, ob Cook Apple über das iPhone 6 hinaus auf den Wachstumspfad halten kann, was maßgeblich von den kommenden Produkt-Launches abhängt, die wiederum vor allem von Cooks wichtigstem Partner bei Apple gestaltet werden: Design-Chef Jony Ive.

MEEDIA: Fortune Magazine kürt Apple-CEO Tim Cook zur größten Führungspersönlichkeit der Welt
http://meedia.de/2015/03/27/fortune-magazine-kuert-apple-ceo-tim-cook-zur-groessten-fuehrungspersoenlichkeit-der-welt/

# Jony Ive: der Zauberer der Einfachheit

Wenn es einen Gradmesser für Apples unglaublichen Erfolg gibt, auf den sich sowohl Fans als auch Kritiker einigen können, dann ist es wohl das einzigartige Design des Tech-Pioniers, das den Kultstatus maßgeblich begründete. *Designed by Apple in California* steht auf jedem Produkt, das unter dem Apfel-Logo verkauft wird, ganz so, als wollte Apple die tradierte Beschreibung der Produktionskette außer Kraft setzen: Nicht, wo es hergestellt wurde, ist entscheidend, sondern, wer es wo designt hat.

Dabei könnte der Slogan genauso gut heißen: „Designed by Jonathan Ive in California" – das nämlich ist der Name des Mannes, den die Apple-Fangemeinde nur „Jony" nennt und seit der Rückkehr von Steve Jobs federführend die Produkte des iZyklus gestaltet hat. So sehr der charismatische Verkäufer Jobs die Massen begeisterte, so sehr mag der 49-jährige Brite die Rolle im Hintergrund. Ive, der 2006 von der Queen zum Ritter geschlagen wurde, liebt die Zurückgezogenheit des Designstudios auf dem Apple Campus, in dem er, abgeschottet wie in einem Hochsicherheitstrakt mit verdunkelten Fenstern, besessen bis ins letzte Detail mit seinem Team an neuen Entwürfen feilt.

Jony Ive ist schon als Erscheinung ein Phänomen. Der in Chingford, London, geborene Brite wirkt in seiner durchtrainierten, stämmigen Statur wie ein Footballspieler und spricht mit sanfter Stimme doch so bedächtig wie ein Philosophieprofessor. Als Mann mit dem „besten Geschmack in der Welt" adelte Tim Cook seinen kongenialen Partner, von dem Apples Zukunft nicht minder abhängt als vom Managementgeschick des Konzernchefs. Der Verkaufserfolg des wertvollsten Technologiekonzerns der Welt ist am Ende unentwirrbar mit dem Wow-Gefühl verbunden, das die von Ive gestalteten Produkte immer wieder entfachen.

Dabei wäre fast alles anders gekommen: Der seinerzeit 30-Jährige, der bereits seit 1992 bei Apple arbeitet, war aufgrund der depressiven Stimmung, die unter Gil Amelio herrschte, drauf und dran, noch vor der Rückkehr von Steve Jobs zu kündigen. Jobs wiederum wollte das Comeback mit einem spektakulären Stardesigner einläuten und unterbreitete der deutschen Designlegende Richard Sapper, der heute auf eine 60-jährige Karriere zurückblicken kann und u. a. das IBM Think Pad entwarf, ebenso den Chefposten mit einer jährlichen Vergütung von 30 Mio. $ wie Ferrari-Designer Giorgetto Giugiaro, doch die beiden Altstars winkten ab.

Dann traf Jobs auf Ive und war von der Arbeitsweise und den Designvorstellungen des aufstrebenden Jungstars, der so viel mit Jobs' eigenen Idealen gemein hatte, begeistert. Mit „Einfachheit ist die ultimative Perfektion" hatte Jobs bereits 1977 den Apple II beworben – ein Leitmotiv, dem Jobs zeit seines Lebens verbunden blieb. Gemein ist allen Apple-Produkten ein ganz wesentliches Grundprinzip: Weniger ist mehr. Jony Ive hob diesen Anspruch mit dem ersten iMac, der 1998 die Richtung des späteren iProduktzyklus vorgeben sollte, auf eine neue Ebene: Einfachheit konnte auch bunt und modern sein, wie etwa die poppig gestalteten iOS-7-Logos bewiesen. Ive ließ sich bei der Gestaltung schon mal von der Konfektindustrie inspirieren und entwickelte das Design des revolutionären Macintosh-Computers aus buntem, transparenten Kunststoff.

Es folgte der iPod, das iPhone, das ultraflache MacBook Air und das iPad – und zwischendurch immer wieder Designmeisterwerke für die Galerie wie der Power Mac G4 Cube 2000. Für Ive, dessen Designverständnis maßgeblich vom früheren Braun-Designer Dieter Rams beeinflusst wurde, ist der Weg das Ziel. Der bescheidene Brite ist sich bewusst darüber, dass auf diesem Weg einiges passieren kann – und es nur die wenigsten, die allerwenigsten Ideen aus seinem Forschungslabor in die Fertigungshallen schaffen. „Bei einem ganz großen Teil unserer Entwicklung ist nicht klar, ob wir in der Lage sind, ein Problem zu lösen. Bei einem beträchtlichen Teil unserer Zeit wissen wir nicht, ob wir eine Idee wieder verwerfen müssen oder nicht. Das war immer so, beim iPod, iPhone oder iPad", erklärt Ive gegenüber dem britischen Traditionsblatt *The Telegraph*.

Wie wichtig Ive für Apple ist, verhehlte Jobs nicht. „Wenn ich einen spirituellen Partner bei Apple habe, ist es Jony", diktierte der Apple-Gründer Biograf Walter Isaacson. „Der Unterschied, den Jony ausmacht – nicht nur bei Apple, sondern in der ganzen Welt –, ist enorm. Er ist in jeder Hinsicht eine unglaublich intelligente Person", adelte Jobs seinen Chefdesigner. Der lange Jahre mit Jobs befreundete U2-Leadsänger Bono pries Ive in seiner Würdigung zu den 100 einflussreichsten Personen der Welt im *Time Magazine* unlängst unisono: „Sein Genie liegt nicht nur darin, zu sehen, was andere nicht können, sondern wie er es einsetzt". Entsprechend logisch erscheint es, dass Nachfolger Tim Cook Ive rechtzeitig enger an sich und Apple band und ihn nach dem Ausscheiden Forstalls entscheidend beförderte: Vom Chefdesigner der Hardware-Produkte zum Designverantwortlichen für alle Apple-Produkte, inklusive der Software.

„Die gestrige Mitteilung macht deutlich, dass Ive dem Unternehmen in der näheren Zukunft erhalten bleiben dürfte", erklärte Piper-Jaffray-Staranalyst Gene Munster. „Zusammen mit Tim Cook, dessen Vertrag noch neun Jahre läuft, sieht es so aus, als ob die beiden wichtigsten Manager sich langfristig an Apple gebunden hätten." Euphorischer wurde der intime Apple-Kenner John Gruber *(Daring Fireball)*: „Ich glaube, man kann gar nicht genug betonen, was für eine große Bedeutung der Managementwechsel hat", fand der Blogger.

MEEDIA: Tim Cooks Apple 2.0-Ära beginnt
http://meedia.de/2012/11/02/tim-cooks-apple-2-0-ara-beginnt/

Solange Ive für Apple designt, scheint der Kultkonzern seine Lebensversicherung zu besitzen. Doch nichts währt bekanntlich für immer. Als Steve Jobs, von seinen Krankheiten gezeichnet, immer mehr aus dem operativen Geschäft verschwand, sank auch Ives Einfluss. Grabenkämpfe mit Emporkömmlingen wie dem damaligen iOS-Chef Scott Forstall waren die Folge.

Tim Cook tut gut daran, Jony Ive weiter die Freiheiten zu lassen, Rückendeckung zu geben und Wertschätzung zu zollen, die der Designchef unter Jobs besaß. Die Art und Weise, wie sich Apple nach außen verkauft, hängt letztlich fast sklavisch vom Geschmack eines 48-jährigen Familienvaters ab, dem immer mal wieder nachgesagt wurde, er würde wegen seiner Zwillinge irgendwann mit seiner Frau gerne zurück nach England ziehen. Wie sehr den medienscheuen Briten, der inzwischen über mehr als 5000 Patente verfügt, der Spagat zwischen bahnbrechenden Designinnovationen und der Verantwortung des operativen Geschäfts nach mehr als zwei Jahrzehnten aufgerieben hatte, wurde am Rande des Apple-Watch-Launches deutlich.

In bislang ungewohnter Offenheit bekannte Ive wenig später bei der Preisverleihung des San Francisco Museum of Modern Art, dass die Herstellung des neuen Apple-Produkts „extrem herausfordernd" gewesen sei – so herausfordernd, dass Ive die Entwicklung als Prozess beschrieb, der „demütig" gemacht habe und „viel komplexer" gewesen sei als die Kreation des iPhones.

Monate später gestand Ive in einem ausführlichen Porträt im Magazin *The New Yorker* ein, dass ihn die Entstehung der Apple Watch an den Rand seiner Kräfte gebracht hatte: „Das vergangene Jahr war das schwierigste, seit ich bei Apple bin", erklärte Ive.

MEEDIA: Jony Ive: Apple Watch in der Produktion herausfordernder als iPhone
http://meedia.de/2014/11/03/jony-ive-apple-watch-in-der-produktion-herausfor-dernder-als-iphone/

Die gleichzeitige Verpflichtung von Industrial Design-Legende Marc Newson, der als Freund des Apple-Urgesteins gilt und ihm unmittelbar unterstellt war, befeuerte Gerüchte, dass sich Ives im Herbst seiner Karriere bei Apple befinden und sein Erbe bereits vorbereiten könnte. Genährt wurde der Verdacht vermeintlich paradoxerweise im Frühsommer 2015, als Ive zum unumschränkten Alleinherrscher über Apples Designsprache befördert wurde – zum „Chief Design Officer", nachdem der Brite erst vor zweieinhalb Jahre zuvor zum „Senior Vice President of Design" aufgestiegen war. Der vermeintlich minimale Unterschied in der Jobbeschreibung ist doch ein großer im Arbeitsalltag: Jony Ive sollte ab Juli nicht nur wie bisher die großen Designentscheidungen im Hardware- (Design der iPhones, iPads, Macs und der neuen Apple Watch) und Software-Bereich (Design der Betriebssysteme iOS und Mac OS X) treffen, sondern auch bei übergeordneten Projekten wie dem neuen Apple Campus und dem kommenden Redesign der Apple Stores. In anderen Worten: Die Art und Weise, wie Apple sich und seine Produkte der Welt zeigt, wird künftig in vollem Umfang von Jony Ive entschieden.

Die abermals steigende Verantwortung forderte jedoch gleichzeitig ihren Tribut im Tagesgeschäft. So wurde Ive von der Last des administrativen Arbeitsalltags befreit und übergab die Verwaltung der Industrial Design und User Interface Design Unit an die langjährigen Weggefährten Richard Howarth (Hardware Design) und Alan Dye (Software Design), die nun nicht mehr direkt an Ive, sondern an CEO Tim Cook berichteten. Die Art und Weise, wie Apple die Veränderung im Aufgabenbereich von Ive verpackte, machte zudem misstrauisch. Verkündet wurde sie, wie schon 2012 das Ausscheiden von iOS-Chef Scott Forstall, an einem Feiertag (Pfingstmontag) – und diesmal zudem von einem Freund des Hauses. Nicht Apple, sondern der britische Comedian, Schauspieler und bekennende Apple-Fan Stephen Fry verbreitete die Personalien im einem Artikel des britischen *Telegraph*, für den er exklusiven Zugang zu Ive und sogar Konzernchef Tim Cook erhielt.

MEEDIA: Tim Cook macht Jony Ive zu Apples Design-Alleinherrscher
http://meedia.de/2015/05/26/tim-cook-macht-jony-ive-zu-apples-design-alleinherrscher/

Die administrative Arbeit sei nicht die Sache, zu der er geboren wurde, lässt Ive durchblicken, er könne jetzt „freier denken". Im Artikel von Fry heißt es zudem, Ive habe künftig so die Chance „mehr zu reisen". Für Apple-Kenner John Gruber („Daring Fireball") eine andere Form der Umschreibung für: mit seiner Familie in absehbarer Zeit nach England überzusiedeln. Die gute Nachricht für Apple-Fans und -Aktionäre scheint gleichermaßen zu sein, dass der Schritt nicht morgen oder übermorgen passieren dürfte – schließlich wurde der Wechsel in die neue Position gerade erst verkündet. Ive könnte in der neuen Rolle möglicherweise auch mehr Zeit für neue Projekte haben – wie die Arbeit am viel spekulierten Apple-Auto, das Gerüchten zufolge von Ive einer neuen Fabrik in Irland entwickelt werden soll. In einigen Jahren könnte dann aber vielleicht doch der große Abschied nahen: 2017 wird Ive bereits 50 und wäre dann 25 Jahre bei Apple – nicht der schlechteste Zeitpunkt, um einen neuen Lebensabschnitt zu erwägen.

# „Old, white men": auf der Suche nach dem nächsten Apple-CEO

Plötzlich stand der Elefant im Raum: „Apple sollte Tim Cook feuern", stellte der Finanzjournalist Rocco Pendola dem amtierenden CEO auf der Höhe der Börsenkrise im Frühjahr 2013 ein vernichtendes Zeugnis aus. Cook wäre ein „B-Spieler", der nur unter Steve Jobs gut ausgesehen hätte, auf sich gestellt aber zum Scheitern verurteilt wäre. Sosehr sich das drastische Urteil nach einer effekthascherischen Schlagzeile anhörte, die nach dem starken Comeback dank des iPhone 6 2014 komplett verhallte, erscheint die Frage dennoch nicht abwegig: Wer könnte Tim Cook einmal beerben oder, wenn der Aufsichtsrat bei einem neuerlichen Abwärtstrend die Notbremse zieht, ihn vor Ablauf des bis 2021 laufenden 10-Jahresvertrags ersetzen? Die Nachfolgeregelung von Steve Jobs hatte sich über Jahre abgezeichnet. Für Cook indes drängt sich kein Spitzenkandidat aus den eigenen Reihen als Nachfolger auf – zumindest aktuell nicht, zu weit weg erscheinen die Apple-Manager der zweiten Reihe noch vom CEO-Posten.

Jony Ive, Apples charismatischster Kopf und großer Sympathieträger, wäre von seiner Bedeutung für Apple der logische Nachfolger, ist aber viel zu sehr Designer und viel zu introvertiert, als dass er für den knochenharten CEO-Job wirklich in Frage käme, geschweige ihn denn wollte, wie die neue Rolle als Chefdesigner erkennen lässt. Der introvertierte Brite meidet selbst auf Keynotes die Bühne und lässt in Einspieler-Clips seine Botschaft verkünden.

Sein langjähriger Gegenspieler Scott Forstall, der sich intern zu viele Feinde gemacht hatte, ist nicht mehr bei Apple. Forstall war als „CEO-in-waiting", als „CEO in Wartestellung", wie es das *Fortune Magazine* einst formulierte, zweifellos der Mann der jüngeren Generation von Apple-Managern, die noch mit dem Stallgeruch der frühen Jobs-Jahre ausgestattet sind, der ambitionierteste Anwärter auf den Chefposten. Auch wenn Apple einen Machtkampf in dem Jahr eins nach Jobs' Tod am wenigsten gebrauchen konnte und Tim Cook wohl keine andere Wahl blieb als Forstall auszusortieren, schwächt der Abgang Apple langfristig empfindlich. Forstall wäre, wenn er seinen Ehrgeiz besser im Zaum gehalten hätte, fraglos der augenscheinlichste Kandidat für das Apple der 2020er Jahre gewesen.

MEEDIA: Apple feuert iOS-Chef Scott Forstall
http://meedia.de/2012/11/02/apple-feuert-ios-chef-scott-forstall/

Doch wer sind eigentlich die nächst ranghöheren Apple-Manager, wenn der CEO Tim Cook – wie es Jobs wenig sentimental einmal auf sich selbst bezog – „vom Bus überfahren" werden würde? Urgestein Bob Mansfield wäre etwa ein Kandidat für eine mögliche Interimslösung im Fall eines unvorhergesehenen Ausscheidens Cooks. Mansfield etwa gehört bei Apple seit 1999 zum Führungszirkel und verantwortet über lange Jahre die prestigeträchtige Hardware-Sparte. Müde von den Querelen mit Scott Forstall, wollte Mansfield 2012 mit 51 Jahren bereits in den vorzeitigen Ruhestand gehen, konnte durch hoch dotierte Aktienoptionen dann aber zumindest bis 2015 gebunden werden. Mansfield leitete zunächst den neu geschaffenen Bereich „Technologien", in dem er neue Produkte entwickeln soll, definierte seinen Aufgabenbereich aber 2013 in „Special Projects" um und gehörte seitdem nicht mehr zum führenden Managementteam, sondern berichtete exklusiv an Tim Cook. Im Sommer 2016 wurde bekannt, dass Mansfield zum neuen Chef der geheimen Auto-Unit „Project Titan" berufen wurde, die mutmaßlich das iCar entwickelt. Mansfield ist ein Apple-Haudegen, aber aufgrund des Alters und kurzen Vertragslaufzeit kein Kandidat auf den CEO-Posten wäre, sondern allenfalls nur für eine Übergangszeit wäre.

Marketingchef Phil Schiller, seit 1997 bei Apple, ist ebenfalls ein echter Veteran der zweiten Steve Jobs-Ära, der auf Keynotes am ehesten an seinen früheren Mentor herankommt und gerne den Entertainer, aber auch den „trash talker" gibt, was zuletzt nicht immer gut ankam. Einen Tag vor dem Launch des Galaxy S4 etwa wirkte seine Attacke auf Samsungs Android-Integration in Zeiten schwindender Marktanteile eher verzweifelt. Schiller ist trotzdem ein Mann für die große Bühne und wäre mit seinen 56 Jahren kurzfristig ebenfalls eine stabilisierende Interimslösung.

Für die Stabübergabe an die nächste Generation kämen intern indes drei langjährige Apple-Manager infrage, die mit Scott Forstall konkurriert hätten – allen voran der kubanischstämmige Eddy Cue, der bereits seit 24 Jahren für

Apple arbeitet. Der 51-Jährige verantwortet aktuell Apples Internet-Sparte, die sich in jüngerer Vergangenheit mit Maps und Siri nicht gerade mit Ruhm bekleckert hatte. Das *Wall Street Journal* taufte ihn daher auf „Mr. Fix It", den Ausputzer. Doch Cue trägt noch mehr Verantwortung: Der Apple-Veteran leitet mit iCloud nicht nur eine der ganz wichtigen Schnittstellen von Apples 800-Millionen-Nutzer großem Ökosystem, sondern ebenfalls die Servicesparte, der mit iTunes zwischenzeitlich am zweitschnellsten wachsenden Division des iKonzerns. Zudem gilt Cue als Macher des iTunes Music Stores, App Stores, des neuen Musikdienstes Apple Music sowie als geistiger Vater des iPad mini. Entsprechend sah das *WSJ* Cue schon vor Jahren als „aufsteigenden Stern" bei Apple.

Wetteifern um den Posten des Hoffnungsträgers dürfte Eddy Cue mit einem anderen Überflieger, den die WWDC 2013 hervorbrachte: Mac OS- und seit Forstalls Ausscheiden nun auch iOS-Chef Craig Federighi. „Um iOS 7 zu entwickeln, haben wir ein Team mit einem breiten Erfahrungsspektrum von Design bis Konstruktion zusammengebracht. Wir sehen iOS 7 als einen aufregenden Neuanfang", verbreitete der studierte Informatiker auf der Keynote der Entwicklerkonferenz WWDC mitten in der Krise 2013 echte Aufbruchsstimmung.

MEEDIA: WWDC: Die Sternstunde von Craig Federighi
http://meedia.de/2013/06/11/wwdc-die-sternstunde-von-craig-federighi/

Federighi, 47 Jahre alt, ist ebenfalls ein Apple-Urgestein, das noch zum Kern-Team von Steve Jobs' Softwareschmiede NeXT gehörte, dann aber für eine Dekade zum Softwareanbieter Ariba wechselte und erst 2009 wieder zum Konzern zurückkehrte. An Selbstbewusstsein mangelte es dem Software-Chef, der auf der Bühne eine bemerkenswert gute Figur macht, nicht: „Keine virtuellen Kühe kamen zu Schaden", merkte Federighi etwa zum Redesign der Mac OS-X-Kalender-App an, die ohne den Leder-Look des Vorgängers daherkam – ein klarer Seitenhieb auf Forstall. Entsprechend sieht das *Wall Street Journal* auch in Federighi einen Gewinner des jüngsten Management-Umbaus bei Apple. Als sollte Federighi für sein Wirken belohnt werden, durfte der Software-Chef im Herbst 2013 bereits mit Tim Cook und Jony Ive auf dem Cover von Bloombergs *Businessweek* die Krisengerüchte um die Wette weglachen: „Was, wir sollen uns Sorgen machen?"

MEEDIA: So lachen die Apple-Bosse Kritik einfach weg
http://meedia.de/2013/09/20/so-lachen-die-apple-bosse-kritik-einfach-weg

Im Schatten von Cue und Federighi steht in der Apple-Führung ein jüngerer Aufsteiger, der ebenfalls bereits seit den Tagen der Rückkehr Steve Jobs' beim Kultkonzern beschäftigt ist, sich bisher aber weniger auf der großen Bühne hervorgetan hat: Dan Riccio. Der 44-Jährige, der maßgeblich an der Entwicklung des ersten iPads beteiligt war, verantwortet nach Mansfields Rochade im Bereich der Produktentwicklung die Hardware-Unit. Nach Übernahme der extrem wichtigen Konzernsparte waren jedoch Stimmen zu hören, die kritisierten, die Aufgabe wäre noch zu groß für Riccio.

Gleichzeitig offenbaren die Keynotes, auf denen Apples Manager vor den Augen der Weltöffentlichkeit mehrmals im Jahr schaulaufen, auf den zweiten Blick ein anderes, sensibles Thema, das im 21. Jahrhundert eigentlich keines am Arbeitsplatz mehr sein sollte: Alter, Geschlecht und Hautfarbe. Und doch überrascht bei einem der modernsten Konzerne der Gegenwart, wie sehr die Führungsstruktur noch jener der *Mad-Men*-Ära ähnelt: Apple wird zum überwältigenden Teil von mittelalten, weißen Männern geführt – „old, white men", wie die US-Presse so gerne schlagzeilt.

Apples Internet-Chef Eddy Cue nimmt seine Rolle in Zeiten, in denen die „Papa-Plauze" als „#dadbod" längst Internet-Kult ist, beherzt an: In seinem überweiten, pinken Oberhemd vollführte Cue zu Song-Anspielern für Apple-Musik kurze Tanzeinlagen, für die jede Tochter oder Sohn vor Fremdscham sofort im Boden versinken möchte. Craig Federighi gibt dazu in gewohnter Manier stets den eloquenten Clown der Keynote und reißt mit seinen Verballhornungen von Phil Schiller, 56, und Eddy Cue, 51, ziemlich seniorige (Männer-)Witze. Der eigenwillige Retro-Musikgeschmack macht die Sache zudem nicht gerade besser: Apples führende Manager sind so schmerzfrei in den 70er und 80er Jahren stecken geblieben, dass sie die eigentliche Zielgruppe der Generation Y mit Einspielern von Rick Astley und Young MC („bust a move") eher verstört zurücklassen dürften. Im Gegensatz zu den neuen Rivalen aus dem benachbarten Mountain View und Menlo Park fehlt Apple ganz offenkundig die jugendliche Dynamik von Facebook und Googles Diversität, die heute der erst 32-jährige CEO Mark Zuckerberg und der indischstämmige Google-Chef Sundar Pichai so exemplarisch verkörpern.

Apple weiß das natürlich und macht aus dem Ungleichgewicht (70 % der Mitarbeiter sind männlich) selbst keinen Hehl, wie der offensive Umgang im eigens erstellten „Diversity Report" dokumentiert. „Um es klar zu sagen: Als CEO bin ich mit den Zahlen nicht zufrieden", gibt Cook zu. „Diversität ist die Zukunft unseres Unternehmens."

Akzente in dieser Hinsicht dürfte die wohl prominenteste Neuverpflichtung der Tim-Cook-Ära setzen: Angela Ahrendts. Die Abwerbung der amtierenden Vorstandschefin des britischen Labels Burberry verblüffte im Herbst 2013 die Branchenpresse. Drei Monate nach der Verpflichtung des CEOs von Yves Saint Laurent, Paul Deneve, hatte Apple erneut in der Modebranche gewildert. Ahrendts, die erst ein halbes Jahr später bei Apple antrat, sollte künftig die Geschäftsleitung der Apple Stores verantworten – ein prestigeträchtiger Posten, der über ein Jahr nach der unglücklichen Besetzung mit John Browett verwaist war. Zudem sollte Ahrendts, die langjährige Modechefin, die mit 20 Millionen Euro das höchste Gehalt eines Konzernchefs in England bezog und zum Amtsantritt ein üppiges Aktienpaket in Höhe von 73 Mio. $ kassierte, die zusätzliche Verantwortung für das Online-Geschäft übernehmen. Ganz nebenbei hatte Apple nun seine eigene Marissa Mayer (CEO von Yahoo): Eine echte Vorzeigefrau mit Modelmaßen, die bezeichnenderweise die Tochter eines Fotomodells ist. Die Luxus-Ikone, die immer noch problemlos die Cover der Modemagazine füllen konnte, verlieh Apple etwas, was vielleicht unter Steve Jobs nie möglich gewesen wäre – eine gehörige Portion femininen Glamour.

MEEDIA: Angela Ahrendts: Apples Marissa Mayer
http://meedia.de/2013/10/16/angela-ahrendts-apples-marissa-mayer/

Der 56-jährigen Amerikanerin eilte tatsächlich ein bemerkenswerter Ruf voraus: Seit 2006 verantwortete Ahrendts die Geschicke des britischen Luxuslabels Burberry, das im Auswahlindex FTSE 100 gelistet ist und unter ihrer Führung um 360% an der Londoner Börse zulegte, während sich der Umsatz verdoppelte. Ahrendts' Verpflichtung sagte viel über Tim Cooks Zukunftsvorstellungen: Es ist eine Wette auf die krisenresistentere Luxusgüterindustrie. Apple-Produkte sind in ihr seit Jahrzehnten beheimatet. Was im Apple-Design verpackt ist, darf schon mal das Doppelte kosten.

Welche Impulse die hoch bezahlte Store-Chefin in Apples Retail-Segment setzen kann, wird maßgeblich die Zukunft des Konzerns mitbestimmen. Nicht zuletzt Steve Jobs' Store-Konzept war der phänomenale Erfolg des vergangenen Jahrzehnts zu verdanken. Zur Eröffnung des ersten Apple Stores im Mai 2001 wollte Apple schlicht seine Macs besser vermarkten – heute geht es um eine ganze Erlebniswelt digitalen Lifestyles. Die Botschaft, die Cook mit der Verpflichtung Ahrendts' aussendet, ist deutlich: Wohl und Wehe Apples hängt noch mehr von der Verpackung ab – weniger vom Inhalt.

Doch die Feuerprobe im Form des Apple-Watch-Launches misslang kräftig: Das erste Produkt seit dem iPad verzögerte sich immer weiter – und war nicht zum offiziellen Verkaufsbeginn im April, sondern erst zwei Monate später im Store erhältlich. Die Praxis, neue Produkte in den Apple Stores auszustellen, aber nicht zum Kauf anzubieten, hat bei Kunden für Irritationen gesorgt. „Launchen wir jetzt jedes Produkt so? Nein. Wir alle lieben diese Starttage von Apple-Kassenschlager-Produkten. Davon werden noch viele kommen", bemühte sich Ahrendts gegenüber Mitarbeitern zerknirscht um Schadensbegrenzung. Ihr Einstand schien verpatzt.

MEEDIA: Der lange Launch: Apple Watch erst im Juni im Apple Store erhältlich
http://meedia.de/2015/04/17/der-lange-launch-apple-watch-erst-im-juni-im-apple-store-erhaeltlich/

Tim Cook lässt unterdessen nicht den Hauch eines Zweifel an seiner Königsverpflichtung aufkommen. „Sie passt perfekt in Apples Kultur. Schon nach einer Woche fühlt es sich an, als wäre sie ein Jahr bei uns gewesen. Und nun fühlt es sich an, als wären es viele Jahre. Wenn man beginnt, die Sätze des anderen zu beenden, ist das eine gute Sache", äußerte sich Cook im Frühjahr im *Fortune Magazine* voll des Lobes über Ahrendts. Glaubte man Henry Blodget vom *Business Insider*, endet Angela Ahrendts' Strahlkraft womöglich auch nicht in der Verantwortung der Apple Stores: Der frühere Internet-Aktienanalyst wittert in der taffen Managerin bereits eine mögliche Nachfolgerin als CEO. Dagegen spricht allerdings Ahrendts' mangelnder Stallgeruch, die fehlende Verankerung in der Tech-Welt – und ihr Alter. Die 56-Jährige ist sogar ein halbes Jahr älter als Cook und wäre 2021, sollte Cook abtreten, bereits 61 Jahre alt – kaum das richtige Alter für die Stabübergabe an die nächste Generation.

Im Jahr vier nach Steve Jobs ist ein gewisses Vakuum in der Führungsstruktur damit nicht zu übersehen. So verdient sich alle Hoffnungsträger in Cupertino gemacht haben – keiner besitzt aktuell auch nur annähernd das Format von Tim Cook. Selbst wenn sich der Aktienkurs in Zukunft wieder enttäuschend entwickeln sollte, scheint der langjährige COO derzeit doch alternativlos. Tim Cook war Jobs' erste Wahl und besitzt schon daher quasi einen Blankoscheck. Der letzte Wille des Apple-Gründers dürfte zumindest noch für ein halbes Jahrzehnt die Zukunft des Tech-Pioniers bestimmen.

# Epilog: Krieg und Frieden

Wenn man in 100 Jahren auf das anbrechende 21. Jahrhundert zurückschaut, mit jener nostalgischen Verklärung, die der Gegenwart immer eigen ist, so wird der Name Steve Jobs möglicherweise hell emporscheinen, wie wir heute noch an Thomas Edison und Henry Ford denken, wenn wir auf das 20. Jahrhundert zurückblicken. Ob das Unternehmen Apple in einem Jahrhundert noch eine Rolle spielt, ob es zu einer General Electric des 22. Jahrhunderts wird, ist eine andere Frage – schon ein Blick von zehn Jahren in die Zukunft erscheint vollkommen visionär.

In den 14 Jahren, in denen Steve Jobs Apple erst rettete, dann umkrempelte und schließlich in ein einzigartiges, unverwechselbares Unternehmen verwandelte, das es so vorher noch nicht gegeben hatte, gelang ihm etwas, für das man Anleihen an die Literatur, Musik oder Kunst benötigt. Das Apple, wie wir es kennen, ist heute ein Gesamtkunstwerk – mythisch verklärt wie die *Mona Lisa* Leonardo da Vincis, *St. Pepper's Lonely Heart's Club Band* der Beatles oder F. Scott Fitzgeralds *Der große Gatsby*.

Doch manchmal ist das Leben nicht fair. Es war nicht fair zu Steve Jobs, als er an Krebs erkrankte. Und es war zunächst nicht fair zu Tim Cook, als er Nachfolger von Steve Jobs wurde. Jobs hatte keine Chance zu überleben und in seinem letzten Lebensdrittel sein Königreich wachsen und gedeihen zu sehen – oder etwas zu korrigieren. Und auch Tim Cook hatte bis heute nicht die Chance, als ein regulärer CEO bewertet zu werden, obwohl er bei jedem anderen Konzern als charismatischer Macher gefeiert werden würde. Bei Apple jedoch war und ist die Bürde von Steve Jobs' Fußstapfen überlebensgroß. Jobs wusste das, Cook wusste das. Aber irgendjemand musste Jobs' Job schließlich antreten.

„Man kann die Vergangenheit nicht wiederholen", belehrt F. Scott Fitzgerald seinen Titelhelden im *Großen Gatsby* durch den Ich-Erzähler. „Natürlich kann man das", beharrt Protagonist Jay Gatsby ungläubig auf seiner Lebensmaxime, die ihn erst zu enormem Erfolg antreibt, am Ende aber zum Verhängnis werden sollte.

Für zwei Jahre schien auch der größte Wirtschaftsroman zu einem Drama zu werden – Apple schlingerte und drohte in Huldigung der großen iDekade zu erstarren. Das Apple des Jahres 2013 wirkte wie ein Konzern, der krampfhaft bemüht schien, die goldenen Zeiten festzuhalten. Dringend schien Apple ein Hit-Produkt zu das die Diskussion über die Innovationsfähigkeit beendete und Apple in der Zukunft neues Wachstumspotenzial bietet. Doch nicht das neue Produkt, die Apple Watch, auf die Fans fünf Jahre warten mussten, brachte Apple wieder auf Kurs, sondern der längst mythisch verklärte Bestseller, das größte Produkt der Menschheitsgeschichte – das iPhone. Tim Cook gelang damit das Kunststück, eine alte Boxerweisheit zu widerlegen: *They never come back?* Große Imperien schlugen immer zurück! Apple konnte die Vergangenheit sehr wohl noch einmal zurückholen – Nostalgie kann unbezahlbar sein.

Möglich wurde eines der größten Comebacks der Wirtschaftsgeschichte durch das Zusammentreffen zweier schon singulär ziemlich einzigartiger Ereignisse, die gemeinsam eine explosive Wirkung entfalten sollten: den Launch des iPhone 6 bei gleichzeitiger Erschließung des größten Vertriebskanals der Welt über China Mobile. Das Ergebnis war nichts weniger als das größte Quartal der Wirtschaftshistorie: 18 Mrd. $ wurden in den 90 Tagen zum Jahresende verdient – Apple hatte seinen eigenen Fabelwert der vergangenen drei Jahre um unfassbare 5 Mrd. $ übertroffen.

Angesichts solcher Superlative erscheint es allerdings auch mehr als fraglich, wohin Apple eigentlich noch wachsen will. Wenn es ein Beste-aller-Welten-Szenario gibt, dann war es dieses Zusammentreffen aus jahrelang aufgestauter Nachfrage nach großen iPhones und ebenso jahrelang aufgestauter Nachfrage in China. Der erste Trend lief bei Drucklegung mit dem Nachfolgemodell iPhone 6s aus, das nur eine marginale Veränderung unter der Oberfläche erfahren hat, der zweite schwächt sich ab, da der Einmaleffekt der China-Mobile-Einführung innerhalb eines ganzen Fiskaljahres inzwischen aufgebraucht ist.

Und doch ist Apple mehr denn je eine iPhone-Story. Die Neuerungen der vergangenen Jahre sind oftmals hinter den turmhohen Erwartungen zurückgeblieben: das iPad? Die Umsätze schrumpfen seit 2013, woran auch das iPad Pro, die Nachahmung von Microsofts Maxi-Tablet-Kategorie, wenig ändern dürfte. Die Apple Watch? Kann offenbar so wenig am Erfolg früherer Produkteinführungen anknüpfen, dass Tim Cook erstmals seit vielen Jahren die Verkaufszahlen zurückhält. Neue Services wie Apple Music? Höchst umstritten, dass selbst Apple-Fans die Gefolgschaft verweigerten.

Es bleibt dabei: Apples Erfolg ist auch neun Jahre nach der Einführung auf Gedeih und Verderb an das Kult-Smartphone gekoppelt. Doch was passiert, wenn Apples größte Erfindung in seiner vierzigjährigen Geschichte in

Zukunft nun nachhaltig an Stahlkraft verliert, wie der Abwärtstrend 2016 nahelegt?

Der Blick auf die weitere Geschäftsentwicklung sieht bei Redaktionsschluss keineswegs besonders hoffnungsvoll aus – erstmals seit Beginn des Jahrhunderts dürfte Apple wieder ein Fiskaljahr mit zweistelligen Umsatz- und Gewinneinbußen abschließen. Ob das Wachstum mit dem mutmaßlich wenig revolutionären neuen iPhone 7, das im September vorgestellt wird, im Fiskaljahr 2017 zurückkehrt, erscheint nach Analystenschätzungen ebenso fraglich. Erst vom generalüberholten iPhone zum zehnjährigen Jubiläum im Sommer 2017, das ohne Home-Button und mit bruchsicherem OLED-Display erscheinen soll, versprechen sich Analysten wie Ming-Chi Kuo von KGI Securities wieder anziehende Absätze. Im schlechtesten Fall droht Apple somit eine zweijährige Durststrecke – und damit vielleicht nur noch die Aussicht auf ein Wachstumsjahr bei der Einführung einer großen Modell-Generation. Es erscheint fraglich, wie lange Apple in diesem Szenario noch wertvollster Konzern der Welt bleiben kann.

Die alles entscheidende Aufgabe der zweiten Hälfte von Tim Cooks Amtszeit als Apple-CEO wird damit sein, das iPhone-Wachstum irgendwie zu verlängern. Nur von diesem heiligen Gral hängt Apples nahe bis mittelfristige Zukunft ab. Es ist ein Kampf von Upgrade-Programm zu Upgrade-Programm, von der immer weiteren Optimierung der Zuliefererkette, ein Kampf um einen immer kleineren und kürzeren Innovationsvorsprung vor den billigeren und wendigeren asiatischen Rivalen Samsung, Huawei, Xiaomi & Co – mit einem Wort: ein erbitterter Kampf, die allerletzten Prozente Wachstum aus dem Kassenschlager iPhone von Quartal zu Quartal herauszuquetschen.

Folgt das iPhone allerdings dem Vorbild des iPads und kehrt über Jahre nicht zum Wachstum zurück, hat Tim Cook ein großes Problem. Apple als Unternehmen würde ein paar Milliarden weniger unter dem Strich in der Konzernbilanz fraglos verschmerzen können. Die Geister von 2013 dürften sich im Falle von anhaltendem Negativwachstum, das aktuell keine Konzernsparte auch nur annähernd auszugleichen imstande scheint, dann allerdings in den Schlagzeilen wieder zurückmelden und Cook das Leben schwer machen. Nachfolgedebatten über den dann bald 56-jährigen Apple-CEO könnten in den nächsten Jahren umso härter losgetreten werden. Eine große Umbruchdiskussion, die überalterten Fußballteams so eigen ist, würde dann wohl auch bei Apple künftig unvermeidlich sein – die Branchen- und Wirtschaftspresse kann schnell laut werden, wenn die Wall Street dazu die Vorlage in Form fallender Kurse liefert.

Immerhin: Kein Konzern in der Wirtschaftsgeschichte scheint auf eine Krise besser vorbereitet als Apple. Die Cash-Reserven betragen auch nach Abzug der Verbindlichkeiten auf dem Bondmarkt immer noch knapp 150 Mrd. $. Selbst die immensen Aktienrückkäufe und üppigen Dividendenausschüttungen knabbern bei den derzeitigen Jahresgewinnen von ca. 45 Mrd. $ kaum am Polster.

Auf der anderen Seite wirken die gigantischen Aktienrückkäufe von aktuell etwa 35 Mrd. $ pro Jahr, die dem Kapitalmarkt jedes Jahr etwa 5% der gehandelten Anteilsscheine entziehen, abfedernd auf einen fallenden Aktienkurs, weil Apples Börsenwert irgendwann zu günstig erscheinen Die große Hoffnung von Tim Cook dürfte darin bestehen, dass der letzte Tag des iPhones möglicherweise doch weitaus später kommt als gemeinhin erwartet. Vielleicht ist beim iPhone tatsächlich einmal alles anders – und der Zyklus läuft weiter als alles, was wir bisher in der Geschichte der Verbraucherelektronik gesehen haben. Vielleicht kommt das nächste ganz große Ding, das unser Leben so auf den Kopf stellen wird wie das iPhone, wie der Computer, wie das Fernsehen, wie das Flugzeug, wie das Automobil, wie die Eisenbahn, wie die Elektrizität, wie die Druckerpresse eben erst in einem solch historischen Zeitintervall – nicht in 2018, 2020, 2022 oder 2025, sondern später –, und wir benutzen bis dahin unsere iPhones in zehn Jahren immer noch wie wir heute unsere Macs benutzen. Was hat sich schließlich in der Hardware so Grundlegendes zwischen einem iMac und MacBook von 2005 und 2015 außer der Prozessorgeschwindigkeit, Display-Aufösung und der Gehäusetiefe verändert?

Die Hiobsbotschaft für Tim Cook besteht indes in historischen Vorbildern. „Die Geschichte wiederholt sich nicht, aber sie reimt sich—, wird ein Bonmot des großen amerikanischen Romanciers Mark Twain immer wieder gerne als Metapher für die Blaupause der Geschichte gewählt. Mag sein, dass sich keine Geschichte 1:1 wiederholt, was sich jedoch gleicht, sind die Muster der Vergangenheit.

Und der Blick zurück fällt bei einem anderen Kultprodukt aus Cupertino, nachdem es seinen Zenit überschritten hatte, fast gespenstisch aus: Im Jahr 2006 erlöste Apple noch 55 % seiner Umsätze mit dem damaligen Kassenschlager iPod. Ein Jahrzehnt später sind es weniger als 1 %. Tatsächlich sogar schon phasenweise 70 % werden heute mit einem Produkt umgesetzt und verdient, das es 2006 noch gar nicht gab – dem iPhone.

Wenn sich der brutale Trend der kreativen Zerstörung fortschreibt, ist das iPhone des Jahres 2025 der iPod von heute. Im Umkehrschluss könnte das bedeuten: Das eigentliche Kerngeschäft des Jahres 2025 – vielleicht das iCar, vielleicht die Apple Watch und neue Wearable-Derivate, vielleicht ein ganz anderes iGadget, sehr wahrscheinlich aber eine Kombination aus allen zwei, drei neuen Geräten – existiert heute möglicherweise noch gar nicht.

Das ist einer der Gründe, warum die Börse die Aktien von Hightech-Unternehmen mitunter so skeptisch bewertet: Am Ende des Tages sind Hardware-, Software- oder Internet-Service-Anbieter eben keine Rohstofferzeuger und Nahrungsmittelhersteller. Auf Öl, Wasser, Windeln und Babynahrung wird auch der coolste Städter im Jahr 2030 angewiesen sein, wenn iPhone und iPad ihren wohlverdienten Platz in Design-Ausstellungen gefunden haben, so wie heute der erste iMac oder der iPod classic. In anderen Worten: Apple ist zur Innovation verdammt. Aktionäre schließen mit ihren Anteilsscheinen eine Wette auf die Zukunft ab.

Alles, jeder Zyklus, jedes Imperium, jede Regentschaft hat seine Zeit. Apples Zukunft, die längst fester Bestandteil von Kaffeesatzlesereien in der Tech- und Wirtschaftspresse geworden ist, ist trotz des beeindruckenden Comebacks der vergangenen Jahre offener denn je. Ein Ende von Apples Honig- und-Nektar-Periode, die mit dem ersten iPod Ende 2001 begann und sich bis heute unter dem Friedenszeiten-CEO Tim Cook erstreckt, ist aktuell noch nicht auszumachen. Und doch: Was heißt das in einer sich ständig selbst erneuernden Branche wie der Tech-Industrie schon? Der enorme Aufstieg von Facebook, Google und auch Apple in den vergangenen zwei Jahrzehnten wäre niemals möglich gewesen, wenn die damaligen Platzhirsche Microsoft, Nokia oder Yahoo nicht große Innovationen verpasst hätten.

„Man kann die Punkte nicht miteinander verbinden, wenn man in die Zukunft blickt. Das geht nur im Rückblick", erklärte Steve Jobs einst in seiner großen Stanford-Rede. „Sie müssen auf irgendetwas vertrauen – auf Ihren Bauch, Ihr Schicksal, das Leben, Karma. Dieser Ansatz hat mich nie enttäuscht, und er war der bestimmende Faktor in meinem Leben." Diese Gabe, intuitiv das nächste „one more thing" zu finden, bleibt auch der bestimmende Faktor für Apple.

# Sachverzeichnis

**Symbols**
50 Cent  26

**A**
AAPL,  XVII, 72
Adidas,  148
Adobe,  21, 230
Ahrendts, Angela,  166, 286, 297
AllThingsD,  187
Altucher, James,  XVIII
Amazon,  38, 52, 74, 81, 201, 202, 225
Android,  117, 205, 219, 226
AOL,  233
Apotheker, Leo,  248
App,  33, 65, 67, 135, 173, 237
Apple 2.0,  11, 109
Apple I,  4
Apple II,  4, 273, 288
Apple Music,  XI, XIII, 171, 174, 192, 226, 232, 295
Apple Store,  3, 80, 127, 165–166, 298
Apple TV,  89, 187, 190, 191, 192, 226
Apple Watch,  XI, XIV, XXV, 17, 147, 152, 160, 163, 165, 173, 194, 249, 290, 302
App Store,  33, 66, 164, 191, 295
ARD-Markencheck,  91
Argo,  247
Atari,  7
Autonomy,  248

**B**
Bankers Trust,  225
Barclays,  119
Beatles,  7, 26, 301
Beckham, David,  26
Berenberg Bank,  85
Bertelsmann,  XXV, 22
Bethlehem Steel,  247
Bewkes, Jeff,  189
Bezos, Jeff,  225, 228, 230, 281
BHP Billiton,  220
Bilton, Nick,  206
Blackberry,  XIX, 30, 31, 33, 111, 201, 251, 252
Blodget, Henry,  55, 84, 89, 97, 100, 109, 153, 180, 208, 252, 262
BMG,  27
Bono,  26, 288
Braeburn Capital,  84
Brin, Sergey,  194, 218, 221
Browett, John,  71, 243, 279, 297
Buffett, Warren,  81, 94, 104, 248, 255
Burberry,  166, 297, 298
Burnham, Jon,  60
Business Insider,  55, 70, 84, 97, 100, 109, 180, 195, 196, 206, 207, 208, 252, 299

**C**
Campbell, Bill,  148
Cäsar,  XVIII, XX
CBS,  189, 191
50 Cent,  26
China-Geschäft,  53
China Mobile,  XIV, 119, 127, 142, 302
China Telecom,  127
China Unicom,  127

Cisco, 7, 13, 81, 93, 100
Citigroup, 85, 148, 238
CNBC, 60, 74, 79, 104
Coca-Cola, 104, 248, 265
Compaq, 252, 280
Cook, Tim, IX, XIII, XV, XVII, XIX, 40, 45, 46, 49, 54, 59, 61, 66, 103, 105, 117, 128, 135, 143, 159, 163, 176, 184, 190, 195, 206, 222, 244, 264, 275, 279, 280, 288, 290, 293, 298, 301, 303
Corning, 31
Cramer, James, 74, 77, 99, 119
Credit Suisse, 148
Crow, Sheryl, 26
Cue, Eddy, 69, 147, 172, 189, 234, 294, 296

D

Dalrymple, Jim, 174, 205
Damodaran, Aswath, 93, 95
Dell, 13, 77, 81, 202, 265
Dell, Michael, 12
Deneve, Paul, 286, 297
Der Spiegel, 38, 237, 239
Descartes, RenΘ, 26
Digital Equipment Corporation, 252
Disney, 150, 189, 268
Döpfner, Mathias, 38
Doubline Capital, 94
Dropbox, 136, 234
Dylan, Bob, 26

E

eBay, 52
Edison, Thomas, XVII, 274, 301
Einhorn, David, 84, 103
Ellison, Larry, 45
Elmer-DeWitt, Philip, 109
Elop, Stephen, 251
EMI, 27
Ericsson, 249
Esquire, 283

ExxonMobil, XVIII, 39, 52, 77, 78, 159, 220, 248, 265

F

Facebook, XI, 13, 52, 54, 74, 80, 81, 135, 164, 202, 226, 231, 237, 238, 262, 264, 281, 297, 305
Fadell, Tony, 25, 135
Federighi, Craig, 69, 113, 138, 141, 190, 295
Ferrari, 114, 288
Fitzgerald, F. Scott, 273, 301
Forbes, 28, 75
Ford, 13, 196
Ford, Henry, 274, 301
Forrest Gump, 8
Forstall, Scott, 33, 45, 49, 59, 69, 70, 243, 279, 289, 293
Fortune Magazine, 18, 22, 26, 30, 70, 281, 293, 299
Foxconn, 61
Fry, Stephen, 37, 291
Fujitsu, 35
Fürstenberg, Carl, 259

G

Gates, Bill, 36, 45
Gawker, 282
Gazprom, 52, 77, 159
General Electric, 7, 220, 248, 301
Genius Bar, 3
Giugiaro, Giorgetto, 288
Goldberg, Bryan, 89
Goldman, Jim, 264
Goldman Sachs, 54, 80, 160
Goode, Lauren, 166
Google, 52, 54, 65, 66, 77, 81, 113, 135, 194, 201, 217, 219, 228, 235, 243, 262, 281
Google Docs, 217
Google Glass, 221, 222
Google Maps, 31, 66, 113
Graham, Benjamin, 81
Greenlight Capital, 84, 103

Gretzky, Wayne, 29
Grove, Andy, 9
Gruber, John, 66, 207, 289
Gucci, 3
Gundlach, Jeff, 94, 261

H

Hewlett, Bill, 46, 248
Hewlett-Packard, 202, 248, 252
HTC, 136, 218, 219
Huawei, 149, 216
Huberty, Katy, 142, 167
Hugo, Victor, 35

I

IBM, XIX, 71, 77, 154, 183, 220, 248, 252, 280
iBooks, 38
iBooks Store, 38
Icahn, Carl, 121, 127, 132, 155, 262, 285
iCar, 193, 195, 268, 304
iCloud, XIII, 174, 187, 192, 234, 295
iMac, XIII, 18, 21, 97, 149, 151, 188, 202, 233, 244, 247, 249, 255, 274, 288, 304
Intel, 9, 81, 93, 256, 269, 276
iOS, XIV, 31, 33, 45, 49, 50, 54, 65, 71, 113, 144, 152, 171, 175, 235, 288, 290
iPad, XIII, XIV, 35, 37, 38, 41, 54, 74, 79, 90, 93, 98, 99, 129, 142, 147, 149, 150, 151, 152, 154, 160, 171, 183, 190, 194, 198, 218, 226, 233, 288, 296, 302
iPad Pro, 183
iPhone, IX, XI, XIII, XIX, XXV, 29, 35, 49, 50, 51, 55, 59, 65, 85, 93, 98, 99, 111, 117, 127, 141, 148, 150, 151, 152, 154, 167, 171, 175, 183, 190, 193, 210, 217, 226, 233, 235, 237, 244, 247, 257, 268, 274, 286, 288, 302

iPod, 25, 29, 97, 99, 135, 149, 151, 193, 226, 233, 244, 256, 274, 288, 304
Isaacson, Walter, XIV, 7, 25, 45, 136, 218, 237, 274
iTunes, XIII, 21, 25, 27, 137, 172, 226, 244, 274
iTunes Radio, 114
iTunes Store, 26, 79, 189
iTV, 187, 189, 268
Ive, Jony, 18, 25, 31, 69, 113, 117, 154, 215, 285, 287, 293
iWatch, 143, 147, 151, 221

J

Jackson, Eric, 189, 228
Jobs, Steve, IX, X, XIV, XVII, 3, 5, 8, 17, 22, 24, 27, 29, 35, 45, 46, 56, 90, 94, 113, 132, 150, 151, 187, 188, 193, 201, 202, 210, 218, 233, 235, 248, 255, 263, 273, 279, 282, 286, 289, 299, 301
Johnson, Ron, 243

K

Kass, Doug, XX, 74, 79, 98, 180
Keynes, John Maynard, 259
Kostolany, André, 95, 261, 262

L

La Bruyére, 261
Lashinsky, Adam, IX, 89, 281, 282, 283
Lenovo, 35, 149
Lisa, 4, 12
L'Oreal, 263
Louis Vuitton, 3
Lynch, Kevin, 152, 164, 286
Lynch, Merrill, 100

M

MacBook, XI, XXV, 37, 163, 193, 202, 304
MacBook Air, 37, 185, 288

Macintosh, X, XXV, 4, 17, 30, 150, 187, 252, 273, 288
Mac mini, 256
Mac OS, 21, 290, 295
Mad Men, 247
Maher, Bill, 97
Mailbox, 79, 235
Mailer, Norman, 245
Mansfield, Bob, 69, 71, 243, 294
Maps, 65, 98, 114, 172, 217, 218, 236, 279, 295
Marc Aurel, 243
Markkula, Mike, 4
Marx, Karl, 251
Mayer, John, 27
Mayer, Marissa, 297
McLean, Bethany, 111
Meeker, Mary, 194
Microsoft, 7, 13, 17, 35, 39, 77, 90, 93, 100, 111, 184, 202, 217, 220, 233, 248, 252, 255, 263, 302
Misek, Peter, 208
MobileMe, 66, 233, 234, 236
Mossberg, Walt, 147, 263
Motorola, 17, 29, 31, 149, 202, 219, 221
Munster, Gene, 167, 187, 190, 194, 220, 260, 289
Murdoch, Rupert, 38

Napoleon, XVIII, XX, 6, 11, 244
Napster, 22
NBC, XVII, XX, 45, 233
Netflix, 123, 136, 226, 230, 231
News Corp., 189
Newton, Isaac, XXV, 7, 26
New York Times, 71, 147, 166, 191, 221, 283
NeXT, 5, 21, 70, 113, 280, 295
Nike, 148, 197, 281
Nocera, Joe, 283

Nokia, XIX, 31, 109, 251

Obama, Barack, 45
Obama, Obama, 72
Olsen, Ken, 252
O'Neill, Jim, 54
Oppenheimer, Peter, 77, 202, 228
Oracle, 13

Page, Larry, 45, 218, 219, 221, 223, 281
Palm, 31
Pan AM, 247
Panasonic, 89
Pendola, Rocco, 67, 80, 103, 111, 149, 279, 282, 293
Penney, J.C., 99
Penney, J.C., 243
Performa, X
PetroChina, 220
Phablet, 17, 111, 119, 184, 202, 206
Ping, 173, 237
Piper Jaffray, 190, 260
Pixar, 5, 9, 273
Popelka, Larry, 84
Power Mac G4 Cube 2000, 288
Prada, 3
Procter & Gamble, 104, 197, 248, 263, 265, 268

Rams, Dieter, 288
RCA Corp., XX
Reagan, Ronald, 5
Real Networks, 22
Regis McKenna, 7
Riccio, Dan, 296
Rolling Stones, 26
Römisches Reich, 243
Royal Dutch, 52, 77, 159

Rubin, Andy, 217, 218
Rubinstein, Jon, 25

S

Sacconaghi, Toni, 180
Saint Laurent, Yves, 297
Samsung, XVIII, 56, 59, 65, 74, 111, 117, 119, 120, 141, 149, 195, 201, 202, 205, 213, 219, 220, 243, 294
Sapper, Richard, 287
Schiller, Phil, 33, 45, 49, 59, 144, 163, 176, 184, 185, 193, 195, 294
Schmidt, Eric, 66, 91, 217, 218
Schumpeter, Josef, 251
Scoble, Robert, 221
Scott, Ridley, 4
Sculley, John, 5, 8, 17, 26, 201
Segway, 221, 222
Sharp, 89
Shope, Bill, 80
Siri, 49, 51, 54, 70, 114, 172, 191, 192, 295
Softbank, 49
Son, Masayoshi, 49
Sony, XX, 27, 247, 249
SoundJam, 22
Sozzi, Brian, 89
Spotify, 27, 137, 174, 231
Streisand, Barbra, 94
Swisher, Kara, 147, 281

T

Taleb, Nassim Nicholas, 94
Tate, Ryan, 282
The Daily, 38
TheStreet.com, 67, 80, 98, 99, 103, 255, 279
The Telegraph, 288
Think different, 7, 8, 90, 201
Tilson, Whitney, 252
Time Magazine, 94, 122, 123, 226, 273, 288

Time Warner, 189
Toshiba, 25
Trajan, 243
Twitter, XI, 50, 80, 103, 228, 232, 236, 285

U

UBS, 85, 93
Universal, 27

V

Verizon, 51

W

Wall Street Journal, 11, 36, 56, 71, 89, 128, 130, 137, 147, 153, 190, 195, 236, 269, 285, 295
Walmart, 104, 197, 220, 248
Warner Bros, 247
Warner Music, 27, 256
Wayne, Ronald, 4
Wearables, 148, 152, 194
White, Brian, 207
Willard, Cody, 103, 255, 258, 261, 267
Williams, Brian, XX
Wired, 29, 219, 221
Wozniak, Steve, 4, 167, 274
Wu, Shaw, 97
WWDC, 45, 54, 113, 138, 141, 171, 191, 234, 295

X

Xiaomi, 203, 213, 243

Y

Yahoo, XI, 31, 166, 305
Young, Jeffrey, 28

Z

Zaky, Andy, 260
Zuckerberg, Mark, 5, 237, 238, 264, 281

GPSR Compliance
The European Union's (EU) General Product Safety Regulation (GPSR) is a set of rules that requires consumer products to be safe and our obligations to ensure this.

If you have any concerns about our products, you can contact us on

ProductSafety@springernature.com

In case Publisher is established outside the EU, the EU authorized representative is:

Springer Nature Customer Service Center GmbH
Europaplatz 3
69115 Heidelberg, Germany

www.ingramcontent.com/pod-product-compliance
Lightning Source LLC
LaVergne TN
LVHW020327260326
834688LV00037B/902